國家古籍整理出版專項經費資助項目

李贄全集續編

張建業 主編

# 枕中十書

凌禮潮 整理

首都師範大學出版社

**圖書在版編目(CIP)數據**

李贄全集續編. 枕中十書/(明) 李贄編著;凌禮潮整理;張建業主編.
—北京:首都師範大學出版社,2020.12
ISBN 978-7-5656-6199-0

Ⅰ.①李… Ⅱ.①李…②凌…③張… Ⅲ.①李贄－1527-1602－文集
②筆記－中國－明代－選集 Ⅳ.①B248.915-53②Z429.48

中國版本圖書館 CIP 數據核字(2020)第 268400 號

李贄全集續編/張建業 主編
**枕中十書**

凌禮潮 整理

---

項目統籌 楊林玉　　責任編輯 來曉宇
責任印製 李春雷　　封面設計 王征發
首都師範大學出版社出版發行
地　址　北京西三環北路 105 號
郵　編　100048
電　話　68418523(總編室)　68982468(發行部)
網　址　http://cnupn.cnu.edu.cn
印　刷　中煤(北京)印務有限公司
經　銷　全國新華書店
版　次　2020 年 12 月第 1 版
印　次　2020 年 12 月第 1 次印刷
開　本　710mm×1000mm　1/16
印　張　23
字　數　306 千
定　價　98.00 元

---

# 目録

# 點校説明

《大雅堂訂正枕中十書》十卷，明刻本。各卷首原題：「温陵卓吾李贄緝，公安中郎袁宏道校，仙亭冰雪釋如德閲。」王重民《中國善本書提要》有著録。王先生説：「一年以前，余讀北京圖書館藏本，心知其僞而不作辨；今日讀此，則以爲不但無此事，此書此序，亦皆託也。」❶已斥爲僞書，存以待考。

所謂「十書」，即卷一《精騎録》，卷二《筤窗筆記》，卷三《賢奕選》，卷四《文字禪》，卷五《異史》，卷六《博識》，卷七《尊重口》，卷八《養生醍醐》，卷九《理談》，卷十《騷壇千金訣》。其中《文字禪》和《騷壇千金訣》均曾單獨刊行，《千頃堂書目》著録有「李贄文字禪四卷」，❷今存明刊、清康熙重修《李卓吾先生秘書八種》本，國家圖書館藏。《騷壇千金訣》（一卷），有明博極堂刻本和清康熙刻本。前者署「温陵卓吾李贄緝，公安中郎袁宏道校」，後收入《大雅堂訂正枕中十書》；後者則爲康熙刻《李卓吾先生秘書八種》本之一。

---

❶ 王重民《中國善本書提要》「子部·宗教類」，第四一〇頁。上海：上海古籍出版社，一九八三。

❷ 黄虞稷《千頃堂書目》卷十六「釋家類」，上海：上海古籍出版社，二〇〇一。該書著録爲「四卷」，蓋以《文字禪》卷末署有「大雅堂訂正文字禪四卷終」，遂誤以其爲四卷。實則列全集第四種，上引文字指「第四卷終」。

本書主要内容輯自諸書，所用書目共列有三十五種。然亦不盡然，如卷三《賢奕選》，目録中明確地説是「取劉元卿《賢奕編》而損益之，爲《賢奕選》」，而「彙用書目」却並未列出。

本書除王重民先生著録的北圖本和美國國會圖書館藏本外，還有日本内閣文庫藏本，均爲同一版本。二〇〇三年出版的《四庫禁毁書叢刊補編》，將《大雅堂訂正枕中十書》收入第三十五册，殆據北圖本影印。本次點校以日本内閣文庫本爲底本，校讎則據所輯之書擇善而從。

爲盡量保持原本面貌，此次點校，重在標點，兼及校讎。底本中注釋類雙行小字均改爲單行小字。底本刻印質量粗劣，錯誤較多，甚至有大段脱漏和前後重置處，皆依相應校本調整釐清。如卷六《博識》之原第三頁至第七頁，錯倒淆亂十分嚴重。除此以外，非錯謬至無法讀通者，盡量校而不改，祇出校記，以保持原貌。異體字和俗字，均徑改爲通行字。標點符號用法謹遵今之國家標準慎重推敲，務求妥帖。然水平所限，或仍多未安，兹敬祈方家指正。

凌禮潮

二〇一三年六月於武漢

# 《枕中十書》序

公安石公袁宏道撰

人有言曰：「胸中無萬卷書，不得雌黄人物。」然書至萬卷，不幾三十乘乎？除張司空外，更幾人哉？吾于漢劉向，唐王僕射，宋王介甫、蘇子瞻見之。然自子瞻迄今，又三百餘歲矣，吾于楊升菴、李卓吾見之。或說「卓禿翁，孟子之後一人」，予疑其太過。又或說「爲蘇子瞻後身」，以卓吾生平歷履，大約與坡老暗符，而卓老爲尤慘。予昔令吴時，與卓吾遊黄鵠磯，語次及著述書，李卓吾便點首曰：「卓老子一生都肯讓人，惟著書則吾實實地有二十分膽量，二十分見識，二十分才力。若信得過否？」予唯唯。遂詰之曰：「爾數部中，誰是最得意者？」卓吾曰：「皆得意也，皆不可忽也。《藏書》，予一生精神所寄也；《焚書》，予一生事跡所寄也；《說書》，予一生學問所寄也；別有十種，約六百餘紙，于中或集諸書，或附己意，此予一生神通，遊戲三昧所寄也。尚未終册，完，當請門下校之。」自是分袂，伊南我北，卯酉相望。不數年，卓吾竟以禍殞。惜哉！

己酉，予主陝西試。事畢，復謝聖天子恩命。夜宿三教寺，偶于古寺高閣敝簏中獲其稿，讀之不覺大叫，驚起招提，老僧執光相顧。予遽詢曰：「是稿何處得來？束之高閣。」老僧曰：「鄉者，温陵卓吾被逮時，寄我物也。囑以秘之枕中，毋令人見。今人已亡，書亦安用？」予曰：「嘻，奇哉！不意今日復睹卓吾也，卓吾其不死矣！」惜書前後厄于鼠牙。予以曩受卓吾之祝，故于燕居時續而全之。付冰雪閲而訂之，藏之名山，竢有緣者梓而壽之。

# 鐫《枕中十書》序

予不佞而佞佛，佞佛則禪人也。乃閲訂世諦書，或謂與波羅提木叉相矛盾。噫嘻，過哉甚矣！萬法唯心，心外無法。悟之者，法法皆真，迷之者，頭頭障礙。獨不聞治世語言，資生業等，比順正法。而《枕中書》非正法耶？卓吾非説正法人耶？卓吾棄衣冠，薙顱誅茆于楚之龍湖，終日杜門修净業，究竟一大事因緣。復悲夫世之戚戚于寵辱者而藥之也。著《藏書》、《焚書》、《説書》併《十書》如許，定千古是非，皆發人所未發，竟以不合時宣坐譴。書偈見志，慷慨就死。卓吾其洪覺範者流否？吾聞卓吾被收，以書囑三教寺老僧曰：「善爲秘枕中，三年後必有復吾書者在。」今未三年，而卓吾書復大行，四方求者亦如飴。是書竟爲中郎袁先生得。吁！二公信有緣哉！予亦與二公有夙緣，得是書閲訂，敢辭孤陋，又何憚夫喙長者云云。

冰雪道人如德

# 彚用書目

書經
春秋左傳　公羊
爾雅
文獻通考
詩人玉屑
山海經
劉向説苑
秘笈
事文類聚
歷代小史
續稗海
五燈會元
高峰語録

四書
朱子綱目
埤雅
嚴滄浪集
續文獻通考
韻府群玉
遵生八牋
秘笈續函
藝文類聚
正稗海
翰林詩法
鶴林玉露
禪林寶訓

諸經集要　中峰廣録
人天寶鑑　高僧傳
文苑英華　越絶書
博古圖　緇門崇行録
淮南子鴻烈解

# 大雅堂訂正枕中十書目録

## 第一卷　甲集

精騎録

清河公曰：「人不讀書，其猶夜行。二毛之叟，不如白面書生。」此話説得太是。宇宙間有許多事物，要窮許多事物，便要具許多見識。然許多見識何處得來？必自多讀書始。人能多讀書，則胸襟自寬、膽量自大，見識自精，開口自與人不同，真可以當百萬精騎也。雖秉燭而學，亦强過飽食尸卧懶漢。

## 第二卷　乙集

筤窗筆記

予性嗜書，又嗜竹，又嗜静，懶與人交接。借龍湖一掌地，結數間屋，窗前栽筤篔數個，終日閉門讀書。遇有數條適意者，即勅中書君録之。倦則便睡，睡醒又讀，大强過與假斯文假道學扯淡。

# 第三卷　丙集

## 賢奕選

飽食終日，無所用心，難矣哉。不有博奕者乎？為之猶賢乎已。聖人非教人博奕也，亦非甚言無所用心也，爲懶怠漢發也。若只謂無所用心，則做賊、做强盜、幹歪事亦是用心。何益之有？人之所以異于禽獸者，以其有一分學好求勝之心在。若飽食終日無所用心，則全無一毫學好求勝之心，是甘爲人下而不辭矣。予杜門無事，不敢懶卧，取劉元卿《賢奕編》而損益之，爲《賢奕選》。

# 第四卷　丁集

## 文字禪

禪者何？静也。人生本静，緣與物接，五欲膠固于中，便有許多妄想境界，纔有纖忽念頭，便不静了。所以，要一切放下。楳着口唇，硬着脊梁，向一片蒲團上，孤孤地坐。直坐得如古廟香爐去，一條白練去，便是禪了。此段工夫，且不易做，必須要斬釘截鐵英靈子始得。余逃禪矣，而憫夫不知禪者。故將禪門一切醒悟話頭，集爲一書，使人讀之，便覺冷冷然，百念冰去，非文字而禪耶？

## 第五卷　戊集

異史

世間無異事也，以人心有變異，故境逐心生，現爲種種怪異妖孽，人見之便駭爲異。殊不知心中有許多變異，都不知了。此等人直是好笑。凡有天下國家者，見此變異，便自省心悔過，如滅祥桑之類。則種種禍根，亦轉爲福基耳。吁！世人有異心，便有異事，既有異事，何可少得一部《異史》？

## 第六卷　己集

博識

人不格物，惟知喫飯穿衣，何異裩中蚤虱。至哉言也！望光而識寶劍，烹黿而爨古桑，成血羹必洛水，碎金剛必羚羊角。此非博極群書能乎？

## 第七卷　庚集

尊重口

十業中，口業最大。説來説去，變亂黑白；惟挾私仇，全忘天理。妄言綺語，污人德行，使人聽信，互生猜忌。亡國敗家，咸此之由。人都憎惡，如惡梟老鴟。一旦無常，如壯士屈伸臂，頃便墮泥犂拔舌。噫！有甚話頭，造此口業。徒受酸楚，聽着令人汗出。卓老子閑居無事以敖，因慎言筆之，教人爲尊重口。

## 第八卷　辛集

### 養生醍醐

試問眼前人，誰是養生者？身體健壯，只管貪着酒色財氣，以爲得意事。都不思此四件事，是四個牛頭馬面，極利害的無常殺鬼也，便是黑旋風腰間兩片大板斧也，便是終南山一條大毒蝮蛇也。呵！無常殺鬼是近得的？黑旋風板斧是動得的？毒蝮蛇是好耍子的？有徒在旁曰：「老和尚此言真養生醍醐也。」予曰：「卓老子不會養生，只是不傷生。」

## 第九卷　壬集

### 理談

言不入理，大似春鳥晝啼，秋蛩夜吟。非不好聽，求其實際，了無意味。縱使如黄幡綽舌根，説得天花亂墜，秖成得一個胡説亂道漢。

# 第十卷　癸集

騷壇千金訣

嚴儀卿云：「詩有別才，非關讀書。」然縱有才而無學，不依律法規矩，終不能鳴……❶

❶「終不能鳴」文意未足，然下面文字無法辨認。

# 大雅堂訂正精騎録　甲集

古初生民，大較與天相近。堯舜非親，桀紂非疎，人之不能分天，猶魚之不能離水也。故動必本天，言必稱天，非以下合上之意。中古聖人，替以道字，本欲易曉，後人却只在道上求，便覺與天稍隔一塵。没世并道字不識，支離殽雜，日日戴皇天履后土，不知天地在于何處。所以人小而天大，遂謂禮樂爲顯、鬼神爲幽，肝膽爲内、耳目爲外，几席爲近、燕陌爲遠。《詩》云：「文王陟降，在帝左右。」是在何處？

千年暗室，一燈能明。一燈之明，微吹能冥。明暗果有常耶？如明暗有常，則能見明暗者非常矣。知此者可以反晝爲夜，而能晝能夜者，初無晝夜也。

出者有隱之心，處者有出之情，皆惑也。夫出而不決，爲忠不徹，處而不果，是謂大惑。大惑不除，雖處于幽巖深谷之間，何異市朝？是知心逕未通，矚物成壅，而欲避諠求静，盡世未有其方。況乎鬱鬱長林，峩峩聳峭，鳥獸嗚咽，松竹森梢，水石峥嶸，風枝蕭索，藤蘿縈絆，雲霧氤氲，節物衰榮，晨昏眩晃，斯之種類，豈非喧襍耶？故知見惑尚紆，觸途成滯，是以先須識道後乃居山。若未識道而先居山者，但見其山必忘其道；若未居山而先識道者，但見其道必忘其山。忘山則道性怡神，忘道則山形眩目。噫！見道忘山者，人間亦寂也；見山忘道者，山中乃喧也。必能了陰無我，無我誰住人間？若知陰入如空，空聚何殊山谷。

鳥能飛，魚能遊，然微空水則翼不可展，尾不能動。故野馬奔于遠郊，長風遊于太虛。苟無肆足之地，容怒之天，則殆而已矣。故君子之處小人，若不能使之各得其所，用而不棄，則君子聞道奚益于世？

飲食男女，衆人皆欲。欲而能反者，終至于無欲。噫！唯無欲者可以勞天下，可以安天下。

俚俗謂不能文者，爲胸中無墨，蓋亦有據。《通典》載北齊策秀才書，有濫劣者飲墨水一升。東坡《監試呈諸試官》云：「麻衣如再着，墨水真可飲。」山谷《次韻楊明叔》云：「睥睨紈袴兒，可飲三斗墨。」又《題子瞻畫竹石》云：「東坡老人翰林翁，醉時吐出胸中墨。」

太史公言：「離騷者，遭憂也。」離訓遭，騷訓憂。屈原以此命名，其文則賦也。故班固《藝文志》，有「屈原賦二十五篇。」梁昭明集《文選》，不併歸賦門而別名之曰「騷」。故後人沿襲，皆以「騷」稱，可謂無義題篇。吁！名義尚不知矣，况文乎？特表而出之。

人有被横逆而欲報復者，問於予。予應之曰：「天方助桀，胡可與争？人自吠堯，吾則何與？急而擊之，在我多費博浪之椎；徐以制之，在渠自有烏江之劍。况彼之叫跳，有識已鄙其狂；而我以安閒，無知者亦服其量。使丙夜而深思乎？彼之舍羞，其將何解？即終身而不報乎？我之得勝亦已多矣。」此雖一時曉解之語，可以消世人許多不平之氣。

閒居，弟子侍坐，問讀書之法。葉敬君曰：「讀書不可不學禪。」衆問其故，君曰：「讀書養静，不可萌妄念，這便是禪心；讀書出家，不理塵務，這便是禪行；讀書作文，意在筆先，神遊象外，這便是禪機。」

蜈蚣畏雞，雞死而蜈蚣穴之，此有情、無情感應之必然者。予觀五行生尅之數亦有然者。今夫天一生水，水生木，木生火，火生土，土生金，金復生水。其次火生土，土生金，金生水，水生木，木復生火。推之皆然。水剋火，火生土，土復剋水；火剋金，金生水，水復剋火。餘亦復然。但生數疎而剋數密，豈報恩者常難，而報怨者常易耶？吾儕不可以報恩之難，而忽生生之德；可不以報怨之易，而勇于釋怨，不亦善乎！

文中子曰：「《詩》、《書》盛而秦世滅，非仲尼之罪也；虚玄長而晉室亂，非老莊之罪也；齋戒脩而梁國亡，非釋迦之罪也。」

方長不折，非只愛物，只自養仁。不獨賢者有此心也，今人見折花將蔫，便自不忍。及斬刈合抱，就以爲當然，了無顧惜。其不忍之心没于見材之可用也，有欲故也。惟有欲便不能充。予曰：「見折花蔫不忍之心，即見孺子入井不忍之心也。惟在人擴充何如耳！」

柳子厚云：「夫文，爲之固難，知之愈難耳。」是知知文之難，甚于爲文之難也。蓋世有能爲文者，其識見猶倚于一偏，况不能爲文者乎！昌黎《毛穎傳》，楊誨之猶大笑以爲怪，誨之蓋與柳子厚交遊，號稍有才者也。東坡謂南豐編《太白集》，如《贈懷素草書歌》并《笑已乎》等篇非太白詩，而濫輿集中。東萊編《文鑑》，晦菴未以爲然。以諸有識者，尚不同如此，則俗人之論，易爲紛紛，宜無足怪也。故韓文公則爲時人笑且排，下筆稱意，則人必怪之。歐公作《尹師魯墓銘》，則或以爲疵繆。歐公初取東坡，則群嘲聚罵者，動滿百千。而東坡亦言張文潛、秦少遊，士之超軼絶塵者，士駭所未聞，不能無異同。故紛紛之論，亦嘗及吾與二子。吾策之審矣，士如良金美玉，市有定價，豈可以愛憎口舌貴賤之歟？作《太息》一篇，使秦少章藏于家三年，然後出之，蓋三年後當論定也。往時水心先生汲引後學，如饑渴然。自周南仲死，文字之傳，未有所屬。晚得篔窗陳壽老，即顛倒付囑之。時士論猶未厭，水心舉《太息》一篇爲證，且謂他日之論，終當定於今日。今纔十數年，世上文字日益衰落，而篔窗卓然爲學者所宗，則定論固無疑。然水心之文，世猶深知之者少，至于箕窗之文，宜亦未必盡知也。更一二百年後，以俟作者，然後論益定耳。余故曰知文難。

能病病者，病奚從生？以不能病病，我故病焉。然病之大者莫若生心，心生則靡所不至矣，豈惟病哉！故曰：「眼病乎色，耳病乎聲，心病乎我。」惟忘我者病無所病，可以藥天下之病。

松本無聲，風入濤生；銅本非鏡，鏡成明出。無情，有情之待也。無聲者，有聲之待也。不明待明，明即不明，聲即無聲，情即無情，故曰有待。無待者，皆無自體，唯是心建故。達心無我者，雖取吉凶之域，吉凶不可得而惑也。

荳在瓶中，春至則能萌芽；人在欲中，覺至則能夢除。故曰有大覺而後知有大夢也。夫大夢者，併夢而言也。夢覺則夢除，覺覺則覺除，覺夢俱除，始名大夢焉。

南軒嘗言：「易有太極，而周子加以無極，何也？試即吾心驗之。方其寂然無思，萬善未發，是無極也。雖云未發，而此心昭然，靈源不昧，是太極也。」

《新序》：❶「賢不肖者，材也。爲不爲者，人也。遇不遇者，時也。死生，命也。有其才不遇其時，雖才不用。苟遇其時，何難之有？故舜耕歷山而陶河畔，立爲天子，則其遇堯也；傅説負壤土、釋版築，而立佐天子，則其遇武丁也；伊尹，有莘氏媵臣也，負鼎俎、調五味，而佐天子，則其遇成湯也；呂望行年五十，賣食于棘津，行年七十屠牛朝歌，行年九十爲天子師，則其遇文武也；管夷吾束縛膠目居檻車中，自車中起爲仲父，則其遇齊桓公也；百里奚自賣取五羊皮，牧牛以爲卿大夫，則其遇秦穆公也；沈尹名聞天下以爲令尹而讓孫叔敖，則其遇楚莊王也；伍子胥前多功後戮死，非其智益衰也，前遇闔廬，後遇夫差也。夫驥厄罹

❶ 本段出《説苑・雜言》，誤爲《新序》。

鹽車，❶非無驥狀也，夫世莫能知也。使驥得王良、造父，驥無千里之足乎？芝蘭生深林，不爲無人而不香。故學者非爲通也，爲窮而不困也，憂不衰也，心不惑也。」故君子積學積身，端行以須其時也。

「君子務本，本立而道生。」夫本不正者，末必倚，始不盛者，終必衰。《詩》云：「原隰既平，泉流既清。」本立而道生，《春秋》之義。有正春者無亂秋，有正君者無危國。《易》曰：「建其本而萬物理。失之毫厘，差之千里。」是故君子貴建本而重立始。

魏武侯問元年于吴子，吴子對曰：「言國君必慎始也。」「慎始奈何？」曰：「正之。」「正之奈何？」曰：「明智。」「智不明何以見正？」「多聞而擇焉，所以明智也。是故古者君始聽治，大夫而一言，士而一見，庶人有謁，必達，公族請問，必語，四方至者勿拒，可謂不壅蔽矣；分禄必及，用刑必中，君心必仁，思君之利，除民之害，可謂不失民衆矣；君身必正，近臣必選，大夫不兼官，兼執民柄者，不在一族，可謂不權勢矣。此皆《春秋》之意而元年之本也。」

子思曰：「學所以益才也，礪所以致刃也。吾嘗幽處而深思，不若學之速；吾嘗跂而望，不若登高之博見。故順風而呼，聲不加長而聞者衆；登立而招，❷臂不加長而見者遠。故魚乘于水，鳥乘于風，草木乘于時。」

醉花宜晝，醉雪宜夜，醉樓宜暑，醉水宜秋，醉得意宜唱，醉將士宜鳴鼉，醉文人宜謹節令、❸除章程，醉

---

❶「罹」，《説苑·雜言》作「罷」。
❷「立」，《説苑·建本》作「丘」。
❸「文」原作「女」，據《侯鯖録》卷一改。

雋人宜益觥盂加旗幟。此皆以審其宜、攻其景以與憂戰也。

東坡云：「硯之美者必費筆，不費筆則退墨。二德難兼。非獨硯也，大字難結密，小字常局促；真書患不敕，❶草書患無法；茶苦患不美，酒美患不辣。萬事無不然，可以付之一笑也。」又題魯直草書《爾雅》後云：「魯直以真直心，❷出遊戲書；以平等觀，作欹側字；以磊落人，録細碎書，亦三反也。」又與毛國書云：「歲行盡矣，風雨凄涼。然紙窗竹屋，燈火青熒，時于此有少佳趣。無緣持獻，獨享爲愧。」坡老此數語雖涉戲談，然細味之，大有意思。

金剛則折，革剛則裂，人君剛則國家滅，人臣剛則交友絶。夫剛則不和，不和則不可用。是故四馬不和取道不長，父子不和其世破亡；兄弟不和不能久同，夫妻不和家室大凶。

露布，人多用之，而不知其始。《春秋佐期》曰：❸「武露布，文露沈。」❹宋均云：「甘露見其國，布散者人尚武，文采者，則甘露沉重。」

禍未至時，不知是福。禍至而追思，無禍之日，真大福也。豈待必得萬鍾然後爲福哉！

《中庸》之「未發」，即《易》之「未畫」，「發而皆中節」，即《易》之「已畫」。或曰中，或曰和，或曰道，或曰易。中也者，未發不昧已發之謂也。和也者，已發不乖未發之謂也。先天謂之道，後天謂之易，故曰：「形而上者謂之道，形而下者謂之器。」器成則易行乎其中矣。外器而求易，猶外卦而求爻也，寧有是處哉！

---

❶「敕」，《侯鯖録》卷三作「放」。
❷「真直心」，《侯鯖録》卷三作「真實心」。
❸「春秋佐期」，《侯鯖録》卷三作「春秋佐助期」。
❹「沈」上原衍「布」字，據《侯鯖録》卷三删。

火勝水，水必成湯；水勝火，火必成凉。是故《易》之「泰卦」貴權在君子，亦使小人各得其所也。然聖人不病于「臨」，而病于「大壯」者，至「泰」且固守而不敢進。噫！非深憂遠慮者，孰能如此？

文雖奇，不可損正氣；文雖工，不可掩素質。爲文大概有三：「主之以理，張之以氣，束之以法。」前輩爲文，雖或爲流俗嗆點，然不敢輒經改。蓋意趣規模已定，輕重抑揚已不苟，難于遷就投合也。歐公作《范文正公神道碑》，載吕、范交歡，弭怨始末。范公之子堯夫不樂，欲删改，公不從。堯夫竟自删去一二處，公謂蘇明允曰：「《范公碑》爲其子弟擅于石本移動，使人恨之。」荆公作《錢公輔母墓銘》，錢以不載甲科通判出身，及諸孫名，欲有所增損。荆公答之甚詳，大略謂：一科甲通判，苟粗知爲詞賦，雖閭巷小人，皆可以得之，何足道哉？故《銘》以謂閭巷之士，以爲夫人榮明。天下有識，不以置悲歡榮辱于其心也。七孫業文有可道，固不宜略，若皆兒童，賢不肖未可知，列之于義何當也？又云：「鄙文自有意義，不可改也。宜以見還，而别求能如足下意者爲之耳。」東坡作《王晉卿墨繪堂記》，内云：「鍾繇至以此嘔血發塚，宋孝武、王僧虔至以此相忌，桓玄之走舸，王涯之複壁，皆以兒戲害其國、凶其身。此留意之禍也。」王嫌所引用非美事，請改之。坡答云：「不使則已，即不當改。」蓋人情喜諛而多避忌，雖范、錢、王聞人猶不免，何怪流俗之紛紛乎！而作者之文固不肯諛，固不肯避忌，雖與范、錢、王厚善，而終不爲改也。

日鑿一竅，七日而混沌死。故知識不用，歸乎其天，則混沌全矣。胡混成曰：「保元和者，莫先于去情識，不識不知，順帝之則。」此之謂與？

達摩面壁自有妙義，蓋洗心退藏于密，以養其神，以復寂然之本體。猶面壁然，而物無見也。故曰：

---

❶「經」，《荆溪林下偶談》作「輕」。

「心如牆壁，而可以入道。」

人受天地之中以生，故性不可不復。聖賢應世，惟欲教人復性而已。性復，則天地世界如觀掌中物耳。人身戴天履地，曾不知天之高，地之厚。懵然百年，如夜投逆旅，未明别去。非惟不識主人，抑亦不識方隅物色也。豈非虛度乎？於乎！天地世界可謂廣大，而吾人之性，又包乎天地世界之外。此聖人所以教人復性也。《莊子》曰：「六合之外，聖人存而不言。」鄒陽曰：「天下之爲九州者，有九九。今中國之九州，乃八十一分之一耳。」《楞嚴經》云：「阿羅漢見閻浮提，如觀掌中果。諸菩薩等見百千界，十方如來窮盡微塵，清浄國土，無所不矚。衆生洞視，不過方寸。」

道孰爲大？性爲大。千里之遠，數千歲之日，其所動静起居，隨若亡棄。❶然時而思之，則千里之遠在于目前，千歲之久無異數日。人之性不亦大哉？噫！人之自小者，可哀也已。

以照了智，見五藴皆空之後，以總持力，到一念不生之時。智力相資，久當自覺。

啟手足之際，有餘則戀，不足則憾，苟不知道，二者必居一焉。

《列子》云：「孔子能廢心而用形。」意謂對接世務，止用形迹而已，其心則泊然不動也。世間之法當如此。貫休寄优師詩云：「舉世遭心使，吾師獨使心。萬緣冥目盡，一句不言深。」與此意互相發也。

禽一冲而制在氣，履空如實；魚一躍而制在水，穿水如無。衆植凋殘，獨松栢常茂者，氣堅也；群動寂滅，惟龜鶴不瘁者，氣壯也。形爲留氣之舍，氣爲保形之符。欲留形住世，必先養氣，至大至剛，充塞乎天地之間。氣聚神靈，遨遊于風塵之表。善養生者養其形，善養形者養其氣。

❶「棄」，《晁氏客語》作「矣」。

「星有好風，星有好雨。」《洪範》注只言「箕好風，畢好雨」。《月令》正義乃謂「按鄭注《洪範》，中央土氣爲風，東方木氣爲雨。箕屬東方木，木尅土，尚妃之所好，故箕星好風。西方金氣爲陰，尅東方木，木爲妃，畢屬西方，尚妻之所好，故好雨也。謂孟春行秋令，申氣乘寅，兩相衝破，申來逆寅，寅爲風，風之被逆，故爲猋風。寅往破申，申爲雨，雨之被逆，故爲暴雨。以五行相尅言。」

君子非有大事也則不齊，不齊則于物無防也，耆欲無止也；及其將齊也，防其邪物，訖其耆欲，耳不聽樂。故《記》曰：「齊不聽樂。」言不敢散其志也。

「公伯寮其如命何？」朱子《論語或問》曰：「命爲天理，何也？」曰：「命者，天理流行付于萬物之謂也。然其形而上者謂之理，形而下者謂之氣。自其理之體言之，則『元亨利貞』之德具于一時而萬古不易。自其氣之運而言之，則消息盈虚之變，如循環之無端而不可窮也。萬物受命于天以生，而得其理之體。故仁義禮智之德根于心而爲性，其既生也，則隨其氣之運。故廢興厚薄之變，惟所運而莫逃。」

古書《乾坤鑿度》曰：「鑿者，開也。」聖人出而開作之也。曰：「度者，天地之度。」若道路焉，以言通也。故其文曰：「聖人鑿開天路，顯彰化源。一大之物目天，一塊之物目地，一氣之⿱雨部名混沌。氣分萬霸，自上聖鑿破虚無，斷氣爲二，緣物成三，天地之道不⿱雨漆。」曰三者，三才之道。所以周易之源也。故其名篇曰《周易鑿度》。

《乾鑿度》上篇曰：「易始于太極，太極分而爲二，故生天地。天地有春冬秋夏之節，故生四時。四時各有陰陽剛柔之分，故生八卦。八卦成列，天地之道立。雷風水火，山澤之象定矣。其布散用事也，震生物于東方，巽散之于東南，離長之于南方，兑收之于西方，乾剶之于西北，坎藏之于北方，艮終始之於東北。八卦之氣終，則四正四維之分明。長生收養之道備，陰陽之體定，神明之德通，而萬物各以其類成矣。」皆易之所包也。故首之曰：「易者，易也，變易也，不易也。管三成爲道德包籥。」

淄川楊弘道著《六忍》，一曰忍觸，觸者，人犯我也；二曰忍辱，辱者，人陵我也；三曰忍惡，惡者，我憎人也；四曰忍怒，怒則憎之重也；五曰忍忽，忽則怒而發之輕也；六曰忍欲，欲者貪而不知止也。此六忍者，戒之一身則一身安，戒之一家則一家安。推之以處人己之間，則所遇皆安，而寡悔尤矣！

世俗以炎涼爲薄惡，然自重厚之士，亦不能免此。愚謂勢利生死之炎涼不可有，道德名分之炎涼不可無。李適之云：「試問門前客，今朝幾個來？」此勢利之炎涼，不可有也。翟公云：「一死一生，始知交情。」此生死之炎涼，不可有也。孔子謂《韶》盡善，《武》未盡善。蓋不論當代之勢利，而論古今之道義。此道德之炎涼，不可無也。又「與下大夫言，侃侃如也；與上大夫言，誾誾也」，如此名分之炎涼，不可無也。今人喜爲炎涼者，固是鄙夫不足掛齒，其有不爲炎涼者，又未免如北宫黝之不受于褐寬博，亦不受于萬乘之君。此豈君子之正道？昔札木言于汪罕曰：「我于君是白翎雀，他人是鴻鴈耳。白翎雀寒暑常在，鴻鴈則南飛就暖。」愚謂存心不易，如白翎雀者則可，若論時宜，則不如鴻鴈。鴻鴈寒南暑北，以就和氣，頗得隨時處中之道，學者不可咲鴻鴈而株守白翎雀也。

秃翁曰：「友人聚坐，有談及功名之際，羡蚤登而恨淹滯者。」予曰：「彼所謂糠粃在前耳。」友人應曰：「予輩非所謂瓦礫在後耶？」予曰：「糠粃在前，不過爲輕薄子；瓦礫在後，不過爲厚重士。況瓦礫不朽，而糠粃立敗。吾寧爲瓦礫，毋願爲糠粃也。」一坐鼓掌。

子夏見曾子，曾子曰：「何肥也？」對曰：「戰勝故肥也。」曾子曰：「何謂也？」子夏曰：「吾入見先王之義則榮之，出見富貴之樂又榮之。兩者戰于胸中，未知勝負，故臞。今見先王之義勝，故肥。」閔子騫始見于夫子，有菜色，後有芻豢之色。子貢問曰：「子始有菜色，今有芻豢之色。何也？」閔子騫曰：「吾出蒹葭之中，入夫子之門。夫子內切磋以孝，外爲之陳王法，心竊樂之。出見羽蓋龍旂裘旃相隨，心又樂之。二者相攻胸中而不能任，是以有菜色也。今被夫子之教寖深，又賴二三子切磋而進之，內明于去就之義，出見羽蓋龍旂旃裘相隨，視之如壇土矣。是以有芻豢之色。」噫！聖賢之檢點心身，近裡着己如此！至晉庾公造周伯仁，伯仁曰：「君何所欣悦而忽肥？」庾曰：「君何所憂慘而忽瘦？」伯仁曰：「吾無所憂，直是清虛日來，穢滓日去耳。」此遂變爲曠達語。

顔斶辭齊王曰：「夫玉生于山，制則破焉，非弗寶貴矣。然，大朴不完。士生乎鄙野，推選則禄焉，非不尊遂也。然而神形不全，斶願得歸，晚食以當肉，安步以當車，無罪以當貴，清净貞正以自娛。」再見辭去。君子曰：「斶知足矣！歸貞反璞，則終身不辱。」

陳烈讀「求其放心」而悟曰：「我心不曾收，如何記書？」遂閉門静坐不讀書百餘日，以收放心。然後讀書，遂一覽無遺。蜀山人不起念十年遂能前知；陳烈山中静坐八十日，遂能博記。此無他，虛爲之也。故性虛則靈，窒則泊。夫心者，神之合也，無欲故虛。虛則神守之，穢而不治則離矣。故孔子曰：「心之精神之謂聖。」

冤家恩愛，心常作平等之觀；上帝悲田，眼不見可憎之物。性鮮貪嗔，六時畏作無趣；心能領略，四季都是良辰。昔人不云乎：「此老終當以樂死。」青谿白石，倏生瀟洒之懷；黑霧黃埃，便興炎囂之念。此是心依境轉，恐于學道無當，必也。月隨雲走，月竟不移；岸逐舟行，岸終自若，則幾矣。關尹子云：「譬如水中之影，有去有來。所謂水者，實無去來。」又云：「曰想曰識，譬如犀牛望月，月影入角，特因識生，始有月形。而彼真月初不在角。胸中之天地萬物亦然。」知此説者，外不見物，內不見我。

士君子當使此衷如杲日當空，寒潭徹底。縱觀千古，下審來茲。將成敗、利害、得失、是非，盡呈眉睫之前，恣我酌取。事來則爲迎刃，事過則爲虚舟。旋轉乾坤，纖塵不動，經綸萬變，一念不參。此乃是豪傑施爲，亦是聖賢實用。

一失脚爲千古恨，再回頭是百年身。莫放過了合做親切底工夫。莫虚度了難得少壯的時日。

人之浮生，東逝之長波，西垂之淺照，擊石之星火，驟隙之迅駒，風裏之微燈，草頭之懸露，臨崖之朽樹，灼目之電光。所常存者以性耳。

葉君病時伏枕，聞鳩鳴園樹上，心甚惡之。已而鳩去，耳中猶若有鳩鳴者。問之，奚童曰：「鳩去久矣。」予悟而曰：「鳩已去矣，而吾心之鳩不去。吾方惡鳩之累吾心，不知心之化爲鳩也。」故凡作惡者皆然。如惡寒則反多寒病，惡熱則反多熱病。見影而疑，則杯中成蛇；聞言而惑，則市上成虎。此皆成心之爲累也。又如病虐者投之以劑，邪從汗散，瘧病已瘳。忽然念及，即復成瘧，如鬼相侵。及其對友談笑，竟夕忘却，都無記憶，而此瘧病便遂消解。故知瘧非有鬼，心自爲鬼。此心惡瘧太甚則留瘧愈固。故人知惡惡之甚者，所以去惡也；而不知惡惡之甚者所以留惡也。惡之之當乃爲正念，而惡之之固，亦是惡念。故夫子曰：「人而不仁，疾之已甚，亂也。」此非但説不仁的人能生禍亂，即我疾之之甚亦是個不仁的心。此心亦自亂于中矣。明乎此，而後可與言《大學·誠意章》「如惡惡臭」之旨。

有子惡卧而焠掌，❶言其學之苦也。夫晝寢之宰予登于十哲之列，而惡卧之有子若乃不得與焉，不知當時何以進退也。

壁書覆瓿，裂史粘窗，誰不惜之？士厄窮途，陷落冤穽，聞者不憐，過者不顧，聽其死生。是賢紙上之

❶「焠」，《藝文類聚》卷五十五引《孫卿》作「焠」。

死字而仇腹中之活文也。哀哉！

潘緯十年而吟古鏡，何涓一夕而賦瀟湘，只論工拙，不論遲速也。高適五十始作詩，爲少陵所推；蘇洵三十始讀書，爲歐公所許；歐公學書在半百外，王右軍書至五十三乃稱，成書亦只論工拙，不論早暮也。李白一斗百篇，杜子美改罷長吟，曹子建七步成詩，温庭筠八乂手成賦。孟浩然苦吟，鬚眉盡落；裴祐袖手，衣袖爲穿。王維至走入醋甕，謝靈運半日吟詩百篇，頓落十二首。❶歐公作《醉翁亭記》，初下筆幾十餘言云，後削至止存「環滁皆山也」句。亦皆論工拙，不論甘苦也。《王直方詩話》云：「東坡詠《畫蝸牛詩》初云：『中弱不勝觸，外堅聊自郛。升高不知疲，竟作粘壁枯。』後改爲『腥涎不蒲壳，聊足以自濡。』」余以爲改者勝。先輩云：「文字頻改，工夫自出。」此詩之所以不厭改也。老杜有云：「新詩題罷自長吟。」歐公作文先貼于壁，時加竄定，有終篇不留一字者。後人安見有此等工夫耶？

古人途謳巷謡，無非風雅；今人連物比類，秖作贅聲。非才不古也，古任其獨至，今務其兼長。至如唐人輒病島寒郊瘦，長吉善鬼語，而浩然工短調，不知此正以皮相論耳。萬籟不同，廼成宇宙。必欲合千喁于一竅，耳畔中當作何景也？

佛經云：「瓊枝寸寸是玉，栴檀片片皆香。」比之聖賢，欲無德不備；喻之詩文，欲無字不工也。又曰：「擊珊瑚樹，枝枝好；撒水銀珠，顆顆圓。」

陸士衡云：「來日苦短，去日苦長。」傅休奕云：「志士惜日短，愁人短夜長。」❷張季鷹云：「榮與壯俱

❶「首」，《雲僊雜記》卷六作「齒」。

❷「短夜長」，《藝苑巵言》作「知夜長」。

去，賤與老相尋。」曹顔遠云：「富貴他人合，貧賤親戚離。」語若卑淺，而亦實境所就。故不忍多讀。「奄忽隨物化，榮名以爲寶。」不得已而托之名也。「千秋萬歲後，榮名安所之。」名亦無歸矣，又不得已而歸之酒。曰：「使我有身後名，不如且飲一杯酒。服食求神仙，多爲藥所誤。」亦不得已而歸之酒。曰：「不如飲美酒，被服紈與素。」至于被服紈素，其趣愈卑，而其情益可憫矣。

張子韶云：「人經患難，固是不幸，然亦是不經事人。」良藥有一服而可治終身之疾者，未爲不幸。雖然，彼閱歷懲刱，困心衡慮，得之瞑眩者之爲幸。如柳子厚永州諸作，此正發于瞑眩之後，惜服之稍遲耳。乃若不勝摧挫折抑，而隕護改常，❶困而失其正者，此又藥方不足以勝之，爲不幸耳。故患難一也，顧所以處之者何如耳。

昔人有言曰：「得者時也，失者順也。」陸君曰：「夫人之生也，自少而得壯，自壯而得老。其得也，以時至而得也。然至壯則失少矣，至老則失壯矣。其失也以順而失也。故鳥之遡風也，魚之泝流也，皆逆也。陰陽家之砂水，取逆者，迎生氣也。」《易》，乾下坤上之爲泰，外坎内離之爲既濟，養生家之取坎填離，返老復少者，皆取逆也。《易》曰：「生生之謂易。」又曰：「易，逆數也。」陽下陰上，而必曰「一陰一陽之謂道」。陰先于陽，正不測之神也。

死生者，天地之定制，人理之必至。定于氣禀受形之初，不以貴賤愛惡有所增損。故曰：「賢愚同盡。」然而顔跖之辨，大椿之于朝囷，玉石俱焚，薰蕕同臭，而其辨不可紊也。故有死而不朽，没世而名無稱，與草木同腐者，非所論于生死之同也。故曰：「至人以萬世爲箕裘，蜉蝣以旦暮爲大年，蠛蠓以甕天爲一世。」

❶「隕護」當作「隕穫」。《禮記·儒行》：「儒有不隕穫於貧賤，不充詘於富貴。」

倪文節公云：「貧賤之人，一無所有，及臨命終時，脱一厭字；富貴之人，無所不有，及臨命終時，帶一戀字。脱一厭字，如釋重負；帶一戀字，如擔枷鏁。」又曰：「富貴貧賤，所處不同，至三者緊要處則一，曰『老病死』。以愚觀之，則富貴之如斯三者，反不若貧賤之無係累也。」向子平曰：「我已知富不如貧，貴不如賤，但未知生不如死耳。」然就是以觀，則生不如死，亦可知矣。

唐裴炎之序猩猩也，曰：「與之酒，兼與之屐，醉酒穿屐，則擒而刺血，隨所問而得。否則寧死含血不與。」夫身死矣，而猶靳于血，獸之愚若此。人之靈於物，而其愚有類是者。今夫財色名利之溺人也，其猩猩之於酒乎？爵賞禄位之羈人也，其猩猩之於屐乎？饕餮致禍，重利忘身，至死而無悔者，其猩猩之寧死含血乎？

李商隱爲詩文，坐上書册排比滿前，以資老用。時人謂之「獺祭魚」。楊大年爲文章，所用故事，常令子弟諸生檢討出處，每段用小片紙録之。文既成，則點綴所録而蓄之，時人謂之「衲被」。楊盈川爲文，好以古人姓名連用，如云：「張平子之略譚，陸士衡之所記，潘安仁宜其陋矣，仲長統何足知之。」時人號之「點鬼簿」。賓王文好數對，如云：「秦地重關一百二，漢家離宫三十六。」人號爲「算博士」。

蘇魏公《書帙銘》曰：「非學何立，非書何習，終以不倦，聖賢可及。」蒲溥正《戒子弟》曰：❶「寒可無衣，饑可無食，至于書，不可一日失。」

慈烏反哺，世有不顧父母之養者，烏之罪人也。青鷀愛子忘親，世有孝衰于妻子者，未羽之鷀也。唐鼠易腸，可謂知悔；謝豹覆面，可謂知愧。

❶「溥」，《困學紀聞》卷二十作「傳」。

聖人貴智，亦貴藏，以智者善藏也。鱖魚性痴，見人則樹其鬣，謂人懼己也，又其性畏寒。西方有鳥曰「半翅」，亦痴，見人飛不過三五尺，可以杖擊得之。時魚入網輒伏，❶惜鱗也。孔雀愛其尾，潛則露尾；錦雞愛其羽，自照水，因而有溺死者；鹿愛其角，亦照水，稍不正，即觸毀之，有致死者。猩猩以啼而就擒；巂巂以笑而被格，皆不智不藏者也。噫！人癖于愛以亡其身，觀此亦少惕矣。

秦始皇諱「政」，改「正月」爲「端月」。漢宣帝諱「荀」，改「荀卿」爲「孫卿」。明帝諱「莊」，改「莊光」爲「嚴光」。司馬氏諱「昭」，改「昭君」爲「明妃」。晉簡文母鄭太后諱「阿春」，改「春秋」爲「陽秋」。漢呂后諱「雉」，改「雉」爲「山雞」。吁！在彼一時則可，後乃仍之，不亦謬乎？

晉侯受玉，惰，内史過知其不能長世。趙同獻狄俘于周，不敬，劉康知其必有大咎。晉侯見魯宣公，不敬，季文子知其不免。郤至來乞師，將事不敬，孟獻子知其不亡何爲。成子受脤于社，不敬，劉康公知其不反。齊高厚不敬士，莊子知其不免。齊侯、衛侯不敬，叔向知二君之不免。蔡侯不敬，子産知其將死。伯有不敬，穆叔知其必有大咎。不敬取禍，如響斯答。嗚呼！毋不敬，其堯、舜、禹、湯、文、武、周、孔傳心之要法與！

王莽女爲平帝后，帝崩，莽不能强之下嫁。漢兵燒未央宮，后曰：「何面目見漢家」，赴火自死。非特莽愧其女，劉歆、孔光之徒亦愧矣。羊琇女惠風爲愍懷太子妃，劉曜陷洛陽，以賜其將喬屬。仗劍大罵而死。王夷甫諸人不愧乎！劉禪降魏，見蜀使不悲，有「此間樂不思蜀」之語。孔明之子瞻、張飛之孫遵、趙雲次子廣，皆戰死。北平王諶哭于昭烈廟，先殺妻子，乃自殺。魏以蜀宮人賜將士，李昭儀不辱，自殺。禪不特

❶「時」，《空同集》卷六十五作「鮒」。

愧于將士，亦且愧于婦人矣。

「蕭蕭馬鳴」，静中有動也。「悠悠旆旌」，動中有静也。見軍整而静也。「昔我往矣，楊柳依依，今我來思，雨雪霏霏」，寫物態，慰人情也。張文潛謂「雞聲茆店月，人跡板橋霜」，羈旅窮愁，想之在目。「柳塘春水漫，花塢夕陽遲」，春物融冶，人心和暢，言不能盡。張無垢謂「雪消池舘初春後，人倚闌干欲暮時」，盡山之情意，物之容態，可入圖畫。皆彷佛三百篇之遺意歟？

延平李先生静坐正心，以驗夫「喜怒哀樂未發之前」氣象爲何如，久之而知天下之大本真有在乎是也。若夫致虚極，守静篤，不思善，不思惡，佛老亦同此理，但有治世出世體用之不同耳。

衛青少爲平陽公主馬前奴，後貴顯，公主擇配，無踰青者，卒歸之。北齊後宫一裙之費，至直萬疋，周滅其國，后妃以賣燭爲業。南唐劉承勳窮奢極侈，蓄妓樂數千，一妓價數十萬，教以藝，又數十萬，服飾稱之。歸京，乞食凍餒死。軍卒楊杲宗爲丁晉公築第，丁貶海上，朝廷以第賜杲宗。劉美善鍛金，後貴顯，賜上方器，視刻工名，多美所造。嗚呼！世事翻覆，往往如此。惟德行文章，照耀今古。彼富貴者，猶負蝂醯雞，豈止空言徒苦民耳。

閻樂引兵入望夷宫，二世願得一郡爲王，弗許，願得爲萬户侯，弗許，願與妻子爲黔首，又弗許，麾其兵進，二世自殺。懷帝爲劉聰青衣行酒，愍帝執戟前導，❶行酒執蓋，俱不免遇害。煬帝先殺其子。索鴆，不許。自解練巾，授令狐行達縊殺之。全忠殺昭宗。方醉卧，遽起，單衣遶柱走，追而弑之。晉王北遷，自採木實草藥食之，馮后陰令左右求毒藥，欲與晉王俱自殺，不果。嗚呼！君天下者得其道，則富有四海，失其

❶「愍帝」原缺「帝」字，據《隨隱漫録》卷二補。

道則求爲匹夫而不可得，况妻子乎哉。

《漢書》載淮南王安以叛自刑，而《神仙傳》以爲安丹成上昇，雞犬舐鼎，亦得仙去。《唐書》載張果自云「我生堯丙子」，其貌寔年六七十，未幾亦卒。《神仙傳》謂果生堯丙子，二萬八千歲矣。堯即位三十四年丙子，至唐開元初，才二千八百餘年。魯魚亥豕之訛明矣。不然《孟子》載文王之地方百里。答齊宣王則曰文王之囿方七十里。據所説，則民之所居止三十里矣。可發一粲。

韋忠不就張華之辟，張象不爲國忠之謁，何其少也。以柳子厚之才，而附叔文，以蕭至忠之美，而事韋后，何其多也。此張無垢所謂「貪冒之士如落穢溷汙渠中，如何使人敢近？廉正之士如竹間清風，露氣洒洒襲人。觀者已覺心目頓快，况處其間哉」。

周公告二公曰：「我其弗辟，我無以告我先王。」辟，法也，當置管、蔡于法。辟，避也。居東以避之。辟，君也。我若有無君之心，何以告我先王。三説俱通，必有能辨之者。

秦下逐客之令，李斯在逐中，若不上書乞留，終身布衣。及其見留，致位宰相，父子俱戮，政坐一書之故。蓋斯因倉鼠興感，見逐上書，則其志在利禄也。與趙高謀殺扶蘇，立二世，恐失利録也。一有患得患失之心，皆不勉于大戮，誠可爲貪利禄者之戒也。

《禮》曰：「刑不上大夫」，以其近君也。故不廉曰簠簋不節；汙穢曰帷薄不修；罷軟曰下官不識。尚遷就爲之辭。有大罪者，聞命則北面自裁，曰：「子大夫有過，吾不忍加刑焉。」故淫者更絶纓，盜者更賜酒，而甚于耻戮。唐家待士，不用廉耻。姜皎官三品，且有功，猶杖辱之，况簿尉乎。故神器屢抱。❶ 蓋不養士氣

❶「抱」，《隨隱漫録》卷三作「摇」。

于渾淪之中，服其刑而不服其心。❶《孟子》曰：「君之視臣如犬馬，則臣視君如寇讐。」此之謂也。

古之大儒格物以爲學，倫類通達，謂之真知。其次博物以爲聞，敏識强記謂之多知。真知者，德性之知。若顔子聞一知十，子貢告往知來，曾子致知，子夏日知月無忘是也。多知者，見聞之知。若子産汾神之對絳老疑年，師曠知獲僑知之歲，左史倚相能讀《三墳》、《五典》、《八索》、《九丘》，不能知《祈招》之詩，而子革能之，祝佗誦載書于萇弘以長衛侯于盟是也。真知者，優入聖城，回、賜、參、商外無聞焉。多知者，非命世之英，如子産、游吉、師曠、叔向、子革、椒舉、祝佗之外不能也。後世真知者寂焉，多知者唯劉向而已。

唐虞尚德，夏尚功，商尚老，周尚親，秦尚刑名，西漢尚權謀，東漢尚節義，魏尚辭華，晉尚清言，周隋尚族望，唐尚制度，宋尚道理紀綱。

陸象孫謂投名刺，既稱「頓首」，不當復言「拜」故爾。然《周禮》辨九拜之儀，一「稽首」，一「頓首」。注：稽首拜，頭至地，頓首拜，頭叩地也。又「奇拜」，一拜也，「褒拜」，再拜也，「肅拜」，但俯下手，即今之揖也。好奇者，有稱肅拜，不知其處于倨。而稱頓首者，亦無所不可，若稱奇拜褒拜亦通。❷

《野客叢書》：「影」字古用「景」字，葛洪撰《字苑》始加「彡」爲「影」。「戰陣」之「陣」，古用「陳」。王右軍《小學》「阜」旁作「車」爲「陣」。「隋國」、「隋州」古用「隨」，楊堅以其近遁走，去「走」作「隋」。「疊」字古作「疊」，王莽以三「日」大盛，改從三「田」，作「疊」。古之「對」字「莘」下從「口」，漢文帝以「口」多非實，改從「土」。「罪」字「自」下從「辛」，始皇以字形似「皇」字，遂改從「网」從「非」。古「劭」字從「刀」，劉宋太子名

❶「刑」，《隨隱漫録》卷三作「形」。
❷「褒拜」原缺「拜」字，據《弇州四部稿》卷一百六十一補。

「劭」而惡字文爲「召刀」遂改「刀」爲「力」。

《尚書》之「尚」本當作「上」音讀，或曰秦時人臣避「上」字，故作「常」音，至今因之不改。若二十八「宿」音「秀」，則洪景廬以爲當如本音，且引《説苑・辨物篇》曰：「天之五星運氣於五行，所謂宿者，日月五星之所宿也。」按「宿」之音「秀」，北音誤之，蓋元詞曲皆入「秀」字去上韻，至「宿州」之「宿」則入「徐」字，而以近徐州故，别呼爲南徐州，北音之謬若此。

古人寫書，並用黄紙，故謂之黄卷。顔之推曰：「讀天下書未遍，不得妄下雌黄。」蓋雌黄與黄紙色類，故用之以滅誤，今人用白紙，而好事者多用雌黄滅誤，殊不相類。

軒轅黄帝周游，元妃累祖死于道，令次妃好嫫監護，因置方相以防夜，蓋其始也。俗名驗道神阡陌將軍，又名爲開路神。方相，音放象。方，放也。相，貌也。言其放肆形貌也。

吏人稱「外郎」者，古有「中郎」、「外郎」，皆臺省官，故僭擬以尊之。醫人稱「郎中」，鑷工稱「待詔」，木工稱「博士」，師巫稱「大保」，茶酒稱「院使」，皆然。此胡元名分不明之舊習也。國初有禁。予特表而出之。

移文中字有日用而不知所自，❶及因襲誤用而未能正。姑舉一二：如「查」字，音義與「槎」同，水中浮木也。今云「查理」、「查勘」，有稽考之義。「弔」，本傷也，愍也。今云「弔卷」、「弔冊」，有索取之義。「票」與「慓」同，本訓急挨，今以爲「票帖」。「綽」，本訓寬緩，今以爲「巡綽」。「盔」本盂也，今以爲「銕胄」。「鐲」本鉦也，今以名釧屬。又如「閘朝」、「閘辨」、「課程」，其義皆未曉，其亦始于方言也歟？「價直」爲「價值」，「足轂」爲「足勾」，「斡運」爲「乞運」，此類尤多。甚者施之奏章刻之榜文，此則承僞踵謬而未能正者也。

❶「中」原作「忠」，據《賢奕編・附録・閒鈔下》改。

「姪」，本妻兄弟之女。古者諸侯之女嫁與諸侯，以娣姪從，《左傳》云「姪其從姑」是已。今人稱兄弟之子爲姪，不知誤自何時？唐狄仁傑諫武后云：「姑姪與母子孰親？」「姑姪」見于此，然猶稱武姓之子爲姪，對姑而言之耳。此字隨俗稱呼則可，若施之文，不若「從子」、「族子」之類之爲愈也。

馬之性善驚，故「驚」、「駭」字從馬。女之性善妬，故「嫉」、「妬」字從女。此制字之精察也。

「恙」字，《説文》曰：「憂也。」一曰「虫入腹，食人心。」古者草居，多被此毒，故相問皆曰：「無恙乎？」今人稱疾爲「微恙」、「貴恙」，是又以恙訓疾矣。

古優女曰「娼」，後稱娼老婦曰「鴇」。考之鯧魚爲衆魚所淫，鴇鳥爲衆鳥所淫，相傳老娼呼「鴇」意出于此。或云鴇鳥日接七十鳥，以性好淫故也，今人用以譬老娼也，于理亦通。

象膽按四時在四足，熊膽亦在四足。魚膽春夏近上，秋冬近下。蚺蛇膽隨擊而獲。

雞鵣能勅水，❶故水宿之物莫能害。鳩能巫步禁蛇，故食蛇，啄木鳥遇蠹穴能以嘴畫字成符，蠹虫自出。鴉能隱巢，故鷙鳥莫能見。燕啣泥常避戊日，故巢不傾。鶴有長水石，能于巢中養魚而水不涸。燕惡艾，雀欲奪其巢，即啣艾置巢中，燕遂避去。此皆鳥之有智者也。「巫步」，又曰「禹步」，蓋以禹爲百神所畏而行步蹇跳，巫故效之，以令百神也。

馬塍藝花如藝粟，槖駞之技名天下。非時之品，真足以侔造化，通仙靈。凡花之早放者，名曰「堂花」。或作塘。其法以纸餙密室，鑿地作坎，種竹置花其上，糞土以牛溲、硫黄，盡培溉之法，然後筧沸湯于坎中。

---

❶「雞鵣」，《逌齋閑覽》作「灘勅」。

少埃，❶陽氣薰蒸，則扇之以微風，盎然盛春融淑之氣，經宿則花放矣。若牡丹、梅、桃之類無不然，獨桂花則反是，蓋桂必涼而後放，法當置之石洞、巖竇間，暑氣不到處，鼓以涼風，養以清氣，竟日乃開。此雖揠而助長，然必適其寒暑之性，而後能臻其妙耳。

俗以每月初五、十四、二十三爲月忌，出行必忌之，其説不經。後見衛夫人云：「聞前輩之説，謂此三日即河圖數之中宫五數耳，五爲君象，故庶民不可用。」此説頗有理。蜀景耀五年，宫中大樹無故自折，譙周深憂之，無所與言，乃書柱曰：「衆而大，期之會。具而授，若何復？」言曹者，大也。❷衆而大，天下其當會也，具而授，如何復有立者乎？蜀既亡，咸以周言爲驗。

晉武帝泰始初，衣服上險下豐，❸著衣者乃厭腰，此君衰弱臣放縱之象也。至元康末，婦人出兩襠，加乎交領之上，此内出外也。爲車乘者，苟貴輕細，又數變易其形，皆以白篾爲純，蓋古喪車之遺象，亦晉之禍徵也。

孔子修《春秋》、制《孝經》，既成，齋戒，向北辰而拜，告備于天，乃洪鬱起白霧摩地，白虹自上而下，化爲黄玉，長三尺，上有刻文。孔子跪受而讀之曰：「寶文出，劉季握；卯金刀，在軫北；字禾子，天下服。」

賈誼爲長沙王大傅，四月庚子日，有鵩鳥飛入其舍，止于坐隅，良久乃去。誼發書占之曰：「野鳥入室，主人將去。」誼忌之，故作《鵩鳥賦》，齊死生而等禍福，以致命定志焉。

❶「埃」，《齊東野語》卷十六作「候」。
❷「曹者，大也」，《三國志》卷四十二作「曹者衆也，魏者大也」。
❸「險」，《搜神記》卷七作「儉」。

臨川間諸山有妖物來，嘗因大風雨。有聲如嘯，能射人，其所著者，有頃便腫大。毒有雄雌，雄急而雌緩。急者不過半日間，緩者經宿。其旁人常有以救之，救之少遲則死。俗名曰「刀勞鬼」。故外書云：「鬼神者，其禍福發揚之驗于世者也。」老子曰：「昔之得一者：天得一以清，地得一以寧，神得一以靈，谷得一以盈，王侯得一以爲天下貞。」然則天地鬼神與我並生者也，氣分則性異，域別則形殊，莫能相兼也。生者主陽，死者主陰，性之所託，各安其生，太陰之中，怪物存焉。

二華之山，本一山也。當河，河水過之而曲行。河神巨靈以手劈開其上，以足蹈離其下，中分爲兩，以利河流。今觀手迹于華嶽上，指掌之形具在，脚迹在首陽山下，至今猶存。故張衡作《兩京賦》稱：「巨靈贔屭，高掌遠迹，以流河曲」是也。

蔡裔有勇力，聲若雷震。嘗有二偷兒入室，裔附床一呼，二盜俱隕。

或云韓信爲吕后所殺，韓通爲杜后所殺，韓侂胄爲楊后所殺，韓震爲謝後所殺。吁！四人皆將相，皆死于婦人之手，亦皆姓韓，亦異矣！

光、禹之罪，浮于王氏；六臣之罪，浮于朱温。人人皆王陵，則吕氏不敢動矣；人人皆王章，則王氏不敢動矣。

夫子有曲肱飲水之樂，顔子有簞瓢陋巷之樂，曾點有浴沂歸詠之樂，曾子有履穿肘見之樂，❶若金石之樂。周、程有愛蓮觀草、弄月吟風、傍花隨柳之樂。學道而至于樂，方能真有所得。如採菊東籬，揮杯勸飲，樂矣，而有平陸成江之憂；步屧春風，泥飲田父，樂矣，而有眉攢萬國之憂。蓋惟賢者而後有真憂，亦惟賢

❶「履穿肘見之樂」，《鶴林玉露》丙編卷二作「履穿肘見歌」。

者而後有真樂。樂不以憂而廢，憂不以樂而忘。

宋靖康之亂，元祐皇后手詔曰：「漢家之厄十世，宜光武之中興；獻公之子九人，唯重耳之獨在。」事詞的切，讀之感動，蓋中興之一助也。建炎登極之詔曰：「亹亹萬機，難以一日而曠位；皇皇四海，詎可三月而無君？」又曰：「聖人何以加孝？朕每懷問寢之思；天子必有所尊，朕欲救在原之急。嗟我文武之烈，若時忠義之家。不食而哭秦庭，士當勇于報國；左祖而爲劉氏，❶人咸樂于愛君。期一德而一心，伫立功而立事。同傒兩宮之復，終圖萬世之安。」其詞明白，亦占地步。

内繕己性，當如紀消之養雞；❷外順物性，當如顏闔之養虎。

常州宜興縣黄土村，東坡南迁北歸，常與單秀才步田至其地。地主携酒來餉，曰：「此紅友也。」坡曰：「此人知有紅友而不知有黄封，可謂快活！」余嘗因是言而推之，金貂紫綬誠不如黄帽青蓑，朱轂綉鞍誠不如芒鞋藤杖，醇醪養牛誠不如白酒黄雞，玉户金鋪誠不如松窗竹屋。無他，其天者全也。

吴請成于越，勾踐欲許之，范蠡不可。楚求和于漢，高帝欲許之，張良不可。此霸王成否之機也，二子亦明決矣哉。故曰「需者事之賊」，❸又曰「當斷不斷，反受其亂」。

始皇爲楚所敗，尚能謝王剪；袁紹爲魏所敗，乃至殺田豐。欲不亡，得乎？故曰「國以人亡」。

《樂府》有《菩薩蠻》，不知何物。在廣中見呼蕃婦爲「菩薩蠻」，方識之。

---

❶「祖」，《鶴林玉露》丙編卷三作「袒」。

❷「消」，《鶴林玉露》乙編卷六作「渻」。

❸「需」，《鶴林玉露》乙編卷五作「懦」。

梁任昉有《文章緣起》一卷，著秦漢以來文章名目之始，按論之名，起于秦漢以前。荀子《禮論》、《樂論》，莊子《齊物論》，慎到《十二論》，吕不韋「八覽六論」是也。至漢則有賈誼《過秦論》，而昉乃以王褒《四子講德論》爲始，不亦謬乎。

東坡之文，大概皆祖《莊子》，但善爲提調耳。《莊子・内篇・德充符》云：「自其異者視之，肝膽楚越也。自其同者視之，萬物皆一也。」東坡《赤壁賦》云：「蓋將自其變者觀之，雖天地曾不能以一瞬；自其不變者觀之，則物與我皆無盡也。」而又何羡乎！

董仲舒本原處勝賈生，賈生用處却勝似仲舒。楊雄、韓愈體用俱欠，王通有體有用，但粗淺耳。董、賈之言却是從胸中流出。韓子力追古作，雖費力而不甚覺。楊氏《法言》、王氏《中説》，所謂刻木爲鵲者也。

古史家凡閨門醜惡之事，人所羞稱而厭聞者莫不備着。如《左傳》載衛宣公、齊襄公等事，《史記》、《漢書》載諸王淫亂等事皆是。蓋使人知爲不善于幽暗之中，而不能掩萬世之直筆。如此，庶乎知所戒矣。仲尼删詩，《牆有茨》、《鶉之奔奔》、《桑中》諸篇，皆存而不削。而楊龜山所謂「載衛爲狄所滅之因」是也。南北史臣，亦識此意。下至《金史》，猶備載海陵煬王淫亂之事。腥穢雜揉，莫甚于元，而《元史》一切隱諱不録，亦是一病。至于《紀》、《傳》、《表》、《志》，但篇首作序，而每人不加論頭，❶蓋曰「著其事實以俟後之公論耳」。此爲能脱因襲之弊，可爲後世修史之法。

《孝經》「三才」、「聖治」、「事君」章，本竊《左傳》子大叔、北宮文子、上真子、李文子之言，而或者反謂《傳》者竊《經》；《爾雅》「如砌如磋」等云，本竊《禮記・大學》之文，而或者反謂《記》者采《爾雅》之辭；《謚

❶「頭」，《井觀瑣言》卷一作「斷」。

法》「經天緯地曰文」等云，本竊《左傳》成鱄之言，而或者反謂成鱄倣《謚法》之體；《鶡冠子》「貪夫殉財」等云，本竊賈誼《鵩賦》之辭，而或者反謂誼賦盡出《鶡冠子》；《子華子》「今世之人」一段，本竊韓文《柳子厚墓志》之意，而或者反謂退之此文出《子華子》。世儒知有古近而不知有僞真，類如此可發一粲。

遇得其人則一言以興，遇不得其人則一言遂死，千載遇少而不遇多，此志士所以在山、仁人所以盡養壽命也。唯其不忍爲是以莫肯爲。歌咏彈琴，樂而忘死，宜矣！然則東方生蓋亦幸而遭遇漢武者也。人謂大隱居市朝，以東方生爲朝隱。噫！使非武帝愛才，知朔如此，敢一日而居市朝之間？最先避世而歌德衰者，朔也。予故作《非有元生論》。❶

❶「元」，《焚書》卷五作「先」。

# 大雅堂訂正質窗筆記　乙集

唐堯帝其仁如天，聖德光洽。河洛之濱得玉版方尺，圖天地之形。又獲金璧之瑞，文字柄列，記天地造化之始。四凶既除，善人來服，分職設官，彝倫攸叙。乃命大禹疏川瀦澤，有吴之鄉、有北之地，無有妖災。沉翔之類，自相馴擾。幽州之墟，羽山之北，有善鳴之禽。人面鳥喙，八翼一足，毛色如雉，行不踐地，名曰「青鸛」，其聲似鍾磬笙竽也。世語曰：「青鸛鳴，時太平。」故盛明之世，翔鳴藪澤，音中律吕，飛而不行。至禹平水土，棲于川岳，所集之地，必有聖人出焉。自上古鑄諸鼎器，皆圖象其形，銘贊至今不絶。堯登位三十年，有巨查浮于西海。查上有光，夜明晝滅。海人望其光，乍大乍小，若星月之出入。查常浮繞四海，十二年一周天，周而復始，名曰「貫月查」，亦謂「桂星查」。羽人棲息其上，群仙含露以漱，日月之光則如暝矣。虞、夏之季，不復記其出没。遊海之人，猶傳其神偉也。西海之西，有浮玉山。山下有巨穴，穴中有水，其色如火，晝則通曨不明，夜則照耀穴外，雖波濤灌蕩，其光不滅，是謂「陰火」。當堯之世，其光爛起，化爲赤雲，丹輝炳映，百川恬澈。游海者銘曰「沉燃」，以應火德之運也。堯在位七十年，有鸞雛歲歲來集，麒麟遊于澤藪,梟鴟逃于絶漠。有秖支之國,獻重明之鳥,一名「雙睛」,言雙睛在目。狀如雞,鳴似鳳。時解落毛羽,以肉翮而飛。能搏逐猛獸虎狼,使妖災群惡不能爲害。飴以瓊膏,或一歲數來,或數歲不至。國人莫不洒掃門户,以望重明之集。其未至之時,國人或刻本、或鑄金,爲此鳥之狀,置于户牖,則魑魅醜類自然退伏。今人每歲元日或刻木鑄金,或圖畫爲雞於牖上,此遺像也。

虞舜在位十年,有五老遊于國都。舜以師道尊之,言則及造化之始。舜禪于禹,五老去,不知所從。舜乃置五星之祠以祭之。其夜有五長星出,薰風四起,連珠合璧,祥應脩焉。萬國重譯而至。有大頻之國,其民來朝,乃問其災祥之數。對曰:「昔北極之外有潼海之水,渤潏高隱于日中。有巨魚大蛟,莫測其形也。吐氣則八極皆闇,振鬣則五岳波盪。當堯之時,懷山爲害,大蛟縈天,縈天則三河俱溢,海瀆同流。」三河,天河、地河、中河是也。此三水有時通壅,至聖之治,水色俱溢,❶無有流沫。及帝之商均,暴亂天下,則巨魚吸日,蛟繞于天,故誣妄也。此言吸日而星雨皆墜,抑亦似是而非也。故使後來爲之迴惑,託以無稽之言,特取其博愛多奇之間,録其廣異宏麗之靡矣。舜葬蒼梧之野,有鳥如雀,丹州而來,吐五色之氣,氤氲如雲,名曰「憑霄雀」,能群飛啣土成丘墳。此鳥能反形變色,集于峻林之上,在木則爲禽,行地則爲獸,變化無常。常遊丹海之際,時來蒼梧之野,啣青砂珠積成壟阜,名曰「珠丘」。其珠輕細,風吹如塵起,名曰「珠塵」。今蒼梧之外,山人採藥時有得青石,圓潔如珠,服之不死,帶者身輕。故仙人方迴《遊南嶽七言讚》曰:「珠塵圓潔輕且明,有道服者得長生。」

夏禹既平水土,鑄九鼎以表九州,五者以應陽法,四者以象陰數,使工師以雌金爲陰鼎,以雄金爲陽鼎。

❶「溢」,《拾遺記》卷一作「澄」。

鼎中常滿，以占氣象之體咎。❶當桀之世，鼎水忽沸，及周將末，九鼎咸震，皆應天下動搖將亡之兆也。後世聖人因禹之跡，歷代亦鑄鼎。禹盡力溝洫，導引川夷嶽，黃龍曳尾于前，玄龜負青泥于後。玄龜，河精之使者也。龜頷下有印文，皆古篆字，作九州山川之字，禹所穿鑿之處，皆以青泥封記其所，使玄龜印其上。今人聚土爲界，此遺象也。

商之始，有神女簡狄，遊于桑野，見黑鳥遺卵于地，有五色文，作八百字。簡狄拾之，貯以玉筐，覆以朱紱。夜夢神女謂之曰：「爾懷此卵，即生聖子，以繼金德。」狄乃懷卵，一年而有娠。經十四月而生契。祚以八百，叶卵之文也。雖遭旱厄，後嗣興焉。

周武王東伐紂，夜濟河。時雲明如晝，八百之族皆齊而歌。有大蜂，狀如丹鳥，飛集王舟，因以鳥畫其旗，翌日而梟紂，名其舡曰「蜂舟」。魯哀公二年，鄭人擊趙簡子，得其蜂旗，則其類也。武王使畫其像于幡旗以爲吉兆，今人幡信皆爲鳥畫，其遺像也。

穆王即位三十二年，巡行天下。馭黃金碧玉之車，傍氣乘風，起朝陽之岳，自明及晦，窮宇縣之表。有書史十人，記其所行之地。又副以瑶筆之輪十乘，❷隨王之後，以載其書也。王馭八龍之駿：一名絶地，足不踐土；二名翻羽，行越飛禽；三名奔霄，夜行萬里；四名照影，逐日而行；五名踰揮，毛色炳耀；六名超光，一形十影；七名騰霧，乘雲而奔；八名挾翼，身有玉翅。遞而駕焉，按轡徐行，以匝天地之域。王神智遠謀，使迹轂遍于四海，故絶異之物，不期而自服焉。

❶「體咎」，《拾遺記》卷二作「休否」。

❷「筆」，《拾遺記》卷三作「華」。

師曠者，晉靈公時人也。爲主樂官，好辨音律，撰兵書萬篇。時人莫知其原裔，出没難詳也。晉平公時，以陰陽之學顯于當世。乃薰目爲瞽，以絶塞衆慮，專心于星筭音律之中。考鍾吕以定四時，無毫釐之異。《春秋》不記。❶曠知命欲終，乃述《寶符》百卷。至戰國分争，其書絶滅矣。

周昭王召其臣甘需，❷曰：「寡人志于仙道，欲學長生久視之法，可得遂乎？」需曰：「臣遊昆臺之山，見有垂白之叟，宛若少童，貌如冰雪，形如處子，血清骨勁，膚實腸輕，乃歷蓬瀛而超碧海，經涉升降，遊往無窮，此爲上仙之人也。蓋能去滯慾而離嗜愛，洗神滅念，常遊于太極之門。今大王以妖容惑目，美味爽口，列女成群，迷心動慮，所愛之容，恐不及玉，纖腰皓齒，患不如神，而欲卻老雲遊，何異操圭爵以量滄海，執毫釐而迴日月，其可得乎？」王乃徹色減味，居乎正寢，賜甘需羽衣一襲，表其墟爲「明真里」也。

秦始皇元年，騫霄國獻刻玉善畫工名裔。使含丹青以漱地，既成魑魅及詭怪群物之象；刻玉爲百獸之形，毛髮宛若真矣。皆銘其臆前，記以日月。工人以指畫地，長百丈，直如繩墨。方寸之内畫以四瀆、五岳、列國之圖，又畫爲龍鳳，騫翥如飛。皆不點睛，或點之，必飛走也。始皇嗟曰：「刻畫之形，何得飛走？」使以淳漆各點兩玉虎一眼睛，旬日則失之，不知所在。山之人云：「見二白虎，各無一目，相隨而行，毛色形相，異于常見者。」至明年，西方獻兩白虎，各無一目。始皇發檻視之，疑是先所失者，乃刺殺之，檢其臆前，果是元年所刻玉虎。迄胡亥之滅，寶劒神物，隨時散亂也。

❶「不記」下《拾遺記》卷三有「師曠出何帝之時」七字。
❷本段《拾遺記》卷四作燕昭王事。

張儀、蘇秦二人，同志好學，迭剪髮而鬻之以相養，或傭力寫書，非聖人之言不讀。遇見《墳》、《典》，行塗無所題記，以黑書掌及股裏，❶夜還而寫之，析竹爲簡。二人每假食于路，剥樹皮編以爲書帙，以盛天下良書。常息大樹之下，假息而寐。有一先生問：「二子何勤苦也？」儀、秦又問之：「子何國人？」答曰：「吾生于歸谷，亦云鬼谷。」鬼者，歸也。又云「歸者，谷名也」。乃謂其術，教以干世出俗之辯，即採胸内，得二卷説書，言輔時之事，《古史考》云《鬼谷子》也。鬼、歸相近也。秦王子嬰寢于望夷之宫，夜夢有人，身長十丈，鬚髪絶青，納玉舄而乘舟車，駕朱馬而至宫門，云欲見秦王子嬰，閽者許進焉。子嬰乃與之言，謂子嬰曰：「余是天使也，從沙丘來。天下將亂，當有同姓名欲相誅暴。」翌日乃起，子嬰則疑趙高，囚高于咸陽獄。懸于井中七日不死，更以鑊煮之，七日不沸，乃戮之。子嬰問獄吏，曰：「高其神乎？」獄吏曰：「初囚高之時，見高懷有一青丸，大如雀卵。」時方士説云：「趙高先世受韓終丹法，冬月坐于堅冰，夏日卧于爐上，不覺寒熱。」及高死，子嬰棄高屍于九逵之路，泣送者千家，咸見一青雀從高屍中出，直飛入雲。九轉之驗，信于是乎！子嬰所夢，即始皇之靈；所著玉舄，則安期先生所遺也。鬼昧之理萬世一時。

漢太上皇微時，常佩一刀，長三尺，上有銘，其字難識，疑是殷高宗伐鬼方之時所作也。上皇游酆沛山澤中，寓居窮谷裏。有人歐冶鑄，上皇息其旁，問曰：「此鑄何器？」工人笑而答曰：「爲天子鑄劍，慎勿泄言。」上皇謂爲戲言，了無疑色。工人曰：「今所鑄鐵鋼礪製，其器難成。若得公腰間佩刀雜而冶之，即成神器，可以尅定天下，星精爲輔佐，以殲三猾，木衰火盛，此爲異兆也。」太上皇曰：「余此物名爲匕首，其利

❶「黑」，《拾遺記》卷一作「墨」。

難儔。水斷虬龍，陸斬虎兕，魑魅魍魎莫能逢之。斫玉鐫金，其刃不卷。」工人曰：「若不得此匕首以和鑄，雖歐冶專精，越工砥鍔，終爲鄙器。」上皇即解腰間匕首以投于爐中，俄而煙燄沖天，日爲之晝晦。及劍成，殺三牲以祭之。鑄工問上皇何時得此匕首，上皇云：「秦昭襄王時，余行，逢一野人於陌上授余，云是殷時靈物，世世相傳，上有古字記其年月。」及劍成，工人視之，其名尚存，叶前疑也。工人即持劍授上皇，上皇以賜高祖。高祖長佩于身，以殲三猾。及天下已定，吕后藏于寶庫之中。守庫者見白氣如雲，出于户外，狀如龍虵。吕氏改其庫，曰「靈金藏。」及諸吕擅權，白氣亦滅。及惠帝即位，以此庫貯禁兵器，名曰「靈金内庫」也。

董偃嘗卧于延清室，以畫石爲床，蓋石文如畫也。石體甚輕，出郅支國。上設紫琉璃帳，火齊屏風，列靈麻之燭，以紫玉爲盤，如屈龍，皆用雜寶餙之。侍者于户外扇之，偃曰：「玉石豈須扇而後清涼耶？」侍者乃郤扇，以手摸之方知有屏風也。又以玉精爲盤，貯冰于膝前。玉精與冰同潔徹。侍者謂冰之無盤，必融濕席，乃合玉盤，拂之落階，冰玉俱碎，偃更以爲樂。此玉精，千塗國所貢也，武帝以此賜偃。哀、平之世，民家猶有此器，而多殘破。及王莽之世，不復知其所在。

彭寵之叛，家數有變怪。堂上聞蝦蟆聲，在火爐下鑿地而求之不得，卜筮多言兵從中起。僕子密等三人謀刼寵。是日，寵晝卧于便室，三奴共縛寵。從呼諸奴婢，以寵教責問，便縛各置空室中，以寵聲呼其妻。妻入室見縛，驚曰：「奴反耶？」剎妻頭，擊頰。趣爲諸將軍辨裝，二奴將妻入取物，一奴守寵。寵謂守奴曰：「若小兒我素所愛也，爲密所迫脅耳。解我縛，出閤則活矣！用女妻汝，家中財物悉與汝。」小奴意欲解之，而子密適至，遂不解，使妻縫縑囊，解寵手令作教誡城門，令子密等出勿稽留。書成，斷寵及妻頭置囊中，馳詣闕。封子密爲無義侯。

李肇《國史補》曰：「進士爲時所尚久矣。由此而出者，終身爲文人。其都會謂之本場，❶通補謂之秀才，❷投刺謂之鄉貢，得貢謂之前進士，互相推敬謂之先輩，俱捷謂之同年，有司謂之座主，京兆府考而升者謂之等第，外府不試而貢者謂之拔解，將試將保謂之合保，群居而賦謂之私試，造請權要謂之關節，激揚聲價謂之還往；既捷列名于慈恩寺塔謂之題名，大燕于曲江謂之曲江會，籍而入選謂之春關，不捷而醉飽謂之打眊矂，匿名造謗謂之無名子，退而肄業謂之過夏，執業以往謂之夏課，挾藏入試謂之書策。」

漢武帝欲殺乳母，乳母告急于東方朔。朔曰：「帝忍而愎，旁人言之，益死之速耳。汝臨去，但屢顧我，我當設奇以激之。」乳母如言。朔在帝側曰：「汝宜速去，帝今已大，豈念汝乳哺時恩耶？」帝愴然，遂舍之。

魯恭王得文木一枚，伐以爲器，意甚玩之。中山王爲賦曰：「麗木離披，生彼高崖，拂天河而布葉，橫日路而催枚。❸幻雛羸轂，❹單雄寡雌，紛紅翔集，❺嗷嘈鳴啼。載重雪而稍勁風，將等歲于二儀。巧匠不識，王子見知，乃命斑爾。載斧伐斯，隱若天崩，豁如地裂。花葉分披，條枝摧折。既剥既刊，見其文章，或如龍蟠虎踞，復似鸞集鳳翔。青緺紫綬，環璧圭璋，重山累嶂，連波疊浪。奔電屯雲，薄霧濃雰，麏宗驥旅，鷄族雉群。蠋繡鴦錦，蓮藻芰文。色比金而有裕，質參玉而無分。裁爲用器，曲直舒卷，脩竹映池，高松植巘；制爲樂器，婉轉蟠紆，鳳將九子，龍導五駒；制爲屏風，鬱茀穹隆；制爲杖几，極麗窮美；制爲枕案，文章璀

❶「本」，《唐摭言》卷一作「舉」。
❷「補」，《唐摭言》卷一作「稱」。
❸「枚」，《西京雜記》卷六作「枝」。
❹「幻」，《西京雜記》卷六作「幼」。
❺「紅」，《西京雜記》卷六作「紜」。

璨，彪炳涣汗；制爲盤盂，采玩踟蹰，猗歟君子，其樂只且。」恭王大悦，爲之顧盼擊節，賜駿馬二匹以榮寵焉。

平津侯自以布衣爲宰相，乃并東閣，❶營客舘以招天下之士。其一曰「欽賢舘」，以待大賢；次曰「翘材舘」，以待大才；次曰「接士舘」，以待國士。其有德任毗贊，佐理陰陽者，處欽賢之舘；其有才堪九列，將軍二千石者，居翘材舘；其有一介之善、一方之藝，居接士之舘。而躬自菲薄，所得俸禄以奉待之。

司馬遷發憤作《史記》百三十篇，先達稱爲良史之才。其以百夷居列傳之首，以爲善而無根。❷爲《項羽本紀》，以踞高位者非關有德。及其序屈原、賈誼，辭指抑揚，悲而不傷，亦近代之偉才。

漢武帝時有外域獻一足之鳥，人以爲怪也，争訝之。上問東方朔曰：「怪乎？鳥乎？祥乎？妖乎？」朔曰：「此畢方鳥也。出《山海經》。」驗之，果然。上由是勑廷臣皆習《山海經》焉。

李約言爲兵部員外，識度清曠，逈出塵表，與主客張員外諗同棄官，并韋徵君况，牆東遯世，不婚娶，不治生業。李尤厚于張，每與張匡床静言，達旦不寢，人莫知也。贈張詩曰：「我有心中事，不向韋三説。秋夜洛陽城，明月照張八。」

古碑皆有圓孔，詢之于人，皆莫知其故。及觀古書云：「碑者，悲也，墟墓間物，每墓有四焉。初葬時穿繩于孔，以下棺者。」即古懸窆之禮，《禮》曰：「公室視豐碑，三家視桓楹。」人因就紀其德，由是遂有碑表。數十年前有樹德政碑，亦設圓孔，不知根本來歷甚矣。後有人悟之，遂改焉。

❶「并」，《西京雜記》卷四作「開」。
❷「根」，《西京雜記》卷四作「報」。

梁孝王遊于忘憂之舘，集諸遊士各使爲賦。枚乘爲《柳賦》其辭曰：「忘憂之舘，垂條之木。枝逶遲而含紫，葉凄凄而吐緑。出入風雲，去來羽族，既上下而好音，亦黄衣而絳足。蜩螗厲響，蜘蛛吐絲。階草漠漠，白日遲遲。于嗟細柳！洗亂輕絲。❶君王淵穆其度，御群英而玩之。小臣瞽聵，與此陳詞，于嗟樂兮！於是樽盈縹玉之酒，爵獻金漿之醪，庶羞千族，盈滿六庖。弱絲清管，與風霜而共雕。鎗鍠啾唧，蕭脩寂寥。儁乂英髦，列襟聯袍。小臣莫效于鴻毛，空啣鮮而嗽醪。雖復河清海竭，終無增景于邊撩。」

路喬如爲《鶴賦》，其辭曰：「白鳥朱冠，鼓翼池干。❷舉脩距而躍躍，奮皓翅之翍翍。宛脩頸而顧步，啄河瀆而相歡。豈忘赤霄之上，忽池籞而盤桓。飲清流而不舉，食稻粱而未安。故知野禽野性，未脱籠樊，賴吾王之廣愛，雖禽鳥兮抱恩。方騰驤而鳴舞，憑朱檻而爲歡。」

公孫詭爲《鹿賦》其辭曰：❸「麀鹿濯濯，來我槐庭。食我槐葉，懷我德聲。質爲緗縟，文如素綦。呦呦相召，《小雅》之詩。嘆丘山之比歲，逢梁王于一時。」

鄒陽爲《酒賦》，其辭曰：「清者爲酒，濁者爲醴。清者聖明，濁者頑騃。皆麴湒丘之麥，釀野田之米，倉風莫預，方金未啟。嗟用物而異味，嘆殊才而共侍。流光醳之，甘滋泥之，醪醴既成，緑瓷既啟。且筐且漉，載篘載齊，庶人以爲懽，君子以爲禮。其品類，則河洛渌酃，程鄉若下，高公之清。關中白薄，青渚縈停，凝醳醇酎，千日一醒。哲王臨國，綽矣多暇。召皤皤之臣，聚肅肅之賓。安廣坐，列雕屏。綃綺爲席，犀璩爲

❶「洗」，《西京雜記》卷四作「流」。
❷「干」原作「羽」，據《西京雜記》卷四改。
❸「鹿賦」，《西京雜記》卷四作「文鹿賦」。

鎮。曳長裾，飛廣袖，奮長纓。英偉之士，莞爾而即之。君王憑玉几，倚玉屏，舉手一勞，四座之士，皆若哺梁焉。❶乃縱酒作倡，傾盌覆觴。右曰宮申，旁亦徵揚，樂只之深不狂。于是錫名餌，祛夕醉，遣朝酲。吾君壽億萬歲，常與日月爭光。」

公孫乘爲《月賦》，其辭曰：「月出皦兮，君子之光。鶤雞舞于蘖渚，蟋蟀鳴于西堂。君有禮樂，我有衣裳。猗嗟明月，當心而出。隱員巖而似鈎，蔽脩堞而分鏡。既少進以增輝，遂臨庭而高暎。炎日匪明，皓璧非浄。躔度運行，陰陽以正。文林辨囿，小臣不佞。」

羊欣爲《屏風賦》，其辭曰：「屏風鞈匝，蔽我君王。重葩累繡，踏璧連璋。飾以文錦，暎以流黃。畫以古列，顒顒昂昂。藩后宜之，壽考無疆。」

韓安國作《几賦》不成，鄒陽代作。其辭曰：「高樹凌雲，蟠紆煩冤，旁生附枝。王爾公輸之徒，荷斧斤，援葛藟，攀喬松，上不測之絶頂，伐之以歸。眇者督直，聾者磨礱。齊貢金斧，楚入名工，迺成斯几。離其髣髴，似龍蟠馬迴，鳳去鸞歸。君王憑之，聖德日躋。」鄒陽、安國罰酒三升，枚乘、路喬如，各絹五匹。

王平南廙，右軍之叔也，善書畫，嘗謂右軍曰：「吾諸事不足法，惟書畫可法。」晉明帝師其畫，王右軍學其書焉。

今謂進士登第爲遷鶯者久矣。蓋自《伐木》詩云：「伐木丁丁，鳥鳴嚶嚶。出自幽谷，遷于喬木。」又曰：「嚶其鳴矣，求其友聲」，並無鶯字，頃歲省試「早鶯求友詩」，又「鶯出谷」詩，別書固無證據，豈非誤耶？

公孫弘以元光五年爲國士所推，尚爲賢良。國人鄒長倩以其家貧，少自資致，乃解衣裳以衣之，釋所着

❶「哺梁」，《西京雜記》卷四作「哺梁肉」。

冠履以與之，又贈以蒭一束，素絲一繸，撲滿一枚，書題遺之曰：「夫人無幽顯，道在則爲尊。雖生蒭之賤也，不能脱落君子。故贈君生芻一束。詩人所謂『生蒭一束，其人如玉』。五絲爲䌰，陪䌰爲升，❶陪升爲絨，陪絨爲紀，陪紀爲緵，陪緵爲繸。此自少之多，自微至著也。士之立功勳，效名節，亦復如是。勿以小善不足脩而不爲也，故贈君素絲一繸。撲滿者，以土爲器，以蓄錢具。有其入竅無其出竅，滿則撲之。土，麤物也；錢，重貨也。入而不出，積而不散，故撲之。士有聚斂而不能散者，將有撲滿之敗，可不誡歟！故贈君撲滿一枚。猗嗟盛歟！山川阻脩，加以風露。次卿足下，勉作功名。竊在下風，以竢嘉譽。」

宋高宗宮中養鸚鵡數百，一日問之曰：「思鄉否？」對曰：「思鄉。」遂遣中貴送還中山。後數年，有使臣過隴山，鸚鵡問曰：「上皇安否？」使臣曰：「上皇崩矣。」鸚鵡聞之，皆悲鳴不已。使臣賦詩曰：「隴口山深草木荒，行人到此斷肝腸。耳邊不忍聽鸚鵡，猶在枝頭説上皇。」

王僕射起再主禮闈，遠邇稱揚，皆以文德聿興望之也。武宗皇帝詔其殿陛曰：「朕近見二字，一『𠄎』一『𥤮』莫能詳焉，特詢于卿。」王公對曰：「臣于三教經典嘗偏覽，向者二字，群書未見之也。未審天顔于何文而得？《周穆王傳》有『⿱齊口⿱召冋』，二字，經百儒宗，但言古馬名，不敢分于飛兔騕褭，于今靡有詳之者也。」上笑曰：「知卿夙儒，學綜朝野，偶爲此二字相試，非于經籍中得之。」遂賜金珠等。乃知王公三教之中，無不通曉，其我唐之孔鄭乎。

滕倪苦心爲詩，嘉聲早播。遠之吉州，謁宗人邁郎中。❷吉守曰：「吾家鮮士，此弟則千里駒也。」每吟

❶「陪」，《西京雜記》卷五作「倍」，本段「陪」字同。

❷「謁」，《雲溪友議》卷上作「謁」。

其詩曰：「白髮不知容相國，也同閑客滿頭生。」又《題鷺鷥障子》云：「暎水有深意，見人無懼心。」且曰：「魏文酷陳思之學，潘岳褒正叔之文，貴集一家之芳，安論宗從疎遠哉。」倪既秋試，捧笈告遊，及留詩一首爲別。滕君得之，悵然曰：「此生必不與此子再相見也。」乃祖于太皐之閣，别異嘗情。倪至秋深逝于商之舘舍，聞者莫不傷悼焉。倪詩曰：「秋初江上別旌旗，故國無家淚欲垂。千里未知投足處，前程便是聽猿時。誤攻文字身空老，返却樵漁計已遲。羽翼凋零飛不得，丹霄無路接差池。」

元光元年七月，京師雨雹。鮑敞問董仲舒曰：「雹何物也？何氣而生？」仲舒曰：「陰氣脅陽氣，天地之氣陰陽相半，和氣周迴，朝夕不息。陽德用事則和氣皆陽，建巳之月是也，故謂之正陽之月；陰德用事則和氣皆陰，建亥之月是也，故謂之正陰之月。十月陰雖用事而陰不孤立，此月純陰疑于無陽，故謂之陽月，詩人所謂『日月陽止』者也。四月陽雖用事而陽不獨存，此月絶陽疑于無陰，故謂之陰月。自十月已後陽氣始生于地下，漸冉流散，故言息也。陰氣轉收，故言消也。日夜滋生，遂至四月，純陽用事。自四月已後陰氣始生于天上，漸冉流散，故云息也。陽氣轉收，故云消也。日夜滋生，遂至十月，純陰用事。二月、八月，陰陽正等，無多少也。以此推移無有差慝、運動、抑揚，更相動薄，則熏蒿歊蒸，而風雨雲霧雷電雪雹生焉。氣上薄爲雨，下薄爲霧，風其噫也，雲其氣也，雷其相擊之聲也，電其相擊之光也。二氣之初蒸也，若有若實，若無若虛，❶若方若圓。攢聚相合，其體稍重，故雨乘虛而墜。風多則合速，故雨大而疎。風小則合遲，故雨細而密。其寒月則雨凝于上，體尚輕微而因風相襲，故成雪焉。寒有高下，上暖下寒，則上合爲大雨，下凝爲冰霰，雪是也。雹霰之流也，陰氣暴上，雨則凝結而成雹焉。太平之世則風不鳴條，開甲散萌而已；

❶「若有若實，若無若虛」，《西京雜記》卷五作「若有若無，若實若虛」。

雨不破塊，潤葉津莖而已；雷不驚人，號令啟發而已；電不眩目，宣示光耀而已；霧不寒望，浸淫被泊而已；雪不封條，凌殄毒害而已。雲則五色而爲慶，三色而成矞。露則結味而成甘，結潤而成膏。此聖人之在上則陰陽和，風雨時也。政多紕繆則陰陽不調，風發屋，雨溢河，雪至牛目，雹殺驢馬。此皆陰陽相蕩而爲祲沴之妖也。」敞曰：「四月無陰，十月無陽，何以明陰不孤立，陽不獨存邪？」仲舒曰：「陰陽雖異而所資一氣也。陽用事此則氣爲陽，陰用事此則氣爲陰。陰陽之時雖異而二體常存，猶如一鼎之水而未加火，純陰也；加火，極熱，純陽也。純陽則無陰，息火水寒則更陰矣。純陰則無陽，加火水熱則更陽矣。然則建巳之月爲純陽，不容都無復陰也。但是陽家用事，陽氣之極耳，薺麥枯，由陰殺也。建亥之月爲純陰，不容都無復陽也。但是陰家用事，陰氣之極耳，薺麥始生，由陽升也。其著者葶藶死于盛夏，欵冬花于嚴寒。水極陰而有溫泉，火至陽而有涼燄，故知陰不得無陽，陽不容都無陰也。」敞曰：「冬雨必暖，夏雨必涼。何也？」曰：「冬氣多寒，陽氣自上躋，故人得其暖而上蒸成雪；夏氣多暖，陰氣自下昇，故人得其涼而上蒸成雨矣。」敞曰：「雨既陰陽相蒸，四月純陽，十月純陰，斯則無二氣相薄則不雨乎？」曰：「然則純陽純陰雖在四月十月，但月中之一日耳。」敞曰：「月中何日？」曰：❶「純陽用事，未夏至一日；純陰用事，未冬至一日。朔旦、夏至、冬至，其正氣也。」敞曰：「然則未至一日其不雨乎？」曰：「然，頗有之，則妖也。和氣之中，自生災沴，能使陰陽改節、炎涼失度。」敞曰：「災沴之氣其常存耶？」曰：「無也，時生耳。猶乎人四肢五臟中也。有時及其病也，四肢五臟皆病也。」敞遷延負牆，俛揖而退。

王軒少爲詩寓物詠，頗聞《淇澳》之篇。遊西小江，泊舟苧羅山際，題西施石曰：「嶺上千峰秀，江邊細

---

❶「曰」字原在「純陽用事」下，據《西京雜記》卷五改。

草春。今逢綄紗石，不見綄紗人。」題畢，俄見一女郎，振瓊璫，扶石笋，珠唇半笑，素手輕招，低回而語曰：「妾自吴宮還越國，素衣千載無人識。當時心比金石堅，今日爲君堅不得。」既爲酧對，仍作别詞以餞之。後蕭山郭疑素，❶亦步其故轍，日適溪邊，長吟短嘯，累書于石，但寂閴而已，不勝鬱鬱而返。進士朱澤寄詩以嘲之云：「三春桃李本無言，苦被殘陽鳥雀喧。借問東鄰效西子，何如郭素擬王軒。」聞者絶倒，素深恥焉。

王充曰：「雷公有神，雷聲有器，安得謂之神？正月陽動，故始雷；五月陽盛，故雷迅。秋冬陽衰，故雷潛。大陽用事，陰氣乘之。陰陽相争，則相激射爲毒，中人則死，中木則折，人以震死。試以斗水沃冶鑄之火，火氣激烈則爲雷聲。或曰雷火之及，金石焦鎔而漆器不壞，何也？道家以雷燒石投井中，石焦水寒，激聲大鳴。」

白樂天守杭，江東進士多奔杭取解。時張祐、徐凝俱至。祐曰：「僕爲解元，宜矣。」凝曰：「君有何佳句？」祐曰：「《甘露》詩有『日月光先到，山河勢盡來』。《金山寺》有『樹影中流見，鍾聲兩岸聞』。」凝曰：「善則善矣，奈無野人句云『千古長如白練飛，一條界破青山色』。」祐愕然，凝果獲選。後東坡評詩云：「徐凝詩：『瀑布瀑布千丈直，雷奔入海無消息。萬古長如白練飛，一條界破青山色。』至爲塵陋，而又稱爲樂天稱美，此句有『賽不得』之語。樂天雖涉淺易，豈至是哉。」乃云以嘲之曰：「帝遣銀河一派垂，古來惟有謫仙詞。飛流濺沫知多少，不爲徐凝洗惡詩。」由此觀之，詩亦難事哉，即白、蘇二公之喜惡可知。

❶「疑」，《雲溪友議》卷上作「凝」。

崔沆爲主罰録事，同年盧象俯近宴關，❶請假還洛。及同年宴于曲江亭子，象以彫幰載妓，微服嚲鞚縱觀，❷爲團司所發。沆判曰：「深擒席帽，密映氊車。紫陌尋春，便隔同年之面；青雲得路，可知異日之心。」

曹汾尚書鎮許下，其子希韓及第，❸用錢二十萬。榜至鎮，開賀宴日，❹張之于側。進士胡錡賀啟曰：「桂枝折處，着萊子之綵衣；楊葉穿時，用魯連之舊箭。」又曰：「一千里外，觀上國之風光；十萬軍前，展長安之春色。」

《淮南子》曰：「狠者類知而非知也，愚者類君子而非君子也，戇者類勇而非勇也。使人相去也，若玉之與石也，葵之于莧也，則論人易矣。」夫亂人者，若芎藭之與藁本，蛇床之與蘼蕪，苟非智眼，其孰辨之！

杜陵秋胡者，能通《尚書》，善爲古隸字，爲翟公所禮，欲以兄女妻之。或曰：「秋胡已經娶而失禮。妻遂溺死，不可妻也。」馳象曰：「昔魯人秋胡，娶妻三月而遊宦三年，休，還家。其婦採桑于郊。胡至郊而不識其妻也，美其色而悦之，乃遺黄金一鎰。妻曰：『妾有夫，遊宦不返。幽閨獨處，三年于兹，未有被辱于今日也。』採而不顧。胡羞而退至家，問家人妻何在。曰採桑于郊，未返。既還，乃向所挑之婦也。夫妻並慙，妻赴沂水而死。今之秋胡非昔魯之秋胡也。昔魯有兩曾參，趙有兩毛遂。南曾參殺人見捕，人以告北曾參母，曾母爲之投杼；野人毛遂墜井死，客以告平原君，君曰：『天喪予矣。』既而知野人毛遂非平原君客也。豈得以昔之秋胡失禮而絶婚今之秋胡哉？物固亦有似之而非者：玉之未理者爲璞，死鼠未腊者亦爲璞；

❶「宴關」，《唐摭言》卷三作「關宴」。
❷「縱觀」下《唐摭言》卷三有「于側」二字。
❸「韓」，《唐摭言》卷三作「幹」。
❹「賀」下原衍「宜」字，據《唐摭言》卷三删。

月之旦爲朔，車之輈亦謂之朔。名齊實異，所宜辨也。」

張文潛作《七夕歌》，爲東坡所稱。詞云：「人間一葉梧桐飄，蓐收行秋回斗杓。神宮召集使靈鵲，直渡天河雲作橋。橋東美人天帝子，機杼年年勞玉指。織成雲霧紫綃衣，辛苦無懽容不理。帝怜獨居無與娛，河西嫁得牽牛夫。自從嫁後廢織紝，緑鬢雲鬟朝暮梳。貪懽不歸天帝怒，謫歸却踏來時路。但令一歲一相逢，七月七日河邊渡。別多會少知奈何，却憶從前恩愛多。忽忽離恨説不盡，燭龍已駕隨羲和。河邊靈官曉催發，令嚴不敢輕離別。空將淚作雨滂沱，淚痕有盡愁無歇。寄言織女若休歎，天地無窮會相見。猶勝姮娥不嫁人，夜夜孤眠廣寒殿。」予每于良夜月明風細，花軒竹塢，朗歌一遍。一夕誦未終篇，忽林中宿鳥互韻齊鳴，似若和吾歌者。然七夕渡河之事，古今之説多不同，而二星之名亦不能定。《荆楚歲時記》云：「黄姑織女時相見」，太白詩云：「黄姑與織女，相去不盈尺。」是皆以牽牛爲黄姑矣。李後主詩云：「迢迢牽牛星，杳在河之陽。粲粲黄姑女，耿耿遥相望。」若此則又以織女爲黄姑矣。據此二説，未知孰是。然以星曆考之，牽牛去織女隔銀河七十二度，古詩所謂「盈盈一水間，默默不得語」，又安得如太白「相去不盈尺」之説？又《歲時記》則又以「黄姑」即「河鼓」，《爾雅》則以「河鼓」爲「牽牛」。又焦林《大斗記》云：「天河之西，有星煌煌，與參俱出，謂之牽牛。天河之東，有星微微，在氐之下，謂之織女。」晉《天文志》云：「河鼓三星即天鼓也，牽牛天之關梁。❶又謂之星紀。」有云：「織女三星，在天紀東端，天女也。」漢《天文志》又謂：「織女，天之貞女。」其説皆不一。至于渡河之説，則洪景盧辨析最爲精當。蓋渡河乞巧之事，當出于詩人及世俗不根之論，何可盡據？然亦似有可怪者。楊瓚繼楊最知音律，善琴翁大卿倅湖日，七夕夜，其侍姬田氏及使

❶「牽牛」下《癸辛雜識》前集有「六星」二字。

令數人露坐，至半夜，忽有一鶴西來，繼而有鶴千百隨之，皆有仙人坐其背，如畫圖所紛郁之狀。然則流俗繪者。綵霞絢粲，數刻乃没。楊卿時已寢，姫急報，起而視之，尚見雲氣之説亦有時而可信耶。

「緑沉」事，人多不知其義。老杜云：「雨抛金鎖甲，苔卧緑沉槍。」又皮日休《竹》詩云：「一架三百本，緑沉森冥冥」，始知竹名矣。又見吴淑《事類賦》云：「緑沉亦復精堅。」引《廣志》曰：「緑沉，古弓名。」又引劉邵《趙郡賦》曰：「其器用則六弓四弩，緑沉黄間，堂溪魚腸，了令角端。」

濠梁人南楚材旅遊陳穎。歲久，穎守慕其儀範，將欲以子妻之。楚材家有妻，以受穎牧之眷深，忽不思義而輒已諾之。遂遣家僕歸，取琴書等，似無返舊之心也。或謂求道青域，❶訪僧衡岳，不親名宦，惟務虚玄。其妻薛媛善書畫，好屬文，知楚材之易志也。對鏡自圖其形，并詩四韻題其上以寄之。云：「欲下丹青筆，先拈寶鏡端。已驚顔索寞，漸覺鬢凋殘。淚眼描將易，愁腸寫出難。恐君渾忘却，時展畫圖看。」又作短札云：「不念糟糠之情，别倚絲羅之託。興言及此，伊誰之咎。」楚材得寄，遂愧恧而寢其事，夫婦竟偕老焉。里爲之語曰：「當時婦棄夫，今日夫離婦。若不逞丹青，空房應獨自。」

艮岳之取石也，其大而穿透者，致遠必有損折之慮。近聞汴京父老：其法乃先以膠泥實填衆竅，其外復以麻筋雜泥固濟之，令圓混。日晒極堅實，始用大木爲車，致于舟中，直俟抵京。然後浸之水中，旋去泥土，則省人力而無他慮。此法甚奇，前所未聞也。又云萬歲山大洞數十，其洞中皆築以雄黄及盧甘石。雄黄則辟蛇虺，甘石則陰能致雲霧，滃鬱如深山窮谷。後因經官折賣，有胡種知之，因請買之。凡得雄黄數千斤，甘石數萬斤，遂致富焉。

❶「域」，《雲溪友議》卷上作「城」。

楊太真小字玉環，故古今詩人多以阿環稱之。按李義山云：「十八年來墮世間，瑶池歸夢碧桃閑。何如漢殿穿針夜，又向窗中覷玉環。」荆公詩云：「瑶池森漫阿環家」，又云：「且當呼阿環，乘興弄溟渤」，則是以西王母爲阿環也。按西王母降漢庭，遣侍女與上元夫人，答云：「阿環再拜，上問起居。」然則上元夫人亦名阿環耶？

孫仲益山居上梁文云：「老蟾駕月，上千崖紫翠之間；一鳥呼風，嘯萬木丹青之表。」又云：「衣百結之衲，捫虱自如；柱九節之筇，送鴻而去。」此第一等奇語也，特表而出之。

蘇子瞻謫儋州，以瞻爲儋，相近也。子由謫雷州，以雷下亦有田字也。黄魯直謫宜州，以宜字類直字也，皆章子厚駁虐之意。❶當時有術士曰瞻，字從立人，子瞻其尚能北歸乎？雷字雨在田上，承天之澤，子由其未艾乎？宜字乃直字有蓋棺之義也，魯直其不返乎？後子瞻北返，至毘陵而卒，子由退志于潁，十餘年乃卒，魯直竟卒于宜。

劉貢父《詠史》詩云：「自古邊功緣底事？多因嬖倖欲封侯。不如直與黄金印，惜取沙塲萬髑髏。」其意蓋指當時王韶、李憲輩耳，而其説則出于温公論李廣利曰：「武帝欲侯寵姬李氏，而使將兵伐宛，其意以爲非有功不侯，不欲負高帝之約也。夫軍旅大事，國之安危、民之生死繫焉，苟爲不擇賢愚，欲僥倖咫尺之功，籍以爲名，而私其所愛，不若無功而侯之爲愈也。然則武帝有見于封國，無見于其置將，謂之能守先帝之約，臣曰過矣。」蓋全用之。然胡明仲論留侯則云：「善乎子房之能納説也，不先事而强聒，不後事而失機。不問則不言，有言則必當其可。故聽之易，而用不難也。評者曰：『漢業存亡在俯仰間，而留侯于此每

❶「虐」，《鶴林玉露》丙集卷五作「謔」。

從容焉。諸侯失固陵之期，始分信越之地；複道見沙中之聚，始言雍齒之侯。』善言子房。」此論用荊公詩：「漢業存亡俯仰中，留侯于此每從容。固陵始議韓彭地，複道方圖雍齒封。」此則史論用詩也。近世劉潛夫詩云：「身屬嫖姚性命輕，君看一蟻尚貪生。無因喚取談兵者，來此橋邊聽哭聲。」而東坡諫用兵之疏云：「夫戰勝之後，陛下可得而知者，凱旋捷奏，拜表稱賀，赫然耳目之觀耳。至于遠方之民，肝膽塗于白刃，筋骨絶于餉餽，流離破産，鬻賣男女，薰眼折臂，自經之狀，陛下必不得而見也。慈父孝子、孤臣寡婦之哭聲，陛下必不得而聞也。」其意亦出此。馮必大詩云：「亭長何曾識帝王，入關便解約三章。只消一勺清源水，冷却秦鍋百沸湯。」亦用黄公度《漢高祖論》曰：「傷弓之鳥驚曲木，挽萬石弓以射之，寧無所懼？奔渴之牛急濁泥，飲以清源之水，寧無所喜？項驚天下以弓而帝飲天下以水。」葉紹翁詩云：「殿號長秋花寂寂，臺名思子草茫茫。尚無人世團圞樂，枉認蓬萊作帝卿。」亦出于林少穎《武帝論》云：「武帝好長生不死之術，聚方士于京師，由是禱祠之俗興，以成巫蠱之禍。陽邑、朱昌二公主俱以此誅，而王后、太子亦皆不免。其始也，雖求長生不死之術而不可得，徒使敗亡之禍横及骨肉，可笑也。」錢舜選詩云：「項羽天資自不仁，那堪亞父作謀臣。鴻門若遂樽前計，又一齊君又一秦。」❶亦祖陳傅良之論云：「項羽之戮子嬰、弑義帝、斬彭生、坑秦二十萬衆，亞父獨不當試曉之耶。使楚果亡漢，則羽又一秦，增又一商鞅也。」此類甚多，不暇枚舉，豈所謂脱胎者耶。

楊豫孫曰：「有角求齒，則終身憂不如馬，而不知已有觸虎之資；有翼求足，則終身憂不如獸，而不知已有凌霄之樂。故鳳不慕鶴，竹外無湌，鶴不慕鳳，得魚而止。」故古哲有詩云：「饑有湌兮渴有茶，横眠笑

❶「齊」，《齊東野語》卷一作「商」。

殺五侯家」，可爲不知足者誡。又曰：「猫不啜餲，非甘之不至也，虫生蘖裹，非苦之不足也。銅爲錢則人愛，爲印則人畏，爲足爐漱盆則翁媪皆役之。非性有美惡，置之者何如耳？于我何加損哉！」

《孔子家語》曰：「食水者乃耐寒而苦浮，❶食土者無心不息，食木者多而不治，❷食石者肥澤而不老，食草者善走而愚，食桑者有緒而蛾，❸食肉者勇而悍，食氣者神明而壽，食穀者智慧而夭，不食者不死而神。」《仙傳》曰：「須食者，百病夭邪之所鍾焉。」

淮南王謀反被誅，亦云得道輕舉。鉤弋夫人被殺于雲陽，而言尸解柩空。議郎李覃學郄儉辟谷服茯苓，飲水中寒泄痢殆至殞命。軍祭酒弘農董芬學甘始鴟視狼顧，呼吸納吐，爲之過差，氣閉不通，良久乃蘇。寺人嚴峻就左慈學補道之術，閹竪真無事于斯，而逐聲若此。

趙汝言字允之，死已數年，有遺女住子。淳熙己未之冬，住子暴疾。其兄謙之，憐其孤幼，念之甚至。一夕夢至一所，高闕長廊，金璧輝耀。汝言在其間立，與一金紫老人對立而語。問老人爲誰，傍侍者曰「凌侍制也」。汝言援筆題詩于壁曰：❹「彈指紅塵二十年，歸來瀛海浩無邊。夢魂相遇因隨念，弥重前生兄弟緣。」老人即繼題其後曰：「處世休論大小年，瀛關從此斷塵緣。芝階雲路逍遥處，羽蓋飛軿不用鞭。」汝言復顧語曰：「住子無恙？以兄念至，緣因念結，故得與兄暫相遇耳。」謙之方悟其已死，慟哭而覺。

黄伯庸《代宰相賀雪表》云：「招來衆彦，無晝卧洛陽之人；激勵三軍，有夜入蔡州之志。」詞意壯切，真

❶「苦」，《博物志》卷五作「善」。
❷「多而不治」，《博物志》卷五作「多力而不治」。
❸「緒」，《博物志》卷五作「絲」。
❹「壁」原作「璧」，據《宋詩紀事》卷九十九改。

宰相事也。李公甫表云：「漢使嚙氈，未必得匈奴之要領；楚軍挾纊，惟當堅祁父之爪牙。」語雖巧工，意頗牽强。

諸葛孔明曰：「吾心如秤，不能爲人作輕重。」至哉言乎！信能此，則吾心即造化也。殺之而不怨，利之而不庸，已不勞而萬物服矣。乃知孔明長嘯草廬時，其所講不在伊吕下。杜少陵云：「伯仲之間見伊吕，指揮若定失蕭曹。」可謂識孔明心事矣。

秭歸縣繁知一，聞白樂天將過巫山，先於神女祠粉壁大書之曰：❶「蘇州刺史今才子，行到巫山必有詩。爲報高唐神女道，速排雲甫候清詞。」白公覩題悵然，邀知比至曰：❷「歷山劉郎中禹錫三年理白帝，欲作一詩于此，怯而不爲。罷郡經過，悉去千餘首詩，但留四章而已。此四章者，乃古今之絶唱也，而人造次不合爲之。」沈佺期詩曰：「巫山高不極，合沓狀奇新。闇谷疑風雨，幽崖若鬼神。月明三峽曙，潮滿九江春。爲問陽臺客，應知入夢人。」王無競詩曰：「神女向高唐，巫山下夕陽。徘徊作行雨，婉孌逐荆王。電影江前落，雷聲峽外長。霽雲無處所，臺館曉蒼蒼。」李端詩曰：「巫山十二重，皆在碧叢中。迴合雲藏日，霏微雨帶風。猿聲寒渡水，樹色暮連空。愁向高唐去，千秋見楚宫。」皇甫冉詩曰：「巫峽見巴東，迢迢出半空。雲藏神女館，雨到楚王宫。朝暮泉聲落，寒暄樹色同。清猿不可聽，偏在九秋中。」白公但吟四篇，與繁生同濟，而竟不爲。故太尉李德裕鎮渚宫，嘗謂賓侶曰：「余偶欲賦《巫山神女》一詩，下句云『自從一夢高唐後，可是無人勝楚王』。晝夢宵征巫山，似欲降者，如何？」段記室成式曰：「屈平流放湘沅，椒蘭久而不争。卒

❶「壁」原作「璧」，據《雲溪友議》卷上改。
❷「比」，《雲溪友議》卷上作「一」。

葬江魚之腹，爲曠代之悲。宋玉則招屈之魂，明君之失，恐禍及身，遂假高唐之夢以感襄王，非真夢也。我公作神女之詩，思神女之會，惟慮成夢，亦恐非真。」李公退慚。其文不編集于卷也。

鄭太穆郎中爲金州刺史，數致書于襄陽于司空頔。鄭書傲睨自若，似無郡吏之禮，書曰：「閣下爲南溟之大鵬，作中天之一柱。騫騰則日月暗，摇動則山嶽頽，真天子之爪牙、諸侯之龜鑑也。太穆幼孤，三百餘口饑凍兩京。小郡俸薄，尚爲衣食之憂。溝壑之期，斯須至矣。伏惟賢公息雷霆之威，垂特達之節，賜錢一千貫、絹一千匹、器物一千事、米一千石、奴婢各十人。」且曰：「分千樹一葉之影，即是濃陰；減四海數滴之泉，使爲膏澤。」于公覽書亦不嗟訝，曰：「鄭使君所需，各依來數一半。」以戎旅之際，不全副其本望也。

房千里博士初上第，遊嶺徼，詩序云：「有進士韋滂者，自海南邀趙氏而來。十九歲，爲余妾。余以髩髮蒼黄，倦于遊從，將爲天水之别。尚有數秋之期，縱京洛風塵，亦其志也。趙屢對余潛然，❶恨恨者，未得偕行。即從輕舟，暫爲南北之夢。歌陳所契，詩以寄情。」曰：「鸞鳳分飛海樹秋，忍聽鍾鼓越王樓。只應霜月明君意，緩撫瑶琴送我愁。山遠莫教雙淚盡，鴈來空寄八行幽。相如若返臨邛市，畫舫朱軒萬里遊。」

劉元城貶梅州，章惇必欲殺之。郡有王豪，兇人也。以貲得官，往來京師。見章惇，自云能殺元城。惇大喜，即除本路轉運判官。其人驅車速還，及境，郡守遣人告元城，元城畧處置後事，與客笑談飲酒以待之。至夜半，忽聞鍾聲，問之，則其人忽嘔血死矣。噫！吉人天相，豈虚語哉！

陸務觀初娶唐氏，閎之女也。于其母夫人爲姑侄，伉儷相得，而弗獲其姑。既出，而未忍絶之，則爲之别舘，時時往焉。其姑知而掩之，雖先知挈去，然事不得隱，竟絶之，亦人倫之大變也。唐後改適同郡宗子

❶「潛」，《雲溪友議》卷上作「潸」。

士程，嘗以春日去遊，相遇于禹跡寺南之沈氏園，唐以語趙，遣致酒餚，翁悵然久之，爲賦《釵頭鳳》一詞題園壁，云「紅酥手，黄藤酒，滿城春色宫牆柳。東風惡，歡情薄，一懷愁緒，幾年離索，錯！錯！錯！春如舊，人空瘦，淚痕紅浥鮫綃透。桃花落，閑池閣，山盟雖在，錦書難託，莫！莫！莫！」實紹興乙亥歲也。翁居鑑湖之三山，晚歲每入城，必登眺望，不能勝情。嘗賦二絶，云：「夢斷香銷四十年，沈園花老不飛綿。此身行作稽山土，猶吊遺踪一悵然。」又云：「城上斜陽畫角哀，沈園無復舊池臺，傷心臺下春波緑，曾是驚鴻照影來。」蓋慶元己未歲也。未久，唐氏死。至紹熙壬子歲，復有詩，序云：「禹跡寺南有沈氏小園，四十年前嘗題小闋壁間，偶復一到，而園已三易主，讀之悵然！」詩云：「楓葉初丹槲葉黄，河陽愁鬢怯新霜，林亭舊感空回首，泉路憑誰説斷腸？壞壁醉題塵漠漠，斷雲幽夢事茫茫。年來妄念消除盡，回向蒲龕一炷香。」又至開禧乙丑歲暮，夜夢遊沈氏園，又作兩絶，云：「路近城南已怕行，沈家園裏更傷情。香穿客袖梅花在，緑蘸寺橋春水生。」「城南小陌又逢春，只見梅花不見人，玉質久成泉下土，墨痕猶鎖壁間塵。」

喬文惠行簡，嘉熙之末，自相位拜平章軍國重事，年八袠矣！時皆以官貴長年羨之，而公晚年子孫淪喪，况味猶惡，嘗作上梁文，云：「有園有沼，聊爲卒歲之遊；無子無孫，盡是他人之物。」又《乞歸田里表》云：「少壯老百年，已踰八袠，祖子孫三世，僅存一身。」聞者憐之，觀此可爲恃寵盛者之誡。

李尚書初守廬江，時有重繫者，合當大辟，引讞之時，啟鳴曰：「某偶黷典章，即從誅滅，然昔于群小，專習一藝，願于貴人之前試之，死而無恨。乃長嘯也。」公命寬繫而聽之，清聲上徹雲漢。公曰：「不意蘇門之風出于赭衣之下，可命鸞鶴同遊，當與孫阮齊躅。」去其械梏，蠲其罪戾。後鎮山南，夜聞長笛之聲，而瀏亮不絶。問：「是何人之吹？」具云：「府獄重囚。」令明日引來。官吏遞相尤怨，夜使囚徒爲樂，罪戾必深。及至，發龍吟之韻，奏出塞之悲，閨思鄉情，莫不悽切。公曰：「汝之吹竹，已得其能，不事農桑，可爲伶人耳！」卒歲而憐憫之，遂令奔去。夫徐晃持刑，而行伍齊整；慕容貸法，而兵士傾心。寬猛相濟，故無不均。前聞于襄陽，鵰鶚高舉；後有李漢南，文學推名。于、李之名，並亞匹也。雖楊杜之齊勳，未比二侯之奇特者矣！

劉侍郎軻者，韶右人也。幼之羅浮、九疑，讀黃老之書，欲學輕舉之道。又於曹溪探釋氏關戒，遂披僧服焉。釋名「溢納」。北之筠川方山等寺。又居廬岳東林寺，習《南山鈔》，及《百法論》，咸得宗旨焉。獨一室，數夢一人，衣短褐，曰：「我書生也，頃因遊學，逝此一室，以主寺僧不聞郡邑，乃瘞于牖下，而屍骸蹋促，死者從直，何以安也？君能遷葬，必有酧謝。」乃訪于緇屬，果然。尋改遷于虎溪之上，求得栢函，劉君解所着之衣覆其骸骼。是夜夢書生來謝，持三雞子，勸軻立食之。食訖當明爽，雖冥寞之道，某不妄言。軻嚼一卵而吞，二者猶豫未食，手握之而覺。後乃精于儒學而肄文章。因策名第，歷任史舘，欲書夢中之事，不可自爲傳記。吏部韓退之素知焉，曰：「待余餘暇，當爲一文贊。」後韓公左遷，其文竟不成也。劉君修史，時宰輔得人，藩鎮有事，朝廷凡有瑕勳，悉欲書之，冀人惕勵。擬縱董狐之筆，尤謗必生，匿其功過，又非史職，常暮則湎酒而出。韓公曰：「史舘，國之樞機也。其如沈湎之醉何？」雲溪子曰：「劉公居史舘而持兩端者，杜微之聾也，推蜀賢于諸葛亮；阮籍之醉也，記魏史于王沉。恐危難之逼，假聾醉而混時，遇物從機，即其尚也。昔文王葬枯骨而德王岐周，鄒湛瘞甄舒而名魁峴首，劉君因夢寐而解衣，遂通三學，陰德報應，可謂影響矣！」

江西韋大夫丹，與東林靈轍上人，隲有忘形之契，篇什唱和，月四五焉！序曰：「轍公近以匡廬七詠見寄，及吟味之，皆麗艷于文囿也！其七篇者，俾余益起歸與之興，且芳時勝侶窮遊，于三二道人，必當攀躋千仞之峰，觀九江之水。是時也，飄然而去，不求京口之顧；默爾而遊，不假東門之送。天地爲一朝，萬物任陶鑄。青山羽翼，松逕幽邃，何必措足于丹霄，馳心于太古？偶爲思歸，題絶句一首以寄上人，法友談玄，幸先達其深趣。詩曰：『王事紛紛無暇日，浮生冉冉只如雲。已爲平子歸休計，五老巖前必共君。』轍公奉酧詩曰：『年老身閑無外事，麻衣草座亦容身。相逢盡道休官去，林下何曾見一人？』余謂韋亞台歸意未堅，果爲高僧所誚。歷覽前代，散髮者有幾人哉！」

東坡在黄州，作《雪》詩云：「凍合玉樓寒起粟，光摇銀海眩生花。」人不知其使事也。後移汝海，過金陵，見王荆公。論詩及此，公曰：「道家以兩臂爲玉樓，以目爲銀海，是使此事否？」坡爲之微笑，退謂葉致遠曰：「學荆公者，豈有此博學哉！」秦少游，東坡之妹夫也，工于詞句。嘗作《遊仙詞》，坡稱之。云：「陰風一夜攪青冥，風定霏霏雪散零。❶想見玉清真境上，白虚光裏誦黄庭。」又云：「夜深樓上撥書眠，天在闌干四角邊。風掃亂雲毫髮盡，獨留璧月照人圓。」又云：「天風吹月入闌干，烏鵲無聲子夜閑。織女明星來枕上，了知身不在人間。」又云：「本是廬山杏種人，❷出山來事碧虚君。上清欲問由何到？請看山家十賚文。」十賚猶人間九錫也。

襄樊之圍，食子爨骸。權奸方怙權妬賢，沉溺酒色，論功周召，粉飾太平。楊僉判有《一剪梅》詞云：「襄樊四載弄干戈，不見漁歌，不見樵歌，試問如今事若何？金也消磨，穀也消磨，柘枝不用舞婆娑！醜也能多，惡也能多，朱門日日買朱娥。軍事如何？民事如何？」

真德秀草《招安湖南草寇詔》云：「自有天子至于今日，未聞盜賊得以全軀。弄潢池之兵，諒非爾志；

❶「雪散」，《侯鯖録》卷十一作「霰雪」。
❷「杏種」，《侯鯖録》卷十一作「種杏」。

烈崑崗之火，亦豈余心？」上稱其得體。姚勉述《勅祭閻妃文》，曰：「五雲縹緲，誰扣玉扃？」上怒曰：「朕雖不善，未如明皇之甚也！」姑蘇守臣進蟹，應制程奎草批答云：「新酒菊天，惟其時矣！」上曰：「茆店酒旗語，豈王言耶？令陳藏一擬聞。」先臣援筆立成，略曰：「内則黄中通理，外則戈甲森然，此卿出將入相，文在中而横行匈奴之象也！」上乃悦。又承旨令述《太乙宫明禋祁晴設醮青詞》云：「我將我享，爰有事于明堂；載禱載祈，肅致忱于楚帝。」上自改爲「上帝」。楚，邦昌逆號也。凡代王言，不可不謹。

林可山，自稱和靖七世孫，不知和靖不娶，已見梅聖俞序矣！何其謬附乎？姜石帚以詩嘲之，云：「和靖當年不娶妻，因何七世有孫兒？若非鶴種并龍種，定是瓜皮搭李皮。」石帚之詩特甚于郭崇韜李環之撾，戒之。

嘗記殿司《薦陣亡疏》，畧云：「虎頭食肉，彼何人斯。馬革裹屍，深負公等。戰河南，戰河北，毋忘此日之精忠；出山東，出山西，再作明時之將相。」

陸放翁宿驛中，見題壁云：「玉階蟋蟀鬧清夜，金井梧桐辭故枝。一枕凄凉眠不得，呼燈起作感秋詩。」放翁詢之，乃驛卒女也，遂納爲妾。方餘半載，夫人逐之，妾賦《卜算子》云：「只知眉上愁，不識愁來路。窗外有芭蕉，陣陣黄昏雨。曉起理殘粧，整頓教愁去。不合畫春山，依舊留愁住。」

辛稼軒帥浙東時，晦菴、南軒任倉憲使。劉改之欲見辛，不納。二公爲之約，云：「某日公宴，至後筵便坐，君可來。門者不納，但喧争之，必可入。」既而改之如所教，門外果喧譁，辛問故，門者以告。辛怒甚，二公因言：「改之，豪傑也！善賦詩，可試納之。」改之至，長揖。公問：「能詩乎？」對曰：「能！」時方進羊腰腎羹，辛命賦之。改之對：「寒甚，願乞巵酒。」酒罷，乞韻。時飲酒手顫，餘瀝流于懷，因以「流」字爲韻。即吟云：「拔毫已付管城子，爛首曾封關内侯。死後不知身外物，也隨樽酒伴風流。」辛大喜，命共嘗此羹，終席而去，厚餽焉。席散，南軒邀至公廨，置酒語之曰：「先君魏公，一生公忠爲國，功厄于命，來挽者竟無一篇得此意。願君有作，以發幽潛。」改之即賦一絶，云：「背水未成韓信陣，明星已隕武侯軍。平生一點不平氣，化作祝融峰上雲。」南軒爲之墮淚。今《龍洲集》中不見此二詩，豈其遺耶？又云稼軒守京口時，大雪，帥寮佐登多景樓。改之敝衣曳履而前，辛令賦雪，以難字爲韻，即吟云：「功名有分平吴易，貧賤無交訪戴難。」自此遂莫逆云。

李邦美過句容之村鄉，見酒肆粉壁明潔，題云：「青裙白面闃挑菜，茅舍竹籬疎見梅。」未及後聯，店翁怒曰：「我以此壁爲人塗污，方一新之，今爾又作俑也。」遂不書。有客續至，問翁，翁悔之。一日李再過，翁請足成。李笑取筆書云：「春事隔年無信息，一聲啼鳥喚將來。」往來知音者皆愛之。

寶祐甲寅，江東多虎，有司行禬禳之典，青詞末聯云：「雖曰寅年之足，或有數存；去其乙字之威，尚祈神力。」蓋古詩有「寅年足虎狼」之句，傳謂虎威如乙字，對屬甚切。

薛制機言，有賀自長沙移鎮南昌者，啟云：「夜醉長沙，曉行湘水，難教檣燕之留；杜詩。朝飛南浦，暮捲西山，來聽佩鸞之舞。」王勃。又有《賀徐直秘閣依舊沿江制置司幹辦公事》❶云：「望玉宇瓊樓之邃，何似人間？從綸巾羽扇之游，依然江表。」《上巳請客》云：「三月三日，長安水邊多麗人；一觴一詠，會稽山陰修禊事。」又云：「良辰、美景、賞心、樂事，四者難并；崇山、峻嶺、茂林、修竹，群賢畢至。」姚橘洲尹臨安時，吴履齋拜相，姚語諸客作啟賀之。商量起句，彭晉叟云：「轉鴻鈞，運紫極，萬化一新；自龍首，到黃扉，百年幾見？」

許平仲衡，學問文藝爲世所尊，稱爲夫子，人目爲許先生。養志不仕，有《辭召命詩》云：「一天雷雨誠

❶「徐」，《山房隨筆》作「除」。

堪畏，千載風雷謾企思。留取閒身卧田舍，静看蝴蝶挂蛛絲。」可以觀其志矣！

杜善甫，山東名士，工詩文，不屑仕進。游嚴之相門，❶嚴乃濟南望族，善甫爲所敬重，一日讒者間之，情分浸乖，語以詩云：「高卧東窗興已成，簾鈎無復挂冠聲。十年恩愛淪肌髓，只説嚴家好弟兄。」嚴悟非其過，欵密如初。時有掌兵官遠戍于外，其妻宴客，笙歌終夕，善甫詩曰：「高燒銀燭照雲鬟，沸耳笙歌徹夜闌。不念征西人萬里，玉關霜重鐵衣寒。」聞者快之。有薦之于朝，遂召之，表謝不赴。中二聯云：「俾獻言于乞言之際，敢盡其忠；若求仕于致仕之年，恐無此理。」「不能爲白居易，漫法香山居士之名；惟願學陸龜蒙，拜賜江湖散人之號。」

閻子静復，至元間翰林學士。後廉訪浙西，有《梅杖詩》云：「凍盡西湖萬玉柯，春風入手重摩挲。較量龍竹能香否？比並鳩藤奈白何。聲破夢寒霜滿户，影隨詩瘦月横坡。只知功到調羹盡，不道扶顛力更多。」

劉山翁汝進，漫塘幼子。學問宏深，文字典雅。與客九日登龍山，以「塵世難逢開口笑」分韻，翁得「口」字，云：「縱步龍山顛，放舟龍蕩口。群然鴈鶩行，雜之牛馬走。我拙不能詩，我病不能酒。試問賞花人，還有菊花否？」衆服其工。

周芝田，浙人也。浪跡江湖，道冠野服，詩酒諧笑，畧無拘檢。亦時出小戲以悦人，而不知其能琴與詩也。遇琴則彈，適興則吟一二句而不終篇。嘗賦石上兩竹云：「淋漓滿腹藏春雨，突兀半拳生曉雲。」亦自可人。又云：「草香花落後，雲黑雨來時。」《琴詩》云：「膝上横陳玉一枝，此音唯獨此心知。夜深斷送鶴先

❶「嚴之相門」，《山房隨筆》作「嚴相之門」。

睡，彈到空山月落時。」又遨溪張復《題雨竹圖》云：「涓涓而淨，森森而立，孟宗倚之，淚痕猶濕。」《風竹圖》云：「可屈者氣，不屈者節，故人之來，盡掃秋月。」皆有思致。

吉州羅西林集近詩刊。一士囊詩及門，一童橫卧棖闌間。良久，唤童起，曰：「將見汝主人，求刊詩。」童曰：「請先與我一觀，我以爲可，則爲公達。」客怪之，曰：「汝欲觀吾詩，汝必能吟，請賦一詩，當示汝。」童請題，客曰：「但以汝適來睡起搔首意爲之。」童即吟曰：「夢跨青鸞上碧虚，不知身世是華胥。起來搔首渾無事，啼鳥一聲春雨餘。」客駭服。同入見，西林欸之，數日，取其《菊詩》云：「不逐春風桃李妍，秋風收拾短籬邊，如何枝上金無數，不與淵明當酒錢。」童乃羅之子也。

盧梅坡《詠梅開一花》詩云：「昨獨花神有底忙，❶先教雪白入南邦。❷冷將雙眼窺春破，肯把孤心受雪降。樊弟得兄呼最長，竹君取友嘆無雙。試于月夜窗前看，一在枝頭一在窗。」

周密老人云：「飽食緩行初睡覺，一甌新茗侍兒煎，脱巾斜倚藤牀坐，風送水聲來耳透。」❸丁崖州詩也。「細書妨老讀，長簟怯昏眠，取簟且一息，抛書還少年。」王半山詩也。「相對蒲團睡味長，主人與客兩相忘，須臾客去主人覺，一半西窗無夕陽。」陸放翁詩也。「讀書已覺眉稜重，就枕方欣骨節和，睡起不知天早晚，西窗殘日已無多。」吴僧有規詩也。「老讀文書興易闌，須知養病不如閒，竹牀瓦枕虚堂上，卧看江南雨後山。」吕滎陽詩也。「紙屏瓦枕竹方牀，手倦抛書午夢長，睡起莞然成獨笑，數聲漁篴在滄浪。」蔡持正詩也。

❶「獨」，《山房隨筆》作「夜」。
❷「雪」，《山房隨筆》作「踏」。
❸「耳透」，《齊東野語》卷十八作「枕邊」。

余習懶成癖，每遇暑晝必須偃息，客有嘲孝先者，必哦以此自解。❶然每苦枕，熱展轉數四。後見前輩言：「荆公嗜睡，夏月嘗用方枕。或問何意？公云：『睡久氣蒸枕熱，則轉一方冷處。』」此非真知睡味，未易語此也。杜牧有睡癖，夏侯隱號睡仙，其亦如此乎？雖然，宰予晝寢，夫子有朽木糞土之語，嘗見侯白所註《論語》，謂「晝」字當作「畫」字，蓋夫子惡其畫寢之侈，是以有朽木、糞牆之語。然侯白，隋人，善滑稽，嘗著《啟顔録》，意必戲語也。及觀昌黎語，亦解云：「晝寢」當作「畫寐」之誤也。❷宰予四科十哲，安得有晝寢之責？假或偃息，亦未至深誅。若然，則吾知免夫。

三衢留中齋，甲辰大魁。文山宋瑞，丙辰大魁。中齋作相，身享富貴三十年，仕北爲尚書。文山纔登第，丁父憂，仕途亦坎壈。乙亥糾義兵勤王，終以罔功，患難中倚之爲重。雖名爲相，黄扉之貴，萬鍾之奉，無有也。江西羅秋一詩云：「嚙雪蘇郎受苦辛，庾公作老北朝臣，❸當年龍首黄扉客，猶是衡門一様人。」中齋物色，將羅織之，亟歸而免。

孔子明仁，不飲盜泉之水；曾子立孝，不過勝母之閭；墨子非樂，不入朝歌之邑。此直名爾，猶惡而避之，忍復見其事乎？許由聞堯言，歸洗其耳。樊仲父牽牛見之，不肯飲其下流，恐汙牛口。今人惡惡如是，何善不可爲耳？

以日月星辰，水火土石，盡天地之體用；以暑寒晝夜，雨風露雷，盡天地之變化；以性情形體，走飛草

❶「以此」，《齊東野語》卷十八作「此以」。
❷「當」原作「尚」，據《齊東野語》卷十八改。
❸「作老」，《山房隨筆》作「老作」。

木，盡天地之感應；以元會運世，歲月日辰，盡天地之始終；以皇帝王霸，《易》、《書》、《春秋》，盡天地之事業。蓋元會運世之數，大而不可見；分釐絲毫之數，小而不可察。所以可得而數者，即日月星辰而知之也。

閩士莊恢弘甫云：「朱子所著，正欲破先儒專門之弊。」其門弟子不知此意，但欲推尊所傳，不復更加研究，黨同伐異，反甚于先儒。

宋神宗問吕惠卿曰：「何草不庶，獨于蔗從庶，何也？」惠卿曰：「凡草種之皆正生，甘蔗種之則旁生。」上喜之。

今人讌集賓客，往往焚香，非特娛客，然亦有謂也。黄帝云：「五氣各有所主，惟香氣湊脾。」漢以前無燒香者，自佛入中國，然後有之。《楞嚴經》云：「純燒沉水，無令見火。」此佛燒香法也。

# 大雅堂訂正賢奕選　丙集

湯曰：「學聖王之道者，譬如其日；静居而獨思，譬其若火。夫舍學聖之道，而静居獨思，譬其若去日之明于庭，而就火之光于室也。可以小見，而不可以大知。」是故明君貴尚學道，而賤下獨思也。

晉平公問于師曠曰：「吾年七十而欲好學，得無既老而有所不可乎？」師曠曰：「胡而不秉燭？」晉君怒，以爲其戲己也。師曠進曰：「臣聞少而學如日出之陽，壯而學如日中之光，老而學如秉燭之明。秉燭者賢于暗行矣。」于是平公悦，以其所御觴觴焉。

東廓先生出吴興，見有膝行泥中而以手左右去草者，召而問之。曰：「此芸田也。」先生曰：「吾邑之芸者異于是，以銕爲器，而木柄之，俯其身以蕩撼于苗中。未有若是其難也。」曰：「州亦有之，沙田草易除，故宜用之。泥田根難拔，必若是者三至焉。山溪之田寒，必若是者五至焉。若稍弛之，草侵吾田矣。」噫！質美者易于渾化，猶沙田之草也。次則泥田矣，次則山溪之寒田矣。芸之而弗息，草未有不拔，而苗未有不秀且實者。

王陽明先生爲刑曹，適輪提牢，覩諸吏豢豕，側然怒曰：「夫囚以罪繫者，猶然飯之，此朝廷好生浩蕩恩也。若曹乃取以豢豕，是率獸食人食矣。」群吏請曰：「相沿例也，亦堂卿所知。」先生曰：「豈有是哉！」遂令屠豕，分給諸囚，令不復豢豕云。後同里有官刑部語及此事者，先生顰蹙曰：「此余少年不學，玆聞之，尚有餘慙。子乃以爲美談耶？」其人未達曰：「上宣朝廷之德惠，下軫囹圄之罪人，本至德事也。」先生固深悔之，以爲罪過，何也？」先生復蹙然曰：「當日憑一時意見，❶揭揭然爲此，置堂卿于何地耶？只此便不仁矣！」

王陽明先生家居時，里人有求鬻其産者，先生辭卻已。一日，先生偕諸門弟遊山，偶經其處，見風景佳致殊勝，默然悔前之誤卻也。忽惕然内訟曰：「是何心哉！有貪心便無恕心矣。」且悔且訟，兩念交戰膺中，行里許始化。徐以告從行諸弟曰：「克己之難如此。」

黄岡郭孝廉慶，挈其徒吴良吉往越中謁陽明先生。將抵越，郭一夕呼吴生語，曰：「吾夜來自省，脆中尚有俗念如許。❷如此夾雜心，安能領受先生教耶！」拊心，痛自克責不已。徐質吴生曰：「子時自省如何？」吴對曰：「此來一志，惟求教益，更何俗念。」昕夕爭論，不合。既至，郭趣吴以前論辨語往質正。先生時燕居樓上，食饘，聆吴生語已，不答，第目攝而指示之曰：「子視此盂中下便能盛此饘，此几下便能載此盂，此樓下便能載此几，地又下便能載此樓。人貴能下，下乃大。」語已，更目攝吴生者再，竟無他語。吴生退就舍，郭問先生何言。吴生哽咽不能應，第濳然涕數行下，云：「先生之鑪錘人也，不在言論辨析，而在神情衡宇間。」即于吴生可類知已。

❶「當」原作「尚」，據《賢奕編》卷一改。
❷「脆」，《賢奕編》卷一作「胞」。

右證學章

魯文恪公鐸爲舉人時，屬遠行，遇雪雨泥濘。夜止旅舍宿，憐馬卒寒苦，即令卧之衾下。因賦詩云：「半破青衫弱稚兒，馬前怎得浪驅馳。凡由父母皆言子，小異閭閻我却誰？事在世情皆可笑，恩從吾幼未難推。泥途還藉來朝力，伸縮相加莫漫疑。」今富貴家子弟，鞭撻童僕不知輕重，忍視疾苦，殆猶秦越，獨何心哉！

吕文穆公蒙正爲丞相時，朝士有獻古鏡以求知者，言能照二百里。公曰：「吾面不過碟子大，安用此爲？」

王文正公旦居家，嘗有貨玉帶者，弟以爲甚佳，呈公。命繫之，曰：「還見佳否？」弟乃曰：「繫之安得自見？」公曰：「自負重而使觀者稱好，無乃勞乎？」亟還之。

東坡謫齊安，日用不過百五十文錢。每月朔取錢四千五百，計日分之，貯餘以待賓客云。嘗與李公擇書曰：「口腹之欲何窮之有？每加節儉，亦是惜福延壽之道。」

歐陽永叔與其侄書：「歐陽自江南歸順，累世蒙官禄，吾今又被榮顯，致汝等並列官品，當思報效。昨書中欲買硃砂，吾不少此物。汝于官下宜守廉，何得買官下物？吾在官，除衣食外，不買一物。汝可觀此爲戒也。」内翰蘇公題其後曰：「凡人勉强于外，何所不至？惟考之于私，乃見真僞。」

張文節爲相，自奉養如爲河陽掌書記時。所親式規之，❶曰：「公今受俸不少，而自奉若此。公雖自信清儉，外人頗有公孫布被之譏。公宜少從衆。」公嘆曰：「吾今日之俸，雖舉家錦衣玉食，何患不能？顧人

❶「式」，《賢奕編》卷一作「或」。

之常情，由儉入奢易，由奢入儉難。吾今日之俸豈能常有？身豈能常存？一旦異于今日，家人習奢已久，不能頓儉，必致失所。豈若吾居位去位、身存身亡，常如一日乎？」

李元衡《儉説》云：「與其貪饕以招辱，不若儉而守廉；干請以犯義，不若儉而全節；侵牟以聚仇，不若儉而養福；放肆而逐欲，不若儉而安性。」

山雲出鎮廣西，有鄭牢者，老隸也，性鯁直敢言。公進之曰：「世謂爲將者不計貪，我亦可貪否？」牢曰：「公初到，如一新潔白袍。有一沾污，如白袍點墨，不可湔也。」公又曰：「人云土夷饋送，却之則疑且忿，奈何？」牢曰：「居官黷貨，則朝廷有重法，乃不畏朝廷，反畏蠻子耶？」公笑而納之。

于肅愍公謙被害時，籍其家，無長物，惟上賜盔甲袍帶。未幾，代公尚書陳汝言敗。上曰：「謙囊橐懸磬，汝言賍穢山積，賢否相去奚翅天淵！」石亨，害公者，從旁聽上言，低頭大慙。

胡公壽安，初任信陽，調獲鹿，永樂中任新繁。在官未嘗肉食。其子自徽來省，居一月，烹二雞。胡怒曰：「吾居官二十餘年，嘗以奢侈爲戒，猶恐弗能令終。爾如此，不爲我累乎？」胡三宰大邑，不携妻子之任，或嘲之，胡笑曰：「吾輩讀聖賢書，論居官治民之法，孰不欲砥礪名節哉？及登仕路，以耳目玩好聲色之物喪所守者多矣。矧婦人小子，尤易惑也。以是計之，故不欲妻子之爲累耳。」

董損齋進士後，❶以差過岳州。時劉忠宣公宅憂在里，造謁焉。忠宣留之飯，飯麥糈，饌惟糟蝦，無他具。公因感省，終生持雅操云。噫嘻！賢哲之相與，以有成也，豈在情好周洽，語意懇款哉！雖然，亦存

❶「董損齋進士後」，《賢奕編》卷一作「董損齋成進士後」。

乎人耳。昔胡紘嗛晦菴無隻鷄斗酒之供，❶而釀成禁學之禍。董公顧以是感勵修，其識豈不遠哉！

右廉淡

丙吉爲相，寬大好禮讓。掾吏有嗜酒者，嘗從吉出，醉嘔車上。西曹主吏白欲斥之。吉曰：「以醉飽之失去士，使此人將復何所容？西曹第忍之，此不過污丞相茵耳。」

沈麟士嘗路行，鄰人認其所着屐。麟士曰：「是卿屐耶？」即跣而返。鄰人得屐，送前者還之。麟士曰：「非卿屐耶？」笑而受之。

張士簡嗜酒疎脱，于家務尤所忘懷。在新安時，遣家僮載米三千斛還吴，耗失大半。士簡問其故，答曰：「雀鼠耗也。」士簡笑曰：「壯哉雀鼠！」

柳公權善書，公卿贈遺鉅萬，多爲主藏竪所竊。別貯杯盂一笥，緘縢如故，其器皆亡。訊之，乃曰：「不測其故。」公權笑曰：「銀杯羽化矣。」不復致詰。

韓魏公謂小人不可求遠，三家村中亦有一家，當求處之之理。知其爲小人，處之更不可校，如校之，則自小耳。人有非毁，但當反己是不是，己是，則是在我，而罪在彼，焉用計其何如。

楊鐵崖避地松江。嘗有一貴遊子既破産，流落海上，數踵先生門。一日，竟持先生所購倪雲林畫去。左右欲發之，先生曰：「吾哀其困，使往見一達官，以書畫爲介耳，非盗也。」其善掩人過也如此。

楊文懿公守陳，以洗馬乞假覲省，行次一驛。其丞不知其爲何官。公與之坐，而抗禮，卒然問曰：「公

---

❶「紘」，《賢奕編》卷一作「絃」。《四朝聞見録》甲集「胡紘李沐」條：「此非人情，隻雞樽酒，山中未爲乏也。」

職洗馬，日洗幾馬？」公漫應曰：「勤則多洗，懶則少洗。」俄而報一御史且至，丞乃促令讓上舍處之。公曰：「此固宜然，待其至而讓，未晚。」比御史至，則公門人也，跽而起居。丞乃蒲伏階下，百狀乞憐。公卒亦不較。

太宰屠襄惠公滽，度量寬厚。鄉有柴姓者，假稱屠公子，沿途騷動。人以聞于公。公但呼而戒之曰：「汝爲吾子，置汝父何地耶？法有明禁，自今慎無復爲此。」其人頓首謝罪而退。

吉水羅公循試時，身故貧。一日亡其囊中罽褐。同舍生内不自安，物色其人，紹公訪之。❶比入坐，故探其囊，出褐示公曰：「是不類公家物耶？」又持褐端，手識相辨。公趨出，向其人曰：「物固相類，彼醉語耳。」同舍生歸，誚公奈何失褐不認，公曰：「不然。吾失褐不甚損，彼張惡名，尚得爲士人邪？」生遜謝不及。

右德器章

晉宣王以常林鄉邑耆德，每爲之拜。或謂林曰：「司馬公貴重，君宜止之。」林曰：「司馬公自欲敦長幼之序，爲後生之法，非吾所制也。」言者踧踖而退。

范縝著《神滅論》，蕭子良使王融謂曰：「神滅既自非理，而卿堅執之。以卿美才，何患不至中書郎，而故乖刺爲此。」縝大笑曰：「使范縝賣論取官，已至令僕矣，何但中書郎耶？」

蕭引爲建康令時，宦者李善度、蔡脱兒多所請託，引不許。或諫曰：「李、蔡之權，在位皆憚，亦宜少爲

❶「紹」，《賢奕編》卷一作「紿」。

身計。」引曰：「吾之立身自有本末，安能爲李、蔡致曲，就令不平，不過免職爾。」

韋澳兄温與中丞高元裕友善，温請用澳爲御史。一日，謂澳曰：「高公持憲綱，欲與汝相面，必御史。」❶澳不答。温曰：「高君端士，不可輕。」澳曰：「然恐無呈身御史。」竟不詣元裕之門。

大元迎帝師至京，有旨令朝臣一品以下郊迎。大臣俯伏進觴，帝師不爲動。孛术魯翀時爲國子祭酒，舉觴立進，曰：「帝師釋迦之徒，天下僧人師也。余孔子之徒，天下儒人師也。請各不爲禮。」帝師笑而起，舉觴卒飲。衆爲之慄然。

胡東洲提學兩淛時，有士某者，不率教，懲以夏楚。明年，其人狀元及第。東洲以述職至京，其人設席欵之。以古器行酒，指曰：「此寶也，恨俗眼不識耳。」蓋譏公不知己云。公曰：「以老夫觀之，似脆蕩易綻，❷終不若金玉之器。」其人深悔失言。

鄒立齋公智，年十六發解蜀省。迎宴日，閭巷覩者藉藉嘆羡。公馬上占絶句云：「龍泉山下一書生，偶占三巴第一名。世上許多難了事，市兒何用喜相驚。」比上春官時，里中朝貴謂曰：「子見某省解元乎？與子相若也。」公意其爲同志，亟訪之。其人忽問曰：「子省榜首，坊金視衆舉子增幾何？」公大恚，即拂衣起，不答而出。吁！燕雀安知鴻鵠之志哉！公既第，選舘中權。❸應詔陳言，論進君子，退小人，大忤權貴，謫石城吏目。年雖不永，未竟所志。其悶議偉節，到今燁然烈矣。

❶「必御史」，《賢奕編》卷一作「必得御史」。

❷「蕩」，《賢奕編》卷一作「薄」。

❸「權」，《賢奕編》卷一作「秘」。

## 右方正章第四

列精子高聽行乎齊湣王，會朝雨，袪步堂下。謂其侍者曰：「我何若？」侍者曰：「公姣且麗。」列精子高因步而窺于井：粲然惡丈夫之狀也。喟然嘆曰：「侍者爲吾聽行于齊王也，夫何阿哉！又況于所聽行乎萬乘之主！人之阿之，亦甚矣，而無所鏡。其殘亡無日矣。」

裴叔則營新宅甚麗，當移住，與兄共遊。牀帳儼然，軒櫳疎朗，兄心甚欲之，而口不言。叔則心知其意，便推使兄住。

江州朱原虛有二弟，在髫年，而父母死。原虛匿父所遺綾錦十餘篋，逐二弟居外。一日，鄰人下神，原虛適在坐，神以詩諷之云：「何處西風獨捲霜，鴈行中斷各悲凉。吴綾越錢成私篋，❶不及姜家布被香。」原虛惶恐，召二弟歸，爲娶婦。督之業儒，俱登科，典州郡事，事原虛如父。

王丞相主文柄，欲以白敏中爲狀元。病其人與賀拔惎爲友，密令親知通意，俾敏中與惎絶。敏中許之。既而惎果造門，左右紿以敏中他適。惎遲留，不言而去。俄敏中躍起，呼左右召惎，悉以實告，且曰：「一第何門不可致？奈何輕負至相交！」共歡飲而寐。❷前人來，見之，具言于丞相。丞相曰：「我比只得白敏中，今尚更取賀拔惎。」❸

---

❶「錢」，《賢奕編》卷二作「錦」。

❷「奈何輕負至相交共歡飲而寐」，《賢奕編》卷二作「奈何輕負至交相與歡飲而寐」。

❸「尚」，《賢奕編》卷二作「當」。

右叙倫

柳世隆安貧守分。張緒問曰：「觀君舉措，當以清名遺子孫。」答曰：「一身之外，亦復何須？子孫不才，將爲争府。遺其財也，不如一經。」

賈文元公《戒子孫》文云：「古人重厚朴直，乃能立功立事，享悠久之福。士人所貴，節行爲大。軒冕失之，有時而復來；節行失之，終身不可得矣。」縉紳以爲名言。

右家閑

魏文侯使西門豹往治于鄴，告之曰：「子往矣。是無邑不有賢豪辨博者也，無邑不有好揚人之惡、蔽人之善者也。往必問賢豪者因而親之，其辨博者因而師之，問其好揚人之惡、蔽人之善者因而察之。不可以特聞從事。夫耳聞之不如目見之，目見之不如足踐之，足踐之不如手辨之。人始入官，如入暗室，久而愈明，明乃治，治乃行。」

齊澣善知今事，高仲舒善知古事。姚崇曰：「欲知古，問仲舒，知今問齊澣，則無敗政矣。」

盧坦爲河南尉。杜黄裳爲尹，召坦立堂下，曰：「某家子與惡人游，破産。公爲捕盜，盍察之？」坦曰：「凡居官廉，雖大臣無厚蓄。其能多積者，必剥下以致之。如其子孫善守，是天富不道之家也。不若恣其不道，以歸于人，故不察。」

傅獻簡公言：以帷箔之罪加于人，最爲暗昧。萬一非辜，則令終身被其惡名，至使君臣父子之間難施面目。言之得無訒乎？

張無垢云：「快意事孰不喜爲？往往事過不能無悔者，于他人有甚不快存焉？豈得不動子心。君子所以隱忍詳審，不敢輕易者，欲彼此兩得也。」

章聖嘗謂兩府欲擇一人爲馬步軍指揮使。寇萊公方議其事，吏有以文籍進者，公問其故。曰：「例簿也。」公叱之曰：「朝廷欲用一牙官，尚須一例，即安用我輩哉？壞國政者，正此耳！」

御史臺有閣吏，隸府中四十餘年。善評其臺官優劣，每以所執之梃待中丞之賢否，中丞賢則横其梃，否則直其梃。此語喧于縉紳，凡爲中丞者，惟恐其梃之直也。范諷爲中丞，聞望甚峻。一日視事次，閣吏忽直其梃。范大驚，立召問曰：「豈覩我之失耶？」吏初諱之，苦問，乃言曰：「昨見中丞召客，親諭庖人以造食，指揮者數四。庖人去，又呼之，復叮嚀者數四。某心鄙之，不知其梃之直也。」范大笑，慙謝。

韓琦在官，中書習舊弊，每事必用例。五旁操例在手，❶顧金錢惟意所欲與。公令删取舊例，除其冗謬者，爲綱目類次之，封縢惟謹。每用例，必自閲。自是人知賞罰可否出宰相，吏不得高下其間。

魏鶴山云：「某嘗以吕文穆夾袋册、韓忠獻甲乙丙丁集、吕正獻手記、曾宣靖雌黄公議、司馬公薦士編、陳密學章藁、范文憲手記、❷近世虞忠肅翘材舘録之類萃爲一編，名《達賢録》。亦使士大夫識得行己用世規模，須在推誠布公，集謀廣益，不惟濟一旦之用。往往居德養才，流風所被，逮乎數世。」鶴山此論可謂任重道遠。第薦士非難，若識鑒未至，徒以偏駁固滯之見稱量模索，不爲荆公者幾希。荆公嘗曰：「當今可望者，惟吕惠卿。」又曰：「章子厚才極高，但爲流俗所毁耳。」倘翘材之所延，夾袋之所載，盡如荆公之選掄，則

❶「旁」，《賢奕編》卷二作「房」。

❷「范」原作「藁」，據《賢奕編》卷二改。

是豺狼之藪也，流毒可勝道哉！

劉豫揭榜山東，言中官馮益遣人收買飛鴿，因有不遜之語，知泗州劉綱得而上之。張浚請斬益以釋謗，上未許。鼎曰：「益事誠曖昧，然疑間有關國體。若朝廷畧不加罰，外議必謂陛下實遣之，有累聖德。不若暫解其職，姑與外祠，以釋衆惑。」上欣然是。浚意未决，鼎曰：「自古欲去小人者，急之則黨合而禍大，緩之則彼自相濟。今益罪，雖誅不足以快天下。然群閹恐人君手滑，必力争以薄其罪，不若謫而遠之。既而不傷上之意，被見奪職責輕，❶不復致力營救，又幸其去，必以次規進，安肯容其復入耶？若力排之，此輩側目吾儕，其黨愈固，而不可破矣。」

吕居仁《官箴録》曰：「予嘗爲秦州獄掾，顔岐夷仲以書勸余治獄，每一事寫一幅相戒。如夏月取罪人，早間在西廊，晚間在東廊，以避日色。又如監司郡守嚴刻過當者，須平氣與之委曲詳盡，使相從而後已。如未肯從，再當如此詳盡，其不聽者少矣。」曰：「當官之法，直道爲先。其有未可一向直前，或直前反敗事者，須用馮宣徽惠穆稱停之説。此非特小官然也，爲天下國家當知之。」○當官既自廉潔，又須關防小人，如文字歷引之類，皆須所白，❷以防中傷。○前輩言：小人之性，專務苟且，明日有事，今日得休且休。當官者不可狥其私意，忽而不治。○前人嘗言，吏人不怕嚴，則怕讀。蓋當官者詳讀公案，則情僞自見，不待嚴明也。○後生乍到官，多爲猾吏所餌，不自省察。所得毫末，而一任之間，不復敢舉動。大抵作官嗜利，所得甚少，而吏人所盜不貲矣。以此被重譴，良可惜。○當官先以暴怒爲戒。事有不可，當詳處之，必無不中。若先

❶「被」，《賢奕編》卷二作「彼」。
❷「所」，《賢奕編》卷二作「明」。

暴怒，只能自害，不能害人。前輩嘗言，凡事只怕待。待者，詳處之謂。蓋詳處之，則思慮自出，人不能中傷也。〇處事不以聰明爲先，而以盡心爲務；不以集事爲急，而以方便爲正。〇前輩嘗言，公罪不可無，私罪不可有。此亦要言。私罪固不可有；若無公罪，則自保大過，無任事之意。

呂正獻薦嘗秩，後悔之。伯淳曰：「願侍郎受百人欺，不可令好賢之心少替。」

豐布政公慶一日行部，有知縣簠簋不飭，聞公至，乃以白金爲燭饋之。公未之省。既而廳子以告，公佯曰：「試燃之。」廳子曰：「燃而不燃也。」公又曰：「不燃，則還之耳。」次日從容謂知縣曰：「汝燭不燃，盡出之。自今無復爾矣。」終亦不明其爲銀燭事也。論者曰此一事也，而持己之廉，待人之恕，遠謗之智，胥得焉。凡納賄于上官者，上官不忍其欺也，而暴揚之，衆謂其有以來之也。嫌疑之際，卒不免于禍。若公者，非當官之師法乎。

嘗聞劉文靖誚丘瓊山：有散錢而少貫索。瓊山還誚曰：「公有貫索，而却欠散錢。」雖然，世博綜者，恃此休休心爲貫索，更妙也。韓魏公爲相時，或謂公之德業無愧古人，但公文章不逮歐陽永叔耳。公曰：「吾爲相，永叔爲翰林學士，天下文章孰大于是！」即此一語，永叔之文章便爲魏公一齊穿紐矣。我朝最稱該博者莫如瓊山，乃媢嫉白沙，而陰擠三原，雖博，亦奚以爲？文靖誚其無貫索，不虚也。

新昌有士人，少年負氣，英邁皎厲。筮仕，得岩邑。瀕行謁梁石門請教。石門曰：「清、慎、勤，居官三字符也。」士人曰：「雖然，天德王道之要，獨不可聞乎？」石門微笑而答之曰：「言忠信，行篤敬，天德也。不傷財，不害民，王道也。」士人退而謂人曰：「石門議論平平耳。」越三年，士人以不檢罷官歸里中，語人曰：「吾不敢再見石門先生。」

右官政

張乖崖守蜀，兵火之餘，人懷反側。一日大閱方出，軍衆忽嵩呼。乖崖亦下馬，隨衆東北望，三呼，攬轡復行，衆不敢讙。真宗不豫，李文定公以宰相宿内祈禳。時太子尚幼。八大王元儼者，頗有威名。問疾，留禁中累日不出，執政患之。偶翰林司以金盂貯熱水過，問之，曰：「王所需也。」文定以案上墨筆攪水盡黑。王見之，大駭，意其爲毒也，即上馬去。文潞公知成都，大雪會客。帳下卒有誶語，共拆井亭燒以禦寒。軍騎以聞。公徐曰：「今夜誠寒。亭敝矣，正欲改造。更有亭，❶可盡折爲薪。」樂飲如常。明日，乃究問先拆者，杖而流之。前輩如此類甚多，皆所謂知也。小而文潞公幼年之浮毬，司馬君實幼年之擊甕，亦皆于倉卒中有變通之術。

正統間，宫殿當綵繪，計用牛膠萬餘斤。遣官賚勅，屬尚書周公忱如數辨供。時公以議事赴京，而遇諸途。勅使請公還治，公曰：「弟行，自有處置。」至京，言：「京庫所處皮張積歲朽腐，請出前膠應用。回治，即發餘米買皮，照數輸納，以新易舊，兩得便利。」太監王振欣然從之，益加敬重。

高宗南渡，駐蹕臨安，草創禁苑爲行在。方造一殿，無瓦，而天雨。郡與漕司大憂之。忽一吏白曰：「多差兵士，以錢鑼分俵關廂舗店，賃借樓屋腰簷瓦若干。旬月新瓦到，如數陪還。」郡司從之，殿瓦咄嗟而辨。

趙從善尹臨安，宦寺欲窘之。一日，内索朱紅桌子三百隻，限一日辨。從善命于市中取茶卓一樣三百隻，糊青紅紙，朱塗之即成。兩宫幸聚景園回，索火炬三千枝，限以時刻。從善命于娼家取竹簾束之，頃刻

❶「更有亭」，《賢奕編》卷二作「更有一亭」。

而辦。

右幹局

元祐中，東坡知貢舉，緘一簡送其友人李方叔。直方叔出，其僕受簡，置几上。有頃，章子厚二子曰持曰援皆來，取簡竊視之，乃《楊雄優于劉向論》。二章驚喜，携去。方叔歸，求簡，不得。已而果出此題，二章皆模放前作，方叔幾于閣筆。及拆號，坡意魁必方叔也，乃章援。第十名，文意與魁相似，乃章持。東坡失色。方叔竟下第。既出院，問其故，大恨惋。其母嘆曰：「蘇公知貢舉，而汝不成名，復何望哉！」抑鬱而卒。

淳熙中，汪玉山起知貢舉。將就道，念一布衣友，以書約會于富陽蕭寺。密語之曰：「程文冒子中用三古字，以爲驗。」玉山既知貢舉，搜卷，果有用三古字者，徑置前列。及拆號，非其友也。次日，友人來見，玉山怒責之。友人指天誓曰：「某以暴疾幾死，不得就試，何敢漏洩！」未幾，以古字得舉者來謁，因問之，對曰：「某來就試，假宿于富陽寺，與寺僧步廡下，見一棺，塵埃漫漶。僧曰，此一官員女也，殯于此十年不葬。是夕，夢女子謂某曰，此去頭場冒子可用三古字，必登高科，幸無忘朽骨。遂用其言，果叨前列。」玉山驚嘆。

虞雍公初除樞密，偶至陳丞相閣子内，見楊誠齋《千慮策讀》一篇，嘆曰：「東南乃有此人物！某初除合薦兩人，當以此人爲首。」陳導誠齋謁雍公，一見握手如舊。誠齋曰：「秀才子口頭言語，豈可便信？」雍公大笑。卒援之登朝。誠齋嘗言：「士大夫窮達，不必庸心。某平生不能開口求薦，然薦之改秩者，張魏公也，薦之立朝者，虞雍公也。」二公蜀人，皆非生平之雅好。

胡澹菴謫嶺南，士大夫多凌蔑之，否則畏避之。方滋本亦檜黨，待之獨有加禮。澹菴深德之。檜死，其黨皆逐。滋入京，謀一差遣不可得，栖栖旅館。澹菴偶與王梅溪語及其事。梅溪曰：「此君子也。」率館中諸公訪之，且揄揚其美。由此遂晉用。

韓世忠夫人，京口娼也。嘗五更入府，伺候賀朔。忽于廟廡下見一虎蹲卧，鼻息齁齁然。驚駭，亟走出，不敢近。已而人至者衆，復往觀之，乃一卒也。因蹴之起，問其姓名，爲韓世忠。心異之，密告其母。謂此卒定非庸人。乃邀至其家，具酒食，深相結納。資以金帛，約爲夫婦。世忠後立殊功，爲中興名將，遂封兩國夫人。

廖德明，朱文公高第也。少時，夢懷刺候謁廟廡下。謁者索刺，出諸袖，乃宣教郎廖厶。遂覺。後科登第，改秩，以宣教郎宰閩。請迓者及門，思前夢，恐官止此，不欲行。親友相勉，爲質之文公。文公因指案上物曰：「人與器物不同，如筆止能爲筆，劒不能爲琴，故其成毁久速有一定之數。人則不然，固有朝爲跖而暮爲舜者，其吉凶禍福亦隨之而變，難以一定。今子赴官，但當充廣德性，力行好事，前夢不足芥蔕。」德明遂決往焉。後官至正郎。

張永德，陽曲人。初，周太祖后柴氏，本唐莊宗之嬪御。莊宗没，明宗遣歸其家。數日，有一人過其門，敝衣不蔽體。柴見而異之，曰：「必嫁是。」即郭威也。柴資以金帛，使事智遠，授供奉官。將兵征淮南、過宋州、市人聚觀。有女子從群衆中呼曰：「此吾父郭威！」使前問之，信其女也。相持而泣。女曰：「我已有夫矣。」召視之，曰：「汝何得有貴人爲婿！」乃俱挈之軍中，奏補供奉官，即永德也。未幾，威篡漢，爲周太祖。除永德駙馬都尉，妻晉國公主。永德居睢陽時，比鄰有書生，卧疾。療之，獲痊。來謝，因辭去曰：「後當見淮上。」周世宗用兵壽春，永德從之，見一僧，乃昔日書生也。謂永德曰：「若見二屬猪人，善事之，當保五十年富貴。」時宋太祖爲周點檢，永德問其年，生于亥。見太宗，問其年，亦生于亥。永德皆傾身事之。宋祖即位，授武勝軍節度。太平興國中拜左衛上將軍，真宗時封衛國公。

正統中，祭酒以贓罷。西楊先生與古廉先生對奕，因嘆祭酒缺員，難得振作者。古廉答云：「不可謂無人。」明日有旨，古廉爲祭酒。初，古廉與陳敬宗在翰林，袁柳莊嘗曳二人並列，曰：「二公他日功名相埒。」時陳公儀貌魁梧，而古廉頗短小，聞者未之信。後，陳公以方嚴肅下、古廉以忠恕得士，聲望聳然。柳莊之術驗矣。

正統丙辰狀元周旋，温州永嘉人。初，閣老預定第一甲三人。候讀卷時，問同在内諸公云：「周旋儀貌何如？」或以豐美對。閣老喜，及傳臚，不類所聞。蓋豐美者，嚴州周瑄，聽之不真而誤對耳。天順庚辰，曹欽反，連捕其黨寧波馬益甚急。一星士馮益就逮，亦棄市。蓋二人皆寧波人，且同名，故有此誤。乃知人之禍福真有命焉。

右達命

有蛇名高聽，嘗闖入巨蜂房中，盡取其毒。乃出伏道傍莽中，伺人過而螫之。已，尾其人至于宅近處，緣樹末，而竊聽之。聞其家有哭聲，驗其人既斃，乃悠然而去。否，則憒憒，復集毒螫人如初。噫！此蛇蓋夙生中惡業者。如所螫人徼天之倖，終無恙，日自集毒無已，毒厚，寧不自斃哉？愚夫！

泉海有魚，乘潮入港，潮退不得出。土人呼聚百衆，持刀斧，梯上魚背，恣意砍取其肉數十百石。魚猶恬然如故，潮至，復乘之而去。此猶其小者。雷海有魚，海濱人望之，連亘若太行。自東徙西，直至半月乃休，其長奚翅千里。或曰：「如此魚者，必大海乃有之。若井，非不精潔也，味非不甘洌也，求三寸之魚，不可得矣。」

烏能反哺，世嘉其孝，稱慈烏云。乃上林烏尤有足嘉者，每若孚號，群飛而集，秩然有序，晚復還棲上林。上林，故禁地也，畢戈鮮驚。託身之智，視丘偶之止益得矣。尤有異焉。閶闔一啟，千官雲擁，烏翔而過其上者，奚啻千萬，更不聞穢污點其冠服者。噫嘻！躬厚德者，自無薄行，安忍輕點巇朝士哉！若別種喙大而項白者，其聲躁厲，飛止人屋而號，俗傳爲報凶。但聞其聲，思揭竿而逐之。吁！因果儼然，愛惡自取。觀此，人亦自警矣。

海之渚有海鏡焉，其腹空洞無臟，唯中藏蟹子，小如黄豆，而螯其足。海鏡饑，則蟹出拾食，蟹飽，海鏡亦飽。或迫之火，則蟹出離腸腹，而海鏡立斃矣。彼其所爲斃者，以所假在外不在内故也。水母者，亦出海中。胚渾凝然，而絶無眼。常有數蝦寄蹲腹下，代爲之眼，蝦行而行，蝦止而止。一日，波盪蝦離，而水母竟躓死泥河。彼其所爲躓者，以所假在物不在己故也。噫！物既如是，而今之假外勢以有活者，一旦失其所假，而欲求不斃不躓者，鮮矣！

孔雀雄者，毛尾金翠，而性妬。雖家豢馴久者，見童男女服綺錦，必趂啄之。山棲時，先擇處貯尾，然後置身。天雨毛濕，羅者且至，猶珍顧不復騫舉，卒爲所捕。又山鷩亦愛重其尾，終日映水自照，目眩輒溺。噫！以愛而喪身者，豈獨二禽乎。

宋末，姚玉京嫁襄州小吏衛敬瑜。衛溺水死，玉京孀居。有雙燕巢間，❶一爲鷙鳥擊死，一孤飛徘徊。至秋，止玉京臂，儼如告别。玉京以紅縷繫足，曰：「新春復來，爲吾侶也。」明年，果至。因贈詩曰：「昔時無偶去，今年還獨歸。故人恩義重，不忍更雙飛。」自爾秋歸春來，凡六七年。玉京死，明年燕來，周憧哀鳴。

❶「巢間」，《賢奕編》卷三作「巢梁間」。

家人語曰：「玉京墳在東郭。」燕遂飛去，至墳所，亦死。每風清月明，襄人見玉京與燕同遊漢水之濱。

宋濂曰：「新昌黄琛甫有牝犬，❶爲邏卒所食，棄骨屏處。其子啣之瘞諸野。余聞，撫髀太息。每舉諭諸人，人輒笑予誕，且謂古無是事。昔譙縣崖仲文畜犬，會稽石和以丁奴易之，不從，和殺仲文，奪其犬。犬嚙和，守仲文屍，爪浮土掩之。尋牽和衣訴官，和伏誅。此晉義熙中事也。冀州石玄度犬母育一子，愛之甚。玄度烹子食之，毋候骨投地，斂置一窟，移壅于桑間。日夕，向桑嗥吠，逾月乃止。此宋元徽中事也。謂無是事者，過矣。夫犬能禦盜斷奸、解難報恩，傳記所載，歷歷可攷，又寧獨此二事哉！」

王夔齊公禎通判夔州時，石和尚流劫入夔，同知王受牒捕賊，性險猾，故託疾不敢出。公忿忿，面數之，即日勒民兵與賊戰。公陷圍中，賊欲降之。公大奮罵，賊怒斷其喉。自死所至府三百餘里，馬奔歸，毛鬣盡赤。衆始駭公已死。家人盡售行李與馬爲貲，歸其喪。王得馬不償直。夜半，馬哀鳴特異。王命秣者加莝豆，不爲止。自起視櫪，馬驟前，嚙其項。王仆地，不省，翌日嘔血數升而死。

程伯淳遊山，山僧云，晏元獻南來，獮猴滿野，戲爲一絶云：「聞説獮猴性頗靈，相車來便滿山迎。鞭羸到此何曾見，始覺毛虫亦世情。」

東都有人養鸚鵡，以其慧甚，施于僧。僧教之，能誦經。往往架上不言不動，問其故，對曰：「身心俱不動，爲求無上道。」及其死，焚之有舍利。

瀛之水上有二鳥。一類鵠，色正蒼而喙長。凝立水際不動，魚過其下，則取之。終日無魚，終不易地。其名曰信天緣。一類鶩，奔走水上，不問水腐沙泥，必啑啑然，盡索之而後已，無一息少休。其名曰謾畫。

❶「牝」，《賢奕編》卷三作「牡」。

信天緣若無能者，乃與謾畫均度，一日無饑色，視謾畫加壯大。然則人之一飲一啄，莫非定分，視二物爲何如哉？

右觀物章

昔有十家之鄰，皆荒其百畝，日惟轉糴于市，以贍朝夕。鄰家之農勸之曰：「曷若力畊，可積而富乎？」其二人聽之，舍糴而田。八家之人競相非沮曰：「吾安得待秋而食？」其一人力田不顧，卒成富家；一人惑其言，復棄田而糴，竟凍餒以終其身焉。

有生而眇者不識日，問之有目者曰：「日何狀也？」或告之曰：「日之狀如銅盤。」遂扣盤而得其聲。他日聞鍾聲，而以爲日也。或詰其故，曰：「某所示也。」或曉之曰：「言日之體似盤耳。日有光也。」曰：「日光何如？」曰：「如燭。」因捫燭而得形。他日，揣籥以爲日也。噫！日之與鍾籥也，亦遠矣，而眇者不知其異，以其未嘗見而求之人也。

楚人有習操舟者，其始折旋疾徐，惟舟師之是聽。于是小試舟渚之間，所向莫不如意。遂以爲盡操舟之伎也。遽謝舟師，椎鼓徑進，亟犯大險，乃回顧落膽，墜檣失柁。然則召今日之危者，豈非前日之倖乎？

昔楚人有宿于其友之家者，其僕竊友人之履以歸，楚人不知也。適使其僕市履于肆，僕私其直，而以竊履進，楚人不知也。他日，友人見其履在楚人足，而心駭，曰：「吾固疑之，果竊吾履。」遂與之絶交。逾年，而事暴，友人踵楚人之門，悔謝曰：「向也某誤疑耳，請相善如初。」

梟逢鳴鳩。鳩曰：「子將安之？」梟曰：「吾將東徙。」鳩曰：「何故？」梟曰：「鄉人惡我鳴，以故東徙。」鳩曰：「子能更鳴可矣，不能更鳴，雖東徙，亦不免于人之惡也。」

魚有吐黑水以庇其身者，人遂因其黑而漁焉。嘻！扃鎖固，盜賊喜。用明者蔽，善敵者死。

荆山之東有麝焉，其臍香。荆山之人逐之。麝急，則抉其臍投諸莽，逐者趨焉，麝得以逸。令尹子文聞之，曰：「是獸也，人有弗如之者。以賄亡其身及其家，何有智之不如麝乎！」

宗杲論禪云：「譬如人載一車兵器，弄了一件，又取出一件來弄，便不是殺人手段。我則只有寸鐵便可殺人。」朱文公亦喜其說。蓋自吾儒言之，若子貢之多聞，弄一車兵器者也；曾子之守約，寸鐵殺人者也。

瓠里子自吴歸粤，相國使人送之，曰：「使自擇官舟以渡。」送者未至，于是舟泊于滸者以千數。瓠里子欲擇之，而不能識。送者至，問之。曰：「舟若是多也，惡乎擇？」對曰：「甚易也，但視其敝蓬折櫓破颿者，即官舟也。」從而得之。瓠里子仰天歎曰：「今之治政，其亦以民爲官民歟？則愛之者鮮矣！宜其敝也。」

藍有青，而絲假之青于藍；地有黄，而絲假之黄于地。藍青、地黄，❶猶可假也。仁義之事，不可假乎哉？東海之魚，名曰鰈，比目而行，不相得，不能達。北方有獸，名曰婁，更食而更視，不相得，不能飽。南方有鳥，名曰鶼，比翼而飛，不相得，不能舉。西方有獸，名曰蟨，前足鼠，後足兔。得甘草，必啣以遺蛩蛩距虚。其性非能蛩蛩距虚，將爲假之故也。夫鳥獸魚猶相假，而况萬乘之主，獨不知假此天下英雄俊士與之爲伍，則豈不病哉？故曰：以明扶明，則昇于天；以明扶闇，則歸于人。兩瞽相扶，不傷牆木，不陷井穽，則其幸也。

衛人迎新婦，婦上車，問驂馬誰馬也。御曰：「借之。」新婦謂僕曰：「拊驂無笞服。」車至門，曰：「滅竈，將失火。」入室見，臼曰：「徙之牖下，妨往來者。」此三者，皆至言也，然不免笑者，早晚之時失也。其莊生所

❶「藍青、地黄」原作「藍地黄」，據《賢奕編》卷三改。

謂見卵而求時夜者乎！

蝜蝂者，善負小蟲也。行遇物，輒持取，卬其首，負之背，愈重，雖困劇，不止也。其背甚澀，物積，因不散，卒躓仆不能起。人或憐之，爲去其負，苟能行，又持取如故。又好上高，極其力不已，至墜地死。今世之嗜取者，遇貨不避，以厚其室，不知爲己累也。惟恐其不積，及其怠而躓也，黜棄之，遷徙之，亦以病矣。苟能起，又不艾，日思高其位，大其禄，而貪取滋甚，以近于危墜。觀前之死亡不知戒，雖其形魁然大者也，其名人也，而智則小虫也。亦足哀矣！

南岐在秦蜀山谷中，其水甘而不良，凡飲之者輒病癭，故其地之民無一人無癭者。及見外方人至，則群小婦人聚觀而笑曰：「異哉，人之頸也，焦而不吾類！」外方人曰：「爾之纍然凸出于頸者，癭病之也。不求善藥去爾病，反以吾頸爲焦耶？」笑者曰：「吾鄉之人皆然焉，用去乎哉？」終莫知其爲醜。

獸有猱，小而善緣利爪。虎首癢，輒使猱爬搔之不休，成穴。虎殊快，不覺也。猱徐吸其腦，啖之，而汰其餘，以奉虎曰：「余偶有所獲腥，不敢私，以獻左右。」虎曰：「忠哉，猱也！愛我而忘其口腹。」啖已，又弗覺也。久而虎腦空痛發，跡猱，猱則已走避高木。虎跳踉大吼，乃死。世人謂：邯鄲挾瑟而倡者類之，於乎，寧獨一倡哉？

蘇文忠曰：「南方多没人，日與水居也。七歲而能涉，十歲而能浮，十五而能没矣。」夫没者，豈苟然哉？必將有得于水之道者。日與水居，則十五而得其道；生不識水，則雖壯，見舟而畏之。故北方之勇者問于没人，而得其所以没，以其言試之河，未有不溺者也。

西鄰母有好李，苦窺園者，設穽牆下，置糞穢其中。黠豎子呼類竊李，登垣，陷穽間，穢及其衣領，猶仰首于其曹：「來！來此有佳李。」其一人復墜，方發口，黠豎子遽掩其兩唇，呼「來來」不已。俄一人又墜。

二子相與詬病，黠豎子曰：「假令三子者有一人不墜穽中，其笑我終無已時。」嗟嗟！不善者之妬善人類如此。彼惟恐善人之笑之也，而爲善者又奈何懷貪李之私，卒中其所誘？哀哉！

歙俗多賈。有士人父壯時賈秦隴間，去三十餘年矣，獨影堂畫像存焉。一日父歸，其子疑之，潛以畫像比擬，無一肖。拒曰：「吾父像肥晳，今瘠黧；像寡鬚，今多髯，鬢皤；乃至冠裳履綦一何殊也。」母出，亦曰：「嘻，果遠矣！」而其父與母亟話疇昔，及當時畫史姓名，繪像顛末，乃愜然阿曰：「是吾夫也。」子于是乎禮而父焉。夫父，天下莫戚者也，乃一泥于繪像，致有妻子之疑。彼儒者獨不知經史亦帝王聖賢之繪像也，顓泥經史而忘求聖賢之心，是即所謂泥繪像而拒真父者也。

僖宗吟曰：❶「紇乾山頭凍殺雀，何不飛去生處樂？」固以外逼强藩，内窘家奴，欲棄萬乘爲齊民而不可得，讀之彌足悲焉！昔王守澄教其黨曰：「無令人主近賢士，親詩書，則吾儕可以得志。」嘗試辟之，斯語也，固亦所謂貝母藥耶。昔江左有病人面疽者，試以百藥，莫不掀唇當之，至貝母，則閉口不欲納。病者喜曰：「此藥治矣。」因以蘆葦筒灌之，數日遂愈。故治病者，當求病之所忌。賢士、詩書，閹寺忌之久矣。人主治閹寺，唯親賢講學，夙夜鶩于知人安民，勿皇其他。寺人賚功，唯貲，無惟名器；惟恩，無惟事權。亂不假刊也，是曰上策。

以術取資于世者，渚不可苟，❷而醫爲甚。業此術者，須精脉理，辨地宜，審歲運，而本之恒心始得。維學亦然。今世談學，多崇佛蔑孔，曷亦審諦其脉耶？惟吾孔氏之學，其脉曰仁。仁也者，吾人之生理也。

---

❶「僖宗」，據《新五代史》卷二十二當作「昭宗」。

❷「渚」，《賢奕編》卷三作「諸」。

探之無朕，達之無垠，猶脉之于人也，形無可見，而人之所以病不病，病之所以痊弗痊，實驗于此。故曰：切脉可以體仁。今以學自命者，舍此根心之不容已者，猥云尋之了不可得者，爲向上第一機，豈不悖哉！何謂辨地宜？往見談學于伊洛者，多詆支遠之玄詮爲邪哆；談學于江左者，則視朱程之緒言若詬詈。毋亦囿于風氣然爾。醫家者言，東南地下，其病多濕與寒，治法宜散以温；西北地高，其病多熱與燥，治法宜清而潤。蓋五方風氣異宜，故同病亦異治也。今柄學者須操何術，使兩地無偏安邊見病耶？又歲序攸司，五行迭運，工于醫者，必審此而節宣。調爕之功，乃可奏也。惟民疾三：今不古若，尼父嘆之矣，矧世愈趨狂之疾，不直蕩而已；裂維慆淫者有之，矜之疾，不直忿戾而已；賤人螯物者有之，愚之疾，不直詐而已。譸張俶詭、不可方物者有之，猶人之病，爲癇、爲顛、爲迷罔已，抑豈氣運到今應有此耶？尼父曰：「人而無恒，不可以作巫醫。」夫醫且不可無恒，而况以學自命者乎？吁！彼蔽此恒性，視人之邪慝爲無關，是自私其學，而棄天下後世，大罪也！彼離此恒性，而別操無上之妙道，以號于世，是誣枉其學，以殺天下後世，其罪爲尤大矣！

今夫水之爲水，其狀萬億。或見以湛然而清者爲水，彼混然而潦者亦水也；悠然而平者爲水，彼駛然而逝者亦水也；淵然而止者爲水，漰湃而滔天者亦水也。其洄洑湍激，或爲聚沫，或爲流澌，或爲凝冰，或爲瀑練，異態殊狀，莫可勝窮，亦皆水也。或籍之滋禾稼，通舟楫，興寶藏，殖貨財，固水也；或至于懷山襄陵，氾城潰垣，夷墳漂舍，故亦水也。性之萬殊，亦若是已。彼執一以論性，固非知性者也。若或病此性之難明也，而欲斷緣息念，絶應離倫，以求性之見，譬則堙江塹河，而欲塞水之流，不可能也。又或病此性之難制也，而欲猱情刻意，矯強懲窒，以求性之定，譬則高防固堤以制水之横，即能之，不可常也。近論性者，多執見以論性，而謾謂一切皆是，譬則據所見皆水，謂無非水者，任其漂蕩横流；氾濫中國，即犯害民物而不爲之所，是古聖人所大不忍也。昔聖人審水之所是來，而究其水之所由歸，疏鑿決排，一舉而導之海。蓋聖人知水雖萬狀異態，而水之性則就下也，以海爲壑而已。是故行無所事，而亦未嘗忘所事也。夫天下固無絶流之水，然覩洚水之横流而警予者，古聖人不容已。天下無離欲之性，乃墮欲境而滅天理，聖人寧能安乎哉！聖人審人性之本諸天者，原自不容已。雖其發見萬有不齊，而性之所止，止于至善而已。彼其所以章軌真教，敦典崇禮，敷政明刑，其術萬方，無非使人同歸于善而已。

右警喻章

商季子篤好玄。挾貲遊四方，但遇黄冠，輒下拜求焉。偶一猾覬取其貲，紿曰：「吾得道者，若第從吾遊，吾將授若。」商季子誠之，遂從之遊。猾時時伺便，未得，而季子故時趣授道。一日，至江滸，猾度可乘，因紿曰：「道在是矣！道在是矣！」曰：「何在？」曰：「在舟檣杪，若自升求之。」其人置貲囊檣下，遽援檣而升。猾自下抵掌連呼，趣之曰：「升！升！」升至杪，尤趣曰：「升！」季子升無可升，忽大悟：此理只在實處，雖欲從之，末由也。已，抱檣歡叫曰：「得矣！得矣！」猾挈貲疾走。季子既下，猶歡躍不已。觀者曰：「咄！癡哉！彼猾也，挈若貲去已。」季子曰：「否！否！吾師乎！吾師乎！此亦以教我也。」

有盲子過涸溪橋上，失墜，兩手板楯，❶兢兢握固，自分失手必墮深淵已。過者告曰：「毋怖！第放下，即實地也。」盲子不信，握楯長號久之，力憊，失手墜地。乃自哂曰：「嘻！蚤知即實地，何久自苦耶？」夫大道甚夷，沉守空寂，執一隅以自矜嚴者，視此者省哉！

❶「板」，《賢奕編》卷三作「攀」。

王陽明先生行于衢，有二人相訴。甲曰：「你没天理！」乙曰：「你没天理！」甲曰：「你欺心！」乙曰：「你欺心！」先生聞之，曰：「小子聽之。斯兩人諄諄然講道學也。」門人曰：「詬也，焉爲學？」先生曰：「汝不聞乎？曰心，曰天理，非講學而何？」曰：「既講學，又焉詬？」曰：「夫夫也，惟知求諸人，不知反諸己故也。」

齊奄家畜一猫，自奇之，號于人曰「虎猫」。客說之曰：「虎誠猛矣，弟不如龍之神也。請更名曰龍猫。」又客說之曰：「龍固神于虎也，龍昇天須浮雲，雲其尚于龍乎！不如曰雲猫。」又客說之曰：「雲藹蔽天，風倏散之，雲固不敵風也。請更曰風猫。」又客說之曰：「大風飈起，維屏以牆，斯足蔽矣！風其如牆何？當目之曰牆猫。」又客說之曰：「維牆雖固，維鼠穴之，牆斯圮矣。牆又如鼠何？即名曰鼠猫可也。」東里丈人聞而嗤之曰：「噫嘻！捕鼠者故猫也。猫即猫矣，胡爲自失其本真哉？」

吴中一老人微而窶。初弄蛇爲生，其長子行乞，次釣蛙，季謳《採蓮歌》以丐食。晚致富厚。一日，其老聚族謀曰：「吾家側微，今幸饒于貲，須更業習文學，方可振家聲也。」於是延塾師館，督令三子受業。踰年，塾師時時譽諸子業日益。其老乃具宴，集賓，延名儒試之。名儒至，則試以偶語。初試季子，云：「紛紛柳絮飛。」季對曰：「哩哩蓮花落。」繼仲子，云：「紅杏枝頭飛粉蝶。」仲對云：「緑楊樹下釣青蛙。」試長子云：「九重殿上排兩斑文武官員。」長對曰：「十字街頭叫幾聲衣食父母。」其老竊聆之，詫曰：「阿曹云云，猶舊時家風也！」吁！囿于習者，苟非至賢，而欲湔之，其亦難矣！

沈屯子偕友人入市，聽打談説楊文廣圍困柳州城，内乏糧餉，外阻援兵，蹙然踊叹不已。友拉之歸，日夜不置，曰：「文廣圍困至此，何由得解？」以此邑邑成疾。家人勸之，相羊埛外以紓其意。又忽見道上有負竹入市者，則又念曰：「竹末甚鋭，衢上行人必有受其戕者。」歸，益憂，病。家人不得計，請巫。巫曰：

「稽冥籍，若來世當輪迴爲女人，所適夫姓麻哈，回夷族也，貌陋甚。」其人益憂，病轉劇。婣友來省者，慰曰：「善自寬，病乃愈也。」沈屯子曰：「若欲吾寬，須楊文廣圍解，負竹者抵家，又麻哈子作休書見付，乃得也。」夫世之多憂以自戕者，其數此也夫！ 悲哉，其愚也！

一偷兒黠甚，終生行竊，無犯。垂老，子慮其術終于其身，日懇傳焉。父曰：「吾何傳，爲之即是。」其子一夕乘間入富室卧，有大櫃，偶未鎖，預隱其中，伺主人寢，則竊藏出也。乃主人方寢而憶，鐍其櫃。不得出，中夜傍惶。夜闌，益棘，不得計，故彈指作鼠囓聲。主人寤，聞之，慮鼠囓衣籍，亟起，發鐍，逐鼠。偷兒踰出。逸歸，對其父曰：「父奈何秘不兒傳？ 幾瀕死所矣。籍第令計不出是，奈何？」父曰：「即此是矣！吾何傳焉？」故善教者，道而弗牽，開而弗達，使人繼其志，可矣！

漢村三老，皆欿啓寡聞之甿也，終生未履城市。甲老偶經一過，歸向二老夸所覩聞。二老欣動，約舂糧往遊。行間，甲老顧謂丙老曰：「至彼，甚勿妄語，取市子姗笑。須領吾指。」比至郭，忽聞鍾聲。乙老詫曰：「此何物？ 叫號如是。」甲老曰：「此鍾鳴也。」丙老曰：「吾抵舍，當市鍾肉啖之。」甲老曰：「嘻！ 誤矣。鍾乃摶泥爲質，而火煆成者，安可啖耶？」甲老但見範鍾之模，而未實見鍾，故云。夫竊膚末之見，而輒嘵嘵然以開示人，是將率天下而瞽之也。其漢村甲老之謂歟！

潁川姚尚書神道碑，規制頗類顔魯公所書《茅山碑》者。國初，州人侍郎某者，欲割三之一鑱墓表，畏州守難之，懇祈百端。州守曰：「姚尚書子孫微矣，莫有主者，便割三分之二，無不可。」侍郎喜過望。或問守曰：「侍郎割尚書之碑，子不能禁，又從而過許之，何也？」守曰：「吾意欲使後人割侍郎之碑，猶能中分耳。」

劉壯輿嘗摘歐陽公《五代史》之訛誤，爲糾謬，以示東坡。東坡曰：「往歲，歐陽公著此書初成，王荆公謂予曰：『歐陽公修《五代史》，而不修《三國志》，非也。子盍爲之？』予固辭不敢當。夫爲史者，網羅數十百年之事，以成一書，其間豈能無小得失？余所以不敢當荆公之託者，正畏如公之徒掇拾其後耳。」

蜀先主嘗因旱儉禁酒。刑吏于人家檢得釀具，欲令與釀酒者同罰。時簡雍同先主遊，見一男子行道，雍謂先主曰：「彼人欲行淫，何以不縛？」先主曰：「卿何以知之？」雍曰：「彼有淫具，與欲釀同。」先主大笑，命原欲釀者。

高宗出獵，在路遇雨，因問諫議大夫谷那律曰：「油衣若爲不漏？」對曰：「能以瓦爲之，必不漏。」上因此不復出獵。

李茂貞居岐，以地狹賦薄，嘗下令榷油。因禁城門無納松薪，以其可爲炬也。有優者笑曰：「臣請并禁月明。」

唐僖宗頗工衆藝，于音律、蒲博、蹴踘、鬪雞無不精妙，尤善擊毬。嘗謂優人石野猪曰：「朕若應擊毬進士舉，須爲狀元。」野猪對曰：「若遇堯舜作禮部侍郎，陛下不免駮放。」

劉貢父初入館，乘一課馬而出。或言：「此豈公所乘？亦不慮趨朝之際，有從群者，或致奮奔逸蹍之患耶？」貢父曰：「吾將處之也。」或問：「何以處之？」曰：「吾令市青布作小襜，繫之馬後耳。」或曰：「此更詭異也。」貢父曰：「我初幸館閣之除，俸入檢薄，不給桂玉之用，因就廉直，取此馬以代步。不意諸君子督過之深，姑爲此，以揜言者之口耳。」

吴元中在辟雍時，試經義五篇，盡用《字説》，據援精博。蔡京爲進呈，特免過省，以爲舉《字説》之勸。及作相，請復春秋科，反攻王氏。徐擇之時爲左相，語人曰：「吴相此舉，雖湯、武不能過。」客不解，擇之曰：「逆取而順守。」元中甚不能平。

東坡示參寥云：「桃符仰視艾人，而駡曰：『汝何等草芥，輒居吾上。』艾人俯應曰：『汝已半截入土，猶争高下乎？』桃符怒，往復争不已。門神解之曰：『吾輩不肖，方旁人門户，何暇争閒氣耶？』」此極可爲淺學争辨者之喻。

右應諧章

崔銑曰：「士之好高也，有三欲焉：一曰匿，二曰譽，三曰便。夫不事事，則中之真僞混矣，非匿乎？迹奇取慕，事常取忽，非譽乎？玄則人莫測也，高則人莫階也，然後操從由己，非便乎？然久則不可掩。夫子示學曰，主忠信而已矣。」

劉元城嘗曰：「金陵亦非常人。其質朴儉素，終身好學，不以官職爲意，與司馬公同。但學有邪正，各欲行其所學者爾。而諸人輒溢惡，此所以愈毁而愈不信也。嘗記漢時大臣于人主前説人短長，各以其實。如匡衡論朱雲，以爲雲好勇，數犯法亡命；受《易》頗有師道，是其一長。凡人有善有惡，若不稱其善，併以爲惡而毁之，則人必不信其有是惡矣。故攻金陵者，只宜言其學術乖僻，用之將亂天下，則人主必信。若以爲以財利結人主如桑弘羊，禁人言以固位如李林甫，姦邪如盧杞，大佞如王莽，則其人素有德行，天下之人素尊之，而人主夷考之無是事，則舉凡言之不出于毁者，亦不信矣。此進言之大戒。」

趙德莊嘗宰餘干，趙忠定是其邑子。忠定初冠多士。適德莊在朝，忠定往謁謝。德莊語之曰：「慎勿以一魁先置胸中。」時以爲名言。

蕭、曹之爲治也，猶良醫用藥然。蓋何時如重病方甦，參時如初起。節宣次第，當如是耳。諸吕之際，諸公注措如用兵，王陵其堂堂之陣也，平、勃其按伏出奇者乎？事異而功同也。曰：「留侯何如？」曰：

「此當别論。無留侯，無漢耳。」其善用醫而善將將者歟？無染而識超故也。夫諸人俱非儒生學士者流，觀留侯授首老人，懿侯舘賓蓋公，而户牖之門多長者，似亦各有師承耶。若酇侯之所以能全名令終若此者，實多鮑生召平與客之計，即户牖多算，而交結絳侯，又自陸賈啓之。信夫用人則裕而足，己自用者拙哉。

儒生家類誚安石圍棋賭墅，若不事事忘國戚者，又多即拆屐事，證其矯情云。是迂儒之談也。方堅之重兵壓境也，江左時惟倚安爲重耳。安如忡忡惶惑，則衆心摇，衆心摇，則天下事去矣。安石此一局，即决勝千里妙着也。後國家了此大事，乃欲不喜，非情哉！

《易》曰「拔茅連茹」，有味哉。一婁貞公相，則梁公進矣。梁公用，而五龍諸儁由此彙進焉。世稱芘唐桃李，爲梁公植之，而不知婁貞公其尤佈種者耶，乃其功則遠矣。賢如梁公，尚隱其德，不知深乎！深乎！世儒或誚其與弟决語，若娖娖苟容然者。夫貞公所植何時哉？且兄弟俱被榮寵矣，夷明用晦，履盛能降，智矣哉！

子夏有言：「事君能致其身。」夫曰致身之者，無論不愛生與榮利，即慕節義之名而致身者，此致之未純者哉。蓋猶有躬之故耳。乃梁公不羞女主，寧受屈辱，濱于危殆而不悔，此誠能致其身者非歟？或曰：「假使公不免于俊臣之獄，何以自白于天下後世？」噫！社稷之臣，身已不有，欲白何爲？

有無功之功，有不爲之爲。以盧懷慎之才較之姚崇，誠當袖手，然每事輒推之。殆庶幾乎古和衷之誼哉！假令盧公之才與姚相埒，而日相角天下事，又不知何如耳？吾觀其疾時所囑景輩語，❶與所引拔，其中了了。若此者，豈真「伴食宰相」耶？《書》云「斷斷無伎」，此亦近似者非歟！

❶「景」，《賢奕編》卷四作「璟」。

歐陽子誚陽城爲諫議七年，止廷論陸贄，及沮延齡相方兩事。謂德宗時多事，豈無急于此者？余謂不然。夫天下事又孰有急于黜陟相臣者哉？德宗時，天下事固多。有一宣公在，已勤勤懇懇于奏章矣。城之默默，有以也。彼逐聲傍吻，賈譽取名，不識其徵，不圖其大，賢如城者，或耻爲耶！

呂夷簡雖有崖谷，多疵纇，要非齷齪不任事者。天聖、明道間，倚公力多矣。聖功謂有宰相才，誠哉！君子多過，其擯仲淹諸賢，與附廢郭后。議此誠無以解于人。人乃即公後能獎拔仲淹，❶頓忘舊郤，此在庸常人亦難矣。至于附帝廢后事，此猶有説，未可與滯域中之見者道也。夫以臣子視郭后，后固天下母。由仁宗視之，郭后婦道也，亦臣道也。忿争至批上頸，顧可貰歟！余嘗仁宗于后方寵盛，❷非緣愛弛，老后終始，❸蓋最警敏人也。此一容忍，非堅冰之漸乎？武、韋可鑒矣。仁宗故仁柔主，此其剛克處也。而謂爲盛德累，非矣。夫一介士，尚可以叱狗蒸梨故出其妻，而況天子耶？時論者謂諸公不當順父出母，❹如爾則伯魚、子思有遺議矣。仁宗謂公獨忘身狥國，夫有所試也。史中多摘公瑕，或亦以此故而蔽罪之。與公此等處，亦難向人陳道矣。

世君子談道者，類尚韓、范、富諸明公之品，而惜其未知學云。以愚臆見，殊不然。宋之名相，似多知學。顧其傳有淺深高下，其功業亦以是爲差矣。夫君實以誠爲盡心行己之要，且曰「自不妄語始」。蓋所謂主忠信者也。顧其悟處未徹耳，堯夫謂「其人已到九分誠」，不虛晦叔之學，以治心養性爲本。歐陽子稱其

---

❶「能」上原衍「後」字，據《賢奕編》卷四刪。
❷「嘗」，《賢奕編》卷四作「詳」。
❸「老」，《賢奕編》卷四作「考」。
❹「諸」，《賢奕編》卷四作「許」。

「清淨寡慾，有古君子風」，所養可知也。是無論已。即吕聖功之清淨，李太初之沖雅，王孝元之沉毅，其學所入雖不同，固各有所得，非鹵鹵莽莽、直任性資、傍名誼爲者也。范希文筮仕初，若尚矯勵未融，然即能識孫明復于貧窶時，又識張子厚于儻蕩時，可謂具隻眼矣。且《中庸》篇，時尚未經諸儒表章，而公即以此授子厚，非自有所見然耶？富彦國初抗直不撓，其英氣如出礦之金，乃晚年酷嗜内典，深究性命之旨，所謂禮失求野者歟。觀其入相時言論注措，所得非淺淺者矣。若韓稚圭，余詳其行事，想見其人，即願執鞭猶恐其不我欲也。嘗玩其《喜雨詩》云：「須臾慰滿三農望，却斂神功寂若無。」其于學也深乎！深乎！世儒竟未有以知道歸公者，豈公唯以身發揮，不效世儒騰口吻邪？就歐陽永叔世都目爲文章家。予讀其文，非苟作者，似亦有所見矣。

胡子曰：「周制，閹人領于冢宰，止供掃除，無假名器。矧曰兵權。惟漢和唐玄宗，古今至愚，乃首假以權，貽禍至毒，天地爲之倒列，日月彌以晦冥，身殲國亡，室闈不保。千載之下，有餘悲焉！然則爲人主者，尚無以權假刑人，至喉齕不剪，浸成古今悲噱，而卒無救也。於呼，慎哉！其惟明辟。」

任力者故勞，任人者故佚。夫任人者匪直佚也，人衆必周而不漏也；任力者匪直勞也，力寡必偏而不咸也。任人者匪直不漏，彼蒙任者，可以使不肖者肖也；任力者匪直不咸，彼不蒙任者，且將使能者不能也。此古今常試之，驗也。

右閒鈔章

蚊，害物蟲也。凡有血氣者，恒病焉。然其所化不一。江南有孑孓，生洿水中，好屈伸水上。見人，泳去。久則蜕爲蚊。此虫化也。塞外有蚊母草，草楙而蚊變。嶺南有蚊子木，實如盧橘，熟則綻，蚊出實空。

此草木化也。江東有蚊母鳥，生池澤茹蘆中，❶黄白雜文。鳴如鴿，每鳴吐蚊一二升。此禽化也。造物之神，令人不可測。

人順生，草木倒生，禽獸橫生。胎生者九竅，卵生者八竅；胎生者眼胞自上而瞑，卵生者眼胞自下而瞑。濕生者眼無胞而不寐，化生者眼無竅而有光。草木可插而活者，胎生類也；以實而種者，❷卵生類也。荷芡濕生也，芝菌化生也。有雌無雄，龜鱉是也；有雄無雌，蜂蠆是也。龜雖有鼻，而息以耳；牛雖有耳，而聽以鼻。龍蜃能飛而無翼，鵝鴨有翼而不飛。陽鳥之飛，頭伸而足縮；陰鳥之飛，頭縮而足伸。馬之卧起自前足，牛之卧起自後足。鹿豕直行，蛇蚓曲行，郭索橫行，蒐踵却行，率然兩頭行，蚇蠖屈伸行。木皆中實，而娑羅木則中空；竹皆中空，而廣藤竹則中實。沉香木至輕也，而以水浸之則沉；中冷泉亦水也，而錫器盛之則洩。昆吾刀亦金也，而可以切玉蕭；山火至凉也，而可以供爨。物生之不齊，類如此，造物者果有窮乎哉！

與之齒者去其角，付之翼者兩其足。甘瓜則抱苦蒂，美枣則生荆棘。荔枝非名花，牡丹無佳實。鷹鸇能搏鳩鴈，而反受逐于鶺翎；崖鶻能搏鵰鷺，而不得飛。鴿雉善聽，狼善視，狐善疑，猶善豫，駱駝善知泉，象善知地虚實，而終不免于人之手。物各有能有不能也。

虹蜺或能盜酒，雷霆或能書字。草能指佞，虫能書葉。硫黄可以乾永，❸水銀可以化錫。德化之水，可

❶「澤」下原衍「中」字，據《賢奕編》卷四删。
❷「種」，《賢奕編》卷四作「産」。
❸「永」，《賢奕編》卷四作「汞」。

以煮鐵爲銅。置陽燧于日中而火出，陳方諸于月中而水生。銅山崩而洪鍾自鳴，神劍藏而龍光不掩。金石之品，或陰極而飛，或逢陽而起。磁石可以引針，琥珀可以拾芥，雉羽可以候雨，鵲尾可以占風。終歸知往，惺惺知來。

晁無咎曰：「好名好利，均爲失德。❶好名者猶有所畏，好利者無所不爲。」薛季宣曰：「好名特爲學問之累。人主誠得人人好名畏義，何向不濟？」

慕容農曰：尊不迫人于儉。❷當人危極之時，其操縱之勢在我。此寬一分，則彼受一分之惠。若扼之不恕，控之不已，鳥窮則攫，獸窮則搏，反噬之禍，將不可救。

楊吉諫議受韓非一語：❸土木偶人，耳鼻欲大，口目欲小。蓋耳鼻先大則可小，口目先小則可大。若耳鼻先小，口目先大，人或非之，則不可爲矣。諫議以爲，凡百欲留後着，不爲一切之政耳。

持守正念之法，如執玉，如捧盈，如收蜂，戰戰兢兢，輕移緩步，惟恐失墜。故文子曰：「既得已之，必堅守之，必長大之。」

洪容齋：「《乾》、《坤》之下，六卦皆有《坎》，乃聖人防患備險之意。」予謂《屯》、《蒙》，未出險者也，《訟》、《師》，方履險者也，戒之宜矣。若夫《需》者，安樂之象，乃亦有險焉。蓋斧斤鴆毒，多在于袵席杯觴之間。詡詡笑語，未必非關弓下石者也。于此二卦，尤加謹焉。

❶「失」原作「矣」，據《脉望》卷五改。

❷「儉」，《脉望》卷五作「險」。

❸「受」，《脉望》卷五作「愛」。

《書》云：「思曰睿，睿作聖。」

右見精

世所謂祥瑞者，曰麟、鳳、龜、龍、騶虞、白雀、醴泉、甘露、朱草、靈芝、連理木、合穎禾，皆是也。然考所出之時，多在危亂之世。今不暇遠引古者，姑以近代顯著者言之。王建父子之據蜀也，天復六年，巨雀見青城上，❶鳳凰見萬歲縣，黄龍見嘉陽江，而甘露、白雀、白鹿、龜、龍並見于諸州。武城元年，❷騶虞見武定，嘉禾生廣昌，麟壁州，❸龍五十見于洵陽水中。永平二年，劍州木連理，文州麟見，黄龍見富義江。三年，麟見永泰，白龍見邛江，騶虞見壁山，有三鹿隨之。四年，麟見昌州。通正元年，黄龍見太昌池。瑞物之出，殆無虚歲，而太子元膺以叛死，大火焚其宫室，兵敗于外，政亂于内，終之以身死衍立而國亡，其爲瑞徵，乃如此耳。至如政和隆盛之際，地不愛寶，所在奏貢芝草者，動二三萬本。蘄黄間，至有一鋪二十五里之間，遍野而出。密州山間，至彌滿四野，有一本數十葉，衆色咸備者。太守李文仲採及三十萬本，作一綱進，即進，職除本道運使。汝海諸郡縣，山石變爲瑪瑙，動以千百。伊陽太和山崩，出水晶幾萬斤，皆以匣進京師。長沙益陽山溪，流出生金數百斤，其間大者，一塊至重四十九斤。其它草木鳥獸之珍，不可一二數。一時君臣稱頌祥瑞，蓋無虚月。然越數歲，而遂罹狄難，邦國喪亂，父子遷播。所謂瑞應又如此也。善哉，先儒之論

❶「雀」，《齊東野語》卷六作「人」。
❷「城」，《齊東野語》卷六作「成」。
❸「麟壁州」，《齊東野語》卷六作「麟見壁州」。

曰：「未有喪仁而久者也，未有恃祥而壽者也。」商之王以桑穀昌，以雉雊大，鄭以龍衰，魯以麟弱，白雉亡漢，黄犀死莽。惡在其爲符也。世有善言祥瑞者，觀此亦可少悟矣。

吴江三高亭，祠鴟夷子皮、張季鷹、陸魯望。而議者以爲，子皮爲吴大仇，法不當祀。前輩有詩云：「可笑吴癡忘越憾，却誇范蠡作三高。」又云：「千年家國無窮恨，只在江邊祀子胥。」蓋深非之。後有戲作文彈之者云：❶「匿怨友其人，丘明所恥；非其鬼而祀，聖經是誅。今有竊高人之名，犯衆心之惡。有識之士莫不共憤，無知之魂豈當久居。」又云：「范蠡，越則謀臣，吴爲敵國。以利誘太宰嚭而脱彼句踐，鼓兵却公孫雄而滅我夫差。既遂其謀，反疑其主。鄙君如烏喙，累大夫種以伏誅；自己曰鴟夷，❷載西施子而潛遁。」又云：「如蠡者，變姓名爲陶朱，詭踪跡于湖海。語其高節則未可，謂之智術則有餘。假扁舟五湖之名，居笠澤三高之首。况當此無邊勝境之土，豈應着不共戴天之仇。」云云。鴟夷之見出于吴，❸宜也。而史越王判紹興日，作會稽先賢祠，亦復黜之，不得在高士之列。其説云：「或謂鴟夷子皮與賀季真之高，❹而不得名高士，何也？嗚呼！予于是豈無意哉？夫貴于士，進退不失禮義。彼子皮去國之遺言，有人臣所不忍；而季真阿時所好，黄冠東歸，❺又使李林甫輩祖餞賦詩，予見其辱，未見其榮也。使子皮居嚴子陵之上，季真

❶「文」字原缺，據《齊東野語》卷七補。
❷「自」，《齊東野語》卷七作「目」。
❸「出」，《齊東野語》卷七作「黜」。
❹「或謂鴟夷子皮與賀季真之高」，《齊東野語》卷七作「或謂鴟夷子皮之决，賀季真之高」。
❺「東」，《齊東野語》卷七作「東」。

寘張子同之列，則有不可者。故具述之，覬表者知不敢苟，❶而高士之尤可貴也。」噫！子皮既不容于吴，又不齒于越，千古之下至無容身之地。公論至後世而定，亦可畏哉！是以古之君子，絶交不出惡聲，况君臣之際乎。司馬公修《通鑑》，而不取屈原《離騷》之事，正此意也。

陶弘景詩云：「山中何所有？嶺上多白雲。則可自怡悦，❷不堪轉贈君。」雲固非可持贈之物也。坡翁一日還自山中，見雲氣如群馬奔突自山中，❸遂以手掇開籠，收于其中。及歸，白雲盈籠。開而放之，遂作《攓雲篇》云：「道人逢南山，❹雲欻吸如電。使竟誰令之，❺衮衮從空下。」又云：「或飛入吾車，逼透人財胯。❻搏取置笥中，提携反茅舍。開緘仍放之，掣去仍變化。」然則雲真可以持贈矣。宣和中，艮嶽初成，令山多造油絹囊，加水濕之。曉，張于絶巘危巒之間。既而雲盡入，遂括囊收，曰「貢雲」。每車駕所臨，則盡縱之，須臾滃然充塞，如在千巖萬壑間。然則不特可以贈，又可以貢矣。

賈師憲平章，德祐乙亥正月十六日親總大軍，督師江上。禡祭于北關門外，而大帥之旗適爲風所折。識者駭之，而一時油幕之賓反傅會爲吉讖。❼夷考往昔，若春秋時，晉侯、楚人戰于城濮，晉中軍風于澤，亡大旆之左旃。晉安帝元興二年，桓玄至姑孰，百僚列儀衛整肅，而龍旂竿折。成都王穎以陸機督諸將討長

---

❶「表」，《齊東野語》卷七作「來」。
❷「則」，《齊東野語》卷七作「只」。
❸「中」下《齊東野語》卷七有「來」字。
❹「道人逢南山」，《齊東野語》卷七作「道逢南山云」。
❺「使竟誰令之」，《齊東野語》卷七作「竟誰使令之」。
❻「逼透人財胯」，《齊東野語》卷七作「偪仄人肘胯」。
❼「油」，《齊東野語》卷七作「游」。

沙王，臨戎而牙旗折。趙王倫即帝位，祀太廟，適遇大風，飄折麾蓋。王澄爲荆州刺史，率衆軍將赴國難，而飄風折其節柱。齊文宣至鄴受魏禪，李貽上省，❶旦發領軍府，大風暴起，壞所御車幔。哥舒翰守潼關，天子御勤政樓。臨送，師始東，先驅牙旗觸門墮涯，旌竿折。鄭注赴鳳翔，出都門，旗竿折。宣和中，童貫出師，而牙旗竿折。時蔡攸爲之副，自建少保節度使及宣撫副使二大旗于後，竟爲執旗竿卒盜竊而去。端平入洛之師，全子才帥旗亦爲風所折。無非亡身敗國之徵也。按《真人水鏡經》云：「凡出軍立牙，必令堅完。若折，則將軍不利。」蓋「牙」即旗也。又《玉曆通政經》云：「軍行，牙竿旗幹折者，師不可出，出必敗績。」蓋旗者，一軍之號令，安可旗折而爲祥乎？獨有武王伐紂，大風折蓋。及劉裕擊盧循，將戰，而所執麾竿折，旛沉于水。衆皆懼。裕笑曰：「昔覆舟之役亦如此，勝必矣！」乃大破循軍。哥舒曜討李希烈，帝祖于通化門。是日，牙旗折。時以曜父翰昔出師有此而敗，甚憂之。而曜竟收汝州，擒周晃。所謂吉者，止此三事，然亦偶耳。

事不練者多憂，心不正者多懼，氣不全者多喪，學不博者多惑，志不定者多屈，養不深者多露，見不到者多陋，此張無垢之極言也。留有餘之功以還造化，留有餘之祿以還朝廷，留有餘之財以還百姓，留有餘之福以還子孫，此馬碧梧之格言也。

周密曰：「《綱目》一書，朱夫子擬經之作也。然其間不能無誤，而後學又從而爲之說。蓋著書之難，自昔而然。今謾摭數事，與同志評之，非敢指摘前輩以爲能也。」

北齊高緯，以六月遊南苑，從官暍死者六十人，見《本紀》。《通鑑》書曰「賜死」，「賜」乃「暍」之訛耳。

❶「李貽」，《齊東野語》卷七作「孝昭」。

《綱目》乃直書曰：「殺其從官六十人。」而不言其故，其誤甚矣。尹起莘乃謂之説曰：「此朱文公書法所寓。」且引孟子殺人以挺與刃與政之説，固善矣。然其實《通鑑》誤之于前，《綱目》承之于後耳。綽荒遊無時，不避寒暑，於從官死者尚六十人，則其餘可知矣。據事直書，其罪自見，何必没其實哉。又郭威弑二君，《綱目》于隱帝書殺，于湘陰王書弑。尹又爲之説，云：「此二君有罪無罪之別。此書法所寓也。」然均之弑君，隱帝立已數年，湘陰未成乎君，不應書法倒置如此，亦恐誤書耳。又隋開皇十七年，詔諸司論屬官罪，聽律外決杖。《綱目》條下云，蕭摩訶子世畧在江南作亂，摩訶當從坐。大理少卿趙綽問訴。❶上命綽退，綽曰：「臣奏獄未決，不敢退。」帝乃釋之。按《通鑑》，摩訶當從坐，上曰：「世畧年未二十，亦何能爲？以其名將之子，爲人所逼耳。」因赦摩訶。綽因諫不可，❷上不能奪，欲綽去而赦之。因命綽退，綽曰：「臣奏獄未決，不敢退。」上曰：「大理其爲朕特捨摩訶也。」因命左右釋之。此乃綽欲令摩訶從坐，而帝特赦之。《綱目》誤耳。

庾信作詩，用《西京雜記》事，旋自追改曰：「此吴均語，恐不足用也。」魏肇師曰：「古人託曲者多矣。然《鸚鵡賦》，禰衡、潘尼二集並載；《奕賦》，曹植、左思之言正同。古人用意何至于此！」君旁曰：❸「詞人自是好相採取，一字不異，良是後人莫辨。」魏尉瑾曰：「《九錫》或稱王粲，《六代》亦言曹植。」信曰：「我江南才士，今日亦無。舉世所推，如温子升獨擅鄴下，常見其詞筆，亦足稱是遠名。近得魏收數卷碑，製作富

---

❶「問訴」，《齊東野語》卷十三作「固諫」。
❷「因」，《齊東野語》卷十三作「固」。
❸「旁」，《酉陽雜俎》前集卷十二作「房」。

逸，特是高才也。」

梁遣黄門侍郎明少遐、秣陵令謝藻、信威長史王纘冲、宣城王文學蕭愷、兼散騎常侍袁狎、兼通直散騎常侍賀文發，宴魏使李騫、崔劼。温良畢，❶少遐詠騫贈其詩曰：「蕭蕭風簾舉、依依然可想。」騫曰：「未若『燈花寒不結』，最附時事。」少遐報詩中有此語。劼問少遐曰：「今歲奇寒，江淮之間不乃冰凍？」少遐曰：「在此雖有薄冰，亦不廢行，不似河冰，一合便勝車馬。」狎曰：「河冰上有狸跡，便堪人渡。」劼曰：「狸當爲狐，應是字錯。」少遐曰：「是狐性多疑，鼬性多豫，狐疑猶預，因此而傳耳。」劼曰：「鵲巢避風，雉去惡政，乃是鳥之一長。狐疑鼬預，可謂獸之一短也。」

梁徐君房勸魏使尉瑾酒，一噏即盡，笑曰：「奇快。」瑾曰：「卿在鄴，飲酒未嘗傾卮。武州已來，舉無遺滴。」君房曰：「我飲實少，亦是習慣。徵學其進，❷非有由然。」庾信曰：「庶子年之高卑，酒之多少，與時昇降，便不可得而度。」魏肇師曰：「徐君年隨情少，酒因境多，未知方十復作，若爲輕重？」

一行公本不解奕，因會燕公宅，觀王積薪碁一局，遂與之敵。笑謂燕公曰：「此但争先耳。若念貧道四句承除語，❸則人人爲國乎。」❹

右雜識章

❶「良」，《酉陽雜俎》前集卷十二作「涼」。
❷「徵」，《酉陽雜俎》前集卷十二作「微」。
❸「承」，《酉陽雜俎》前集卷十二作「乘」。
❹「乎」，《酉陽雜俎》前集卷十二作「手」。

# 大雅堂訂正文字禪　丁集

韜光禪師戒德高潔，隱于西湖山菴，足不履白衣家，爲當時士夫推高，而白樂天猶親敬焉。一日具齋，以詩招之云：「白屋炊香飯，葷膻不入家。濾泉澄葛粉，洗手摘藤花。青芥除黄葉，紅薑帶紫芽。請師相伴食，齋後一甌茶。」師以偈却之云：「山僧素性好林泉，每向巖阿枕石眠。不解栽松陪玉勒，惟能引水種金蓮。白雲乍可來青嶂，明月難教下碧天。城市不堪飛錫到，恐驚鶯囀畫堂前。」噫！可謂真高僧矣！

寒山子不知何許人也，隱于天台寒岩。與國清寺火僧拾得友善，常相往來。或吟詩説偈，抵掌呵笑。僧衆皆以風狂目之，二人自若也。戴樺皮冠，破裘木屐，髡而枯悴。第言語閒雅，洞該玄默。于竹木石壁間隨意漫題，累三百餘首，絶無烟火氣，大能提醒濁世迷徒。余雅愛之，惜不能盡述。今畧舉二三首，令人讀之，世味都輕，身欲仙去。其一曰：「可笑寒山道，而無車馬蹤。聯溪難記曲，疊嶂不知重。泣露千般草，吟風一樣松。此時迷徑處，人問影何從。」又：「城中蛾眉女，珠佩何珊珊。鸚鵡花間弄，琵琶月下彈。長歌三日響，短舞萬人看。未必長如此，芙蓉不奈寒。」又：「登涉寒山道，寒山道不窮。溪長石磊磊，澗闊草濛濛。

苔滑非關雨，松鳴不假風。誰能超世累，共坐白雲中。」大凡詩皆如此，殺有好處，人多不知。

石屋禪師道德齊隆，洞明宗旨，常以《山居偈》示人云：「萬緣脱去心無事，諸有空來性坦然。幾度夜窗虚吐白，月和流水到門前。」其一。「一事無心萬事休，也無歡喜也無愁。莫謂無心便無事，尚有無心個念頭。」又詩云：「過去事已過去了，未來切莫再思量。而今且道眼前事，梅子黄時梔子香。」知此詩者，可與語般若三心。

唐大梅禪師潛形肥遯，不事晉接。鹽官以書招之住持名刹。不就，復以詩曰：「一池荷葉衣無盡，數樹松花食有餘。剛被世人知住處，又移茆茨入深居。」鹽官達其意，遂不復强。

貫首座隱于景星巖，三十年，影不離巖外。龍學耿公爲郡持，以瑞巘迎之。貫辭以偈曰：「三十年來獨掩關，使符那得到青山。休將瑣末人間事，换我一生林下閒。」此真隱山僧也。

趙清獻公平居，與北京天鉢元禪師爲方外友。而咨决心要，師每示以攝心之法，公皆服膺。既領青州牧，于王事之暇，即瞑目静悟。一日，忽聞雷聲，有省，即説偈曰：「退食公堂自凭几，不動不摇心似水。霹靂一聲透頂門，驚起從前自家底。舉頭蒼蒼喜復喜，刹刹塵塵無不是。中下之人不得聞，妙用神通而已矣。」

宋太史黄庭堅，别號山谷老人。與晦堂和尚遊，而與死心新老、靈源清老尤善。一日，與晦堂語次，舉「吾無隱乎爾」句，請黄詮釋。黄再三解説，晦堂終不之肯。黄爲之改容而退。忽一日，天清氣朗，秋香滿院，晦堂謂黄曰：「聞木樨香乎？」黄曰：「聞。」晦堂曰：「吾無隱乎爾。」黄于言下大悟。及在黔南，致書與死心曰：「往者常蒙苦口提撕，渾如醉夢，依稀在光影中。蓋爲疑情不盡，命根不斷，故望崖而退耳。謫官在黔州道中，晝卧覺來，忽然廓爾。尋思平生，被天下老和尚謾了多少？惟有死心道人不肯，乃是第一相爲也。」靈源以偈寄之曰：「昔日對面隔千里，如今萬里彌相親。寂寥滋味同齋粥，快活談諧契主賓。室内許誰參化女，眼中休去覓瞳人。東西南北難藏處，金色頭陀笑轉新。」黄和之曰：「石工來斲鼻端塵，無手人來斧始親。白牯狸奴心即佛，龍睛虎眼主中賓。自携瓶去沽村酒，却脱衫來作主人。萬里相看常對面，死心寮裏有清新。」黄山谷爲文章主盟，詩爲江西派鼻祖，而猶能鋭意斯道，于黔南機感相應，以書露布，以偈發揮，其于清新二老，道契可概見矣。噫！世之所甚重者，道而已矣。公既究明此一大事因緣，則杜工部謂「文章爲一小技」，信夫！

元中峰本禪師，才德雙優，了明祖印，爲一朝欽羡。與内翰趙松雪甚契，松雪每以師事之。及大元帝亦加皈信，贈普應國師。司禮監一宦者，亦知妙義，恒不足于師。一日，謁師，問曰：「作何是無明起？作麽是無明滅？」師作「嗟嗟」聲。宦曰：「师作麽嗟嗟？」師曰：「悲佛法之凋殘也。」宦曰：「師今滿朝敬信，緇素皈心，形雖勤息，跡擬王公，尚何不足之甚，而云佛法凋殘耶？」師徐應之曰：「吾如來住世，經行則天龍擁護，説法則王臣禮足。今至末劫不？男奴輩恣意褻狎，慢法輕問，是以嗟嗟。」宦者作色曰：「某雖宦寺，實握璽事。師縱尊隆，不過一沙門耳。而乃凌人怠慢，獨不與佛教背違乎？」師曰：「此即無明起也。」宦者解機，改容謝過。師曰：「此即無明滅也。」宦者自後不敢肆焉。師可謂捷于禪機矣。

潼川府天寧則禪師，戒凛冰霜，忘疲廢寢，專精斯道，遂得法于儼首座，而爲黄蘗勝之孫。有牧牛詞，寄以《滿庭芳》調曰：「咄這牛兒，身强力健，幾人能解牽騎。爲貪原上，緑草嫩離離。只管尋芳逐翠，奔馳後，不顧傾危。争知道，山遥水遠，回首到家遲。牧童今有智，長繩牢把，短杖高提。入泥入水，終不是不生疲。❶直

❶「終不是」，《羅湖野録》卷二作「終是」。

待心調步穩，青松下，孤笛橫吹。當歸去，人牛不見，正是月明時。」吁！世以禪語爲詞，意句圓美，無有出此右者。

水菴和尚，少倜儻有大志，專尚氣節，不事浮靡，不循細檢，胸次岸谷。狗身以義，雖禍害交前，不見愠色。及祝髮，住持八院，經歷四郡，道俗皈心，薦紳詠德。兢兢業業，衛道弘法。淳熙五年，别西湖净慈，遺偈曰：「六年灑掃皇都地，瓦礫翻成釋梵宫。今日功成歸去也，杖頭八面起清風。」士庶遮留不住，棹小舟而去。未幾，示疾于秀之天寧，竟跏趺而化。投子清題其像曰：「嗣清源人，孤硬無敵。晨昏一齊，❶脇不至席。深入禪定，離出入息。名達九重，談禪選德。」

或菴體禪師初參此菴元布袋于天台護國寺，因上堂，舉龐馬《選佛頌》至「此是選佛場」之句。此菴喝之。或菴大悟，有《投機頌》曰：「商量極處見題目，途路窮邊入試場。拈起毫端風雨快，遮回不作探花郎。」即遂匿跡天台。丞相錢公慕其爲人，乃以天封招提勉令應世。或菴聞之，曰：「我不解懸羊頭賣狗肉也。」即宵遁去，竟莫知其之焉。及乾道初年，瞎堂和尚見或菴《讚圓通像》曰：「不依本分，惱亂衆生。瞻之仰之，有眼如盲。長安風月貫今昔，那個男兒摸壁行。」瞎堂驚曰：「不謂此菴有此兒！」即遍索之，遂得于江心。請充首座，士庶翕然，歸者如雲。衲子傳至虎丘。瞎堂曰：「遮個山巒杜拗子，放拍盲禪，治你那一隊野狐精。」或菴聞之，以偈答曰：「山巒杜拗得能憎，領衆匡徒似不曾。越格倒拈苕菷柄，拍盲禪治野狐僧。」瞎堂爲之解頤。

祖印禪师與歐陽脩善。修每排斥佛教，師甚憫焉。一日，以書問道于师，師答書示之曰：「佛道以悟心

❶「齊」，《禪林寶訓》卷二作「齋」。

爲本。足下累生體道，特以失念生東華爲名儒，❶偏執世教，故忘其本。誠能運聖凡平等之心，默默體會，頓袪我慢，悉悔昨非，觀榮辱之本空，了死生于一致，則净念當明，天真獨露，始可問津于此道矣。」公讀竟稱善。

佛眼禪師元祐三年爲舒州大平持鉢，回自淝州，是時二十一歲。而演和尚將遷海會。佛眼慨然曰：「吾事始至，復參，隨往一荒院，安能究决已事耶？」遂作《告辭》曰：「西別岷峨路五千，❷幸携瓶錫禮高禪。不材雖見頻揮斧，鈍足難詣再舉鞭。深感恩光同日月，未能踪跡上林泉。明朝且出山前去，他日重來會有緣。」演以偈送之曰：「晥院臺前送別時，桃花如錦柳如眉。明年此日凭欄看，依舊青青一兩枝。」佛眼之蔣山坐夏，邂逅靈源禪師，日益厚善。從容言話間，佛眼曰：「比見都下一尊宿，語句似有緣。」靈源曰：「演公天下第一等宗師，何故捨而事遠遊？所謂有緣者，蓋知解之師，與公初心相應耳。」佛眼得所勉，徑趨海會。後七年，方領旨悟。噫！佛眼非靈源，墮水死也必矣。❸其能復透龍門乎！先德曰：「成我者朋友」，豈欺人哉！

昔古德住一山房，竹石森羅，海天一望，水色清漣，禽聲上下。信一郡之奇觀！有宦室欲謀之。古德覘其意，乃懸草鞵一雙于方丈前，并題詩云：「方丈門前挂草鞵，流行坎止任安排。老僧脚底從來闊，未必枯髏就此埋。」奇觀勝境，孰不躭好？然知人有謀，即飄然而去，全無顧戀。何等解脱伶俐哉！

❶「東」字原缺，據《佛祖統紀》卷四十五補。
❷「岷峨」原作「岷岷」，據《羅湖野録》卷二改。
❸「墮水死」，《羅湖野録》卷二作「墮死水」。

唐李渤問歸宗禪師曰：「須彌納芥子，僕即不疑；芥子納須彌，恐無是理。」歸曰：「人言學士讀萬卷書，是否？」曰：「然。」歸宗曰：「心如椰子大，萬卷書從何處着落？」李言下有悟。宋王荆公有詩云：「巫醫之所知，瞽史之所業，載車必百兩，獨以方寸攝」，亦此意也。

興元府吳恂，字德夫，以元豐元年任豫章法曹。時郡帥王觀文韶迎晦堂入城，館于大梵院，而咨心要。吳亦往參扣。晦堂曰：「公平生學解，記憶多論，即不問。父母未生已前，道將一句來？」吳窘，無以對。遂于行住坐卧提撕此語，忽自知有得，而機莫能發。乃閲《傳燈録》，至鄧隱峰倒卓而化，其衣順體不褪，深以爲疑。自是徧問尊宿，或答以「神通妙用」，或答以「般若力資」，疑終不息。復趨晦堂而問之，晦堂笑曰：「公今侍立是順耶？是逆耶？」吳曰：「是順。」晦堂曰：「還疑否？」吳曰：「不疑。」晦堂曰：「自既不疑，何疑于彼？」吳于言下大徹。嘗有二偈題呈晦堂云：「中無門户四無旁，學者徒勞捉影忙。珍重故園千古月，夜來依舊不曾藏。」其一。「盧峰居士舊門人，邈得師真的的親。大地撮來成個眼，翻騰别是一般新。」晦堂有偈送之：「海門山嶮絶行蹤，踏斷牢關信已通。太平自有基業在，不論南北與西東。」噫！吳爲府掾，能自公餘暇質疑于尊宿，與一行作吏此事便廢者遠矣！

朋州智朋禪師，❶初爲寶峰持鉢。至焦山。時方丈成枯木與照闡提俱嗣芙蓉楷公，先後得法，未嘗相識。成問朋曰：「寶峰有何言句？」朋即呈照自題肖像曰：「雨洗淡紅桃蕚嫩，風摇淺碧柳絲輕。白雲影裏怪石露，流水光中枯木春。咦！你是何人？」成稱賞之曰：「今日方知寶峰，親見先師來。」又指以問朋曰：「汝會麽？」朋曰：「不會。」成曰：「汝記得法燈《擬寒山》否？」朋遂誦，至「誰人知此意，令我憶南泉」，



❶「朋州」，據《羅湖野録》卷四當作「明州」。

于「憶」字處，成遽以手掩朋口曰：「住，住！」朋豁然有省。

瀨州顯首座賦性高逸，機辨自將。保寧勇禪師以子育之。因示以《神劍頌》云：「提得神鋒勝太阿，萬年妖孽盡消磨。直饒埋向塵泥裏，爭奈靈光透匣何？」顯曰：「謾效顰，亦提得一個。」勇曰：「何不呈，似老僧？」顯便舉云：「凜凜寒光出匣時，乾坤閃爍曜潛輝。當鋒坐斷毗盧頂，更有何妖作是非？」勇曰：「忽遇妖魔外道來時，如何？」顯以坐具便摵，勇作倒勢，顯拂袖而行。勇曰：「且來。」顯曰：「且去掘窟。」勇但笑而已矣。

馮給事濟以紹興八年隨僧夏于徑山，❶因題《枯髏圖》曰：「形骸在此，其人安在？乃知一靈，不屬皮袋。」妙喜老師見而謂之曰：「公何作此見解耶？」即和曰：「只此形骸，即是其人，一靈皮袋，皮袋一靈。」馮于是悚然悔謝。是時，堂中首座九仙請禪師亦繼之曰：❷「形骸在此，其人何在？日炙風吹，掩彩掩彩。」

薦福本禪師紹興十年首衆僧于徑山，以偈示聰上座，曰：「毒龍猛虎堂前立，鐵壁銀山在後横。❸進既無門退無路，如何道得出常情？」聰還鄱陽，取道徽州，謁太守吴元昭，因出似之。吴曰：「毒蛇猛虎空相向，鐵壁銀山謾自横。長笛一聲歸去好，更于何處覓疑情？」吴與本以同參契分，更唱迭和，與夫捉盃笑語，爲治劇餘樂，則有間矣。若非透脱情境，安能爾耶？

程待制智通、❹曾侍郎天遊，寓三衢最久，而與烏巨行禪師爲方外友。曾嘗于坐間舉東坡宿東林聞谿

❶「濟」下《羅湖野録》卷四有「川」字。
❷「請」，《羅湖野録》卷四作「清」。
❸「後」字原缺，據《羅湖野録》卷四補。
❹「通」，《羅湖野録》卷四作「道」。

聲呈照覺孟公之偈，❶云：「溪聲便是廣長舌，山色無非清淨身。夜來四萬八千偈，他日如何舉似人？」程問行曰：「此老見處何如？」行曰：「可惜雙脚踏在爛泥裏。」曾曰：「師能爲料理否？」行即對曰：「谿聲廣長舌，山色清淨身。八萬四千偈，明明舉似人。」二公相顧嘆服。吁！登時照覺能奮金剛椎，碎東坡之巢窟，而今而後，何獨美大顛之門有韓昌黎耶？雖烏巨向曾、程二公略露鋒鋩，豈能洗叢林噬臍之嘆哉？

蘇州定慧信禪師，蚤以《百丈狐頌》得叢林之譽。其頌曰：「不落不昧，二俱是錯。取舍未忘，識情卜度。執滯言詮，無繩自縛。春至花開，秋來葉落。錯！錯！誰知普化摇鈴鐸？」又《貽老僧》曰：「俗臘知多少，龐眉擁毳袍。看經嫌字小，❷問事愛聲高。暴日終無厭，登階漸覺勞。自言曾少壯，游嶽兩三遭。」信爲明眼宗匠，此乃其遊戲耳。然品題形貌之衰憊，模寫情態之好尚，抑可謂曲盡其妙矣。

泉州教忠光禪師，與李參政漢老在小溪雲門菴妙喜會中，有同契分。李因致光住教忠功德院。其疏有「三拜頓忘師弟子，一口吞盡佛衆生」之句，爲叢林傳誦。既而李病將革，以偈寄光云：「曩歲曾經度厄津，深將法力荷雲門。如今稍覺神明復，擬欲酬師不報恩。」光即和之云：「胡座穩坐已通津，❸何處更尋不二門？八苦起時全體現，不知誰解報深恩？」李得其報，閱竟而逝。觀其處生死之大變，泊然不亂，而言神明還復，可見平日所養矣。東坡謂「生死之際，不容其僞」，李殆庶幾焉。

李文和公大中、祥符間，常作二句頌寄朱發運正辭。是時，許郎中式亦漕淮南。朱遂以李頌示許，相與

---

❶「孟」，《羅湖野録》卷四作「總」。
❷「嫌」原作「兼」，據《羅湖野録》卷四改。
❸「座」，《羅湖野録》卷四作「床」。

聯成四句曰：「參禪須是鐵漢，着手心頭便判。李。雨催樵子還家，朱。風送漁舟到岸。許。」❶仍命浮山遠公和之。曰：「參禪須是鐵漢，着手心頭便判。通身雖是眼睛，也待紅爐再鍛。鉏麑觸樹迷封，豫讓藏身吞炭。鷺飛影落秋江，風動蘆花兩岸。」文和公尋復自和，曰：「參禪須是鐵漢，着手心頭便判。直趨無上菩提，一切是非莫管。」今惟傳後一頌而已。然世謂士大家學禪，只資談柄，亦安知文和之唱、諸公之和，其語徑正有宗門體裁也哉？

晉佛圖澄，以石勒好殺，乃詣勒。勒問「佛道有何靈驗」。澄知勒不達深理，宜先動以道術。乃取鉢盛水，燒香呪之，須臾生青蓮花一朵。勒敬信服。澄乃諫曰：「夫王者，德化洽于宇内，則四海表瑞；政敝道消，則彗孛見于上。恒象著見，休咎隨行。斯古今之常徵，天人之明誡也。」勒甚悦焉。

宋求那跋摩，罽賓國王族也。元嘉八年達建業。帝問曰：「寡人欲持齋不殺，而身主國政，不獲從志，奈何？」跋摩對曰：「帝王所修，與匹夫異。匹夫身賤名劣，應須克己苦躬。帝王以四海爲家，萬民爲子，出一嘉言則士庶咸悦，布一善政則人神以和，刑不夭命，役不勞民，則風雨時，寒暑調，百谷茂。如此持齋，齋亦大矣！如此不殺，戒亦至矣！寧在輟半日之飡，全一禽之命，然後爲弘濟耶？」帝撫几嘆曰：「俗人迷于遠理，沙門泥于近教，如法師所言，真可謂開悟明達，通天人之際矣！」勅有司供給。

法眼禪師道行高隆，了明心印，後晉李後主甚敬慕焉。一日，召入内庭談法。次時，牡丹盛開。主索詩，師立就，云：「擁毳對芳叢，由來迥不同。髮從今日白，花是去年紅。艶異隨朝露，聲香逐晚風。❷何須

❶「許」字原缺，據《羅湖野録》卷四補。

❷「聲」，《緇門崇行録》作「馨」。

待零落，然後始知空。」主笑曰：「真善諷矣！」

慧永與遠公居廬山。鎮南將軍何無忌守潯陽，因集虎溪，請永及遠。遠侍從百餘，端肅有序。永納衣草履，執錫持鉢松下，飄然而至，神氣自若。無忌謂衆曰：「永公清散之風，乃多于遠師也。」

竺道生論《涅槃經》：闡提皆當成佛。舊學法師以爲邪説，擯之。生誓曰：「若我所説不合經義，願現身惡報；倘實契佛心，願捨命時據獅子座。」遂往吴郡虎丘山隱焉。或聚石談法，或指樹問難。有鬼常來聽講，講畢，生曰：「爲人去！」鬼應以詩曰：「做鬼今經五百秋，也無歡喜也無愁。生公教我爲人去，只恐爲人不到頭。」一日，豎石爲徒，講《涅槃經》。至闡提有佛性處曰：「如我所説，契佛性否？」石皆點頭。已而涅槃後品，果稱闡提有佛性。後于廬山講《涅槃經》，甫畢，端坐而逝。

誌公欲堅梁武帝心，請出囚，持杯水驗之。帝如其言，召應死者二十輩，各置水滿器，令戴之周行于庭，曰：「水不溢出，貸爾死。」于是作樂喧之。久之，杯水如故。問之曰：「若聞作樂乎？」皆曰：「不聞也。」誌公曰：「彼畏死心切，故心惟知水，不知樂也。求道者亦當爾。」

馬祖曰：「真如有變易，豈不聞善知識，能迴三毒爲三昧；净戒能迴六賊爲六神通；迴煩惱作菩提，迴無明爲大智。」

莫尚書少虛，因官西蜀，謁南塘静師，❶咨訣心要。堂使其向好處提撕。適如廁，俄聞穢氣，以手掩鼻，遂有省。即呈以偈曰：「從來姿韻愛風流，幾笑時人向外求。萬别千差無覓處，得來原在鼻尖頭。」南塘答曰：「一法纔通法法周，縱横妙用更何求。青龍出匣魔軍伏，碧眼胡僧笑點頭。」

❶「南塘」，《賢奕編》卷三作「南堂」。下「南塘」同。

濟南監鎮宋保國出荆公《華嚴解》一卷，示東坡。坡曰：「《華嚴》八十一卷，今獨一卷有解，何也？」保國曰：「公言此佛語最深妙者，餘皆菩薩語，無庸解耳。」坡曰：「予于藏經中取佛語數句，中雜以菩薩語數句，子能識其是非乎？」曰：「不能也。」坡曰：「予昔在岐山，聞河陽猪肉甚美，便使人往市之。使者醉，猪夜逸去，貿他猪以償。客皆大詫，以爲非他産所及。既而事敗露，客皆慙。今荆公之猪未敗耳。若一念清净，牆壁瓦礫皆説無上妙法。而云佛語深妙，菩薩不及，豈非夢中語乎！」

昔唐李文公問樂山禪師曰：❶「如何是惡風吹船，飄落鬼國？」師曰：「李翺小子問此何爲？」文公怒形于色。師笑曰：「發此嗔恚心，便是惡風吹船飄落鬼國也。」吁！樂山可謂善啓發矣。以是推之，則知利欲熾然，即是火坑，貪愛沉溺，便是苦海；一念清净，烈燄成池，一念警覺，船到彼岸；災患纏縛，隨處而安，我無畏怖，如械自脱；惡人侵凌，待以横逆，我無忿嫉，如獸自奔。讀《普門品》，作如是觀，則知普陀大士説真實語者。

宋孝宗召雪竇寺禪師寶印入對選德殿。問曰：「三教聖人，本同一理，但所立門户不同，孔子以中庸設教耳。」印曰：「非中庸何以安立世間？故《法華》曰，治世語言，資生業等，皆與實相不相違背。《華嚴》曰，不壞世間相，而成出世間法。」帝曰：「今士大夫學孔子者，多只工文字句言，不見夫子之道，不識夫子之心。惟釋氏不立文字，直指心源，頓令悟入，不亂于死生，此爲殊勝。」印曰：「非獨今學者不見夫子之心，當時顔子稱爲具體，盡平生力量，只道得個瞻之在前，忽然在後，如有所立卓爾，竟捉摸未着。而聖人分明八字打開，向諸弟子曰：『二三子以我爲隱乎？吾無隱乎爾。吾無行而不與二三子者，是丘也。』以此觀之，聖人

❶「樂」，《賢奕編》卷三作「藥」。

未嘗迴避諸弟子，諸弟子自錯過了。昔張商英曰：『吾學佛，然後知儒。』此言實爲至當。」帝曰：「莊老何如？」印曰：「是我佛法中小乘，聲聞以下人。蓋小乘厭身如桎梏，棄智如雜毒。化火焚身，入無爲界，即莊子所謂『固形可使如槁木，心固可使如死灰』。若大乘人，則不然。度盡衆生，方證菩提，正伊尹所謂『予天民之先覺者也，予將以斯道覺斯民也』。一夫不被其澤，若己推而内之溝中。」帝大悦。

近時詩僧難得佳者。餘杭參寥云：「風蒲獵獵弄輕柔，欲立蜻蜓不自由。六月臨平山下路，藕花無限滿汀洲。」

蘇州仲殊上人，本文士也。以厭世俗，因托事祝髮。詩極雅麗，有《潤州詩》曰：「北固樓前一笛風，斷雲飛出建昌宫。江南二月多芳草，春在濛濛細雨中。」

東坡在除州見飛絮沾泥，❶心默會云，此可供詩料。忽參寥自錢塘來訪，坡席上令妓馬娉娉持扇索詩。參寥口占一絶，云：「多謝尊前窈窕娘，好將幽夢惱襄王。禪心已作沾泥絮，不逐東風上下狂。」坡云：「吾昔有意，誰料阿師早收拾去。可惜也！」又題《古杭城外》詩云：「城隈野水緑逶迤，裊裊轻舟掠岸過。欲採芸蘭無覓處，野花春草占春多。」真得詩家之趣，未易學也。

東坡云，皎然禪師《贈吴憑處士》詩云：「世人不知心是道，只言道在他方妙。還如瞽者看長安，長安在西東向笑。」東坡代答云：「寒時便是熱時風，饑漢却知食藥功。莫怪禪師向西笑，緣師身在長安東。」

圓通秀老禪師，立身峻潔如銕壁，得法于義懷禪師。不肯出世，作頌云：「誰能一日三梳頭？攝得根牢髻便休。大抵是他肌肉好，不施紅粉也風流。」看此口氣，决非俗品可道。

❶「除」，《侯鯖録》卷三作「徐」。

惠崇禪師戒學高古，爲一時士夫雅重，而與寇萊公準猶愛契焉。一日，延師于池亭，分題壓韻。公探得《池上柳》，「青」字韻；師探得《池鷺》，「明」字韻。自午至晡，師忽點頭曰：「得之矣。此篇功在『明』字，凡五壓不倒。」公曰：「試口占之。」曰：「雨歇方塘溢，遲回不復驚。暴翎沙日暖，引伴島風清。照水千尋迥，棲烟一點明。主人池上鳳，見爾憶蓬瀛。」公笑曰：「吾柳之功在『清』字，而四壓不倒。不如且已，讓師一籌。」

大慧云：「自念此身尚存，睡時已無主宰，況四大分散，衆苦熾然，如何不被回換？」師曰：「待汝妄想絶時，自到寤寐恒一處後，忽參悟，方知夢時便是寤時底，寤時便是夢時底。」龐居士云：「心王總是依真智，一切有無俱遺棄。身隨世流心不流，夜來眼睡心不睡。天堂地獄總無情，任運隨空到此地。」

史相生朝，寺觀皆有饋。獨無準以偈賀云：「日月兩條燭，須彌一炷香。祝公千歲壽，地久與天長。」史大悦。歷觀壽詩，未有出其右者。

雲峥德禪師住撫之廣壽，❶途遇時貴，避不及，有違言。即上堂前衆云：❷「瀟然無累水雲僧，去住分明葉樣輕。十字街頭休作夢，五湖依舊一枝藤。」

月湖本真上人半顛，賦《吴門上元》云：「村翁看了上元歸，正是西樓月落時。誇道官衙好燈火，不知渾爾點膏脂。」徵聞于郡守吴退菴，❸遂命住虎丘寺。

---

❶「峥」，《隨隱漫録》卷三作「峰」。
❷「前」，《隨隱漫録》卷三作「别」。
❸「徵」，《山房隨筆》作「微」。

古杭靈隱寺王僧元肇，❶號淮海。寺有松，大數十圍。史相當軸，遣人伐松。松與月波亭相對。僧作詩云：「大夫去作棟梁材，無復清陰覆緑苔。惆悵月波亭上望，夜深惟見鶴歸來。」

穆陵在御，閻貴妃父良臣起香火功德院，欲勝靈、竺，乃伐鄰松供屋材。僧作詩云：「不爲栽松種茯苓，秪緣山色四時青。老僧不惜携將去，留與西湖作畫屏。」詩徹于上，遂命勿伐。又山中有寺基久圮，勢家規其地營葬。僧亦有詩刺之：「一定空山已有年，不須惆悵起頹磚。道傍多少麒麟塚，轉眼無人送紙錢。」遂不復取。

僧德豐，三山人。有《重陽》詩云：「戰盡今秋見大平，西風多作北風塵。不吹烏帽吹氈帽，籬下黄花笑不成。」鍾山長老舉以自代，答云：「耿耿孤吟對古梅，忽傳軍將送書來。倚崖枯木摧殘甚，虚負陽和到一回。」竟不赴。

《列子》云：「孔子能廢心而用形。」意謂對接世務，止用形迹而已，其心則泊然不動也。世間之法，當如此觀。貫休禪師寄仇師詩云：「舉世遭心使，吾師獨使心。萬緣冥目盡，一句不言深。」蓋以舉世之人被心所役，而仇師獨能制伏其心也。出世之法當如此。

明教嵩和尚曰：「凡人之爲惡，有有形者，有無形者。」無形之惡害人者也，有形之惡殺人者也。殺人之惡小，害人之惡大。所以遊宴中有鴆毒，談笑中有戈矛，堂奥中有虎豹，隣巷中有戎狄。自非聖賢，絶之于未萌，防之以禮法，則其爲害也，不亦甚乎！

圓通訥禪師示人曰：「躄者命在杖，失杖則顛；渡者命在舟，失舟則溺。凡林下人，自無所守，挾外勢

❶「王」，《山房隨筆》作「主」。

以爲重，一旦失其所挾，皆不能免顛溺之患。」

《追意緣》首章曰：❶「夫慎思防過，無患之理；緘口息謗，離惡之源。誡始慎終，是君子之鹽梅；敬初護末，是養生之要趣。庶鑒罪福之浮沉，知吉凶之苦樂。譬目暗于自見，借鏡以觀形；髮拙于自理，假櫛以自通。故面之所以見，鏡之力也；髮之所以理，櫛之功也。行之所以芳，言之益也；果之所以勝，因之善也。是知身之將敗，必不納正諫之言；命之將盡，必不可授之良藥也。」

左溪朗禪師與永嘉覺禪師爲道友。朗以書招之隱山云：「自到靈谿，泰然心意。高低峰頂，振錫常遊。石室巖龕，拂手宴坐。❷青松碧沼，明月自生。風掃白雲，縱目千里。名花香菓，蜂鳥啣將。猿嘯長吟，遠近皆聽。鋤頭當枕，細草爲氈。世上崢嶸，競争人我。心地未達，方乃如斯。倘有寸陰，願垂相訪！」

晉沙門支遁，字道林。慧性天成，胸羅星斗。專精爲道，説法忘疲。每見人有精進者，喜形于色。當時學者或懈怠者，極口篤勵，遁作銘以示之曰：「勤之勤之，至道非孜。奚爲淹滯，弱喪神奇。茫茫三界，渺渺長羈。煩勞外奏，冥心内馳。殉赴欽渴，緬邈忘疲。人生一世，涓若露垂。我身非我，云云誰施？達人懷德，知安必危。寂寥清舉，潔累禪池。謹守明禁，雅説玄規。綏心神道，抗志無爲。寮朗三蔽，融治六庇。空洞五陰，虚豁四支。非指喻指，絶而莫離。妙覺既陳，又玄其知。婉轉平任，與物推移。過此以往，勿思勿疑。」

周渭賓沙門，號亡名。深達止觀，精究宗乘，一時學者敬仰如景星慶雲。師嘗自戒云：「夫以迴天倒日之力，一旦草彫，岱山盤石之固，忽然燼滅。是知世相無常，浮生虚僞，譬如朝露，其停幾何！大丈夫生當

---

❶「追意緣」，據《諸經要集》當作「述意緣」。

❷「手」，《禪宗永嘉集・勸友人出第九》作「乎」。

降魔，死當飼虎。如其不爾，縱生何益！不如脩禪定足以養智，讀經典足以自娛。富貴名譽，徒勞人耳！」乃棄其簪弁，剃其鬚髮，衣納杖錫，聽講玄談。戰國未寧，安身無地。自厭形骸甚于桎梏，思絶苦本，莫知其津。大乘經曰：「如說行者，乃名是聖，不但口之所言。」小乘偈曰：「能行說爲正，不行何所說？若說不能行，不名爲智者。」所以顔回好學，勤改前非；季路未脩，懼聞後語。功勞智擾，役神傷命。爲道日損，何用多知！誓欲枯木其形，死灰其慮，降此患累，以求虚寂。乃作《絶學箴》，亦名《息心贊》擬夫周廟。其銘曰：「法界内有如意寶人焉，久緘其口。銘其膺曰，古之攝心人也，誡之哉！誡之哉！無多慮，無多知。多知多事，不如息意；多慮多失，不如守一。慮多志散，知多心亂；心亂生惱，志散妨道。勿謂何傷，其苦悠長；勿謂何畏，其禍鼎沸。滴水不停，四海將盈；纖塵不拂，五岳將成。防末在本，雖小不輕。關爾七竅，閉爾六情。莫窺于色，莫聽于聲；聞聲者聾，見色者盲。一文一藝，空中小蚋；一伎一能，日下孤燈。英賢才藝，是爲愚弊。棄捨浮樸，躭溺淫麗。識馬易奔，心猨難制。神既勞役，形必損斃。邪徑終迷，脩途永泥。英賢才能，是日惛懵。誇拙羡巧，其德不弘；名厚行薄，其高速崩；塗書翰卷，❶其用不恒。内懷憍伐，外致怨憎。或談于口，或書于手，邀人令譽，亦孔之醜。凡謂之吉，聖以之咎。賞悦蹔時，悲憂長久。畏影畏迹，愈走愈劇。端坐樹陰，迹滅影沈。厭生患老，隨思隨造。心想若滅，生死長絶。不死不生，無相無名。一道虚寂，萬物齊平。何勝何劣，何重何輕，何賤何辱，何貴何榮！澄天愧淨，皦目慙明。安夫岱岳，固彼金城。敬貽賢哲，斯道利貞。」

心馳魏闕者，以江湖爲桎梏。情致兩忘者，處市朝亦岩穴耳。是知東方朔以金門爲大隱者也，盧藏用

❶「書」，《法苑珠林》卷六十一作「舒」。

以終南爲捷徑者也。

## 觀蜂蟻

蟻穴于將潦之壤，封疆之守愈嚴；蜂集于將割之房，號令之威猶重。其爲生也，掠殘花于蛛網之隙，慕餘膻于馬足之間。投死于須臾，脱生于僥倖。惟靈知之性，了然獨露于飛揺蠢動之表。洞無隔越，由惡習所蔽。受此微劣之軀，返不自覺。人或攖其芒，撩其尾，則鬱勃之氣，奮然見于横趨直突之間，將盡其毒以刺之。于乎惜哉！殊不思即其奮毒之念，直下與三世諸佛解脱法覿面平等。由昏迷之異，則果報亦相須而遠矣，豈特蜂蟻然哉！惟聖人觀百億四天下如掌中之菓。今吾徒所居者，乃四天下之一耳。自陽谷之東至昧谷之西，其中長山廣漠，際空入雲，不知其幾千萬之遠。使馳以逐日之蹄，鼓以搏風之翮，將盡其生而不能達其涯矣。且一天下之廣也如此，以六尺之軀位于其中，曾不翅太倉之一稊米。增一稊米而倉不加多，減一稊米而倉不加少，則其微渺可知矣。逮乎苦樂之境倏然變于前，則鬱然而憂，凛然而懼，怡然而樂，奮然而怒。馳騁聲色，沉溺愛憎，其虚妄扳緣，動揺形體，尤甚于掠花之蜂，慕膻之蟻也。其遭蛛絲馬足之厄者，窮刼迨今莫知其幾。方將違順二風，輕觸其念，則驟然動其情。雖風刀火聚横于前，亦不暇顧。其舍裹十虚廣大靈知真覺之性，由是而昧之又昧者矣。悲夫！使湛四大海清浄寶目，觀吾徒之性，蜂乎？蟻乎？何營營而不自息也。

自經文東流，譯人重阻，多滯權文，❶鮮通玄義。若忘筌得魚，始可與言道矣。

❶「多滯權文」，《高僧傳》卷七作「多守滯文」。

## 迷意

夫壅其流者，未若杜其源；揚其湯者，未若撲其火。何者？源出于水，源未杜而水不窮；火沸于湯，火未撲而湯詎息？故有杜源之客，不壅流而自乾；撲火之賓，不揚湯而自息。類斯而談，可得詳矣。如厭其果者，未若絶其因；怖其苦者，豈若懲其惡。因資于果，因未絶而果不窮；惡生于苦，惡未懲而苦詎息？故使絶因之士，不厭果而自亡；懲惡之賢，不怖苦而自離。凡百君子，書其誡歟！

圓通曰：「古聖治心于未萌，防情于未亂。」蓋豫備則無患。所以重門擊柝，以待暴客，而取諸豫也。事豫爲之則易，卒爲之固難。古之賢哲有終身之憂，而無一朝之患者，誠在于斯。

## 大覺和尚答孫莘老侍郎書

妙道之理，聖人嘗寓之于《易》。至周衰，先王之法壞，禮義亡，然後奇言異術間出，而亂俗。逮我釋迦入中土，醇以第一義示人。而始未設爲慈悲，以化衆生。亦所以趨于時也。自生民以來，淳樸未散，則三皇之教簡而素，春也。及情竇日鑿，則五帝之教詳而文，夏也。時與勢異，情隨日遷，故三皇之教密而嚴，秋也。昔商周之誥誓，後世學者有所難曉，彼當時人民聽之而不違，則俗與今何如也？及其弊，而爲秦漢也，則無所不至，故天下有不忍願聞者。于是，我佛如來一推以性命之理，教之以慈悲之行，冬也。天有四時，循環以生成萬物，而聖人之教迭相扶持，以化成天下，亦猶是而已矣。然至其極也，皆不能無弊。弊者迹也，道則一矣。要當有聖賢世起而救之。自秦漢至今，千百餘載，風俗靡靡愈薄。聖人之教，列而鼎立，互相詆訾，不知所從。大道寥寥而莫之返，良可嘆也！

## 舜老夫與浮山遠録公書

欲究無上妙道，窮則益堅，老當益壯，不可循俗。苟竊聲利，自喪至德。夫玉貴絜潤，故丹紫莫能渝其質；松表歲寒，雪霜莫能凋其操。是知節義爲天下之大。惟公標致可尚，得不自强！古人云：「逸翮獨翔，孤風絶侶。」宜其然矣！

## 中峰本禪師止源説

一塵不飛之頃，止乃剩言；一漚未發已前，源將安寄？直下見得，便知四大海小，止在一源。源體本空，止亦何有？于此，絶能止所止之異，無此源彼源之差。即源是止，萬波隨一水而收；即止是源，一水攝萬波而寂。世之不鑑其源者，將見百川競注，萬派橫流，而欲遏之使止，大似捧水塞孟津，多見其不知量也。何當沿流不止之際，澄目一觀，洞見源底。則知此源窮古迨今，澄之不加清，攪之不加濁，一滴不加少，四海不加多，以至决之非動，堰之非静者也。何則？使澄而後清，則不得謂之止矣；攪而後濁，亦不得謂之止矣。乃至曰動，曰静，曰止，曰多，皆識量所遷，妄見流注。縱能以四銕圍山，提防一水，至萬刼不興寸浪，而欲較吾止源之旨者，實霄壤矣。江西定侍者，字止源，是必有得于所止之道，豈枯形忘慮而滯于死水者，而同日語哉。

## 評恃

道不越乎正受。謂正受者，不受諸受也。諸受既遣，豈容復有所恃乎？一有所恃，則應念不居，其正受矣。既失正受，則此心不能無謬焉。是故恃勢則心日傲，恃權則心日暴，恃福則心日驕，恃才則心日技，恃術則心日詐，恃貨則心日貪，恃力則心日爲之狠矣。蓋心念無主，隨其所恃而趨之。所趨之途，萬不同一，要皆謬亂之本也。或謂權、勢、貨、力，粗有識者，皆莫之恃。世固有道大德備、望重當時者，恃之庸何傷？對曰：道大莫極于明性，德備莫越于利人。使内有所恃，則性不得而明；外有所恃，則人不得而利矣。故聖人無爲而天下治，無作而事功成，無思而理通，無取而用足。蓋不自知其聖也。苟存所知，則亦恃矣。安有聖人而自恃其道大德備哉！且道雖尊，德雖貴，猶不可恃，况道德以降，舉皆虚妄，或起心恃之，猶抱蛇虎而眠，不遭其噬嚙者，余不信也。

## 存實

道人用心，務在存實。心存乎實，雖頃刻萬動而不亂；苟不存乎實，雖終日不用可也，一用之，則禍相繼矣。謂實者何？中也，正也，不欺也，不僞也。事無大小，而不敢以私蔑公，初無智愚拙巧之間也。然人莫不有心，心莫不有用。當用之際，苟務智巧，而不務乎實，則愈巧而愈乖，益智而益敗。蓋實者乃天理之不可易者也，智愚拙巧乃賦分之不可移者也。惟聖賢所愧，夫真實不存乎心；不愧，夫智巧不居乎分。何則？能存實而用心，使賦分雖愚拙，然其存實之心，初未嘗厭愚拙而悦智巧也，久之不覺即其愚而智、拙而巧矣。即其愚而智者，真智也；即其拙而巧者，天巧也。真智絶思慮也，天巧無造作也。惟絶思慮造作之智巧，覿面與佛祖不傳之道，相去無幾矣。其存實之效有如此者。且實者心之體，古云「一實之道」是也。夫人終身背之，而不能自返者，蓋情欲蔽于中，物境誘于外，引起虚妄，日夕遷流而不知息也。世謂愚拙莫甚于此者。孰智乎？孰巧乎？余未之見也。

## 誡閒

世人未有不以閒散爲樂而共趣之。逆問其故，乃曰：「昔嘗以榮辱是非累，日與事物相交馳，心志勞而形體憊，以至結于情想，接于夢寐。靜而思之，人生幾何，不得一日之安，雖富貴奚益也！」由是一切棄之，思欲行歌坐忘，觀青天白雲，以自放浪于事物之表。有避父師之訓，厭身世之勞，望治生如避水火，必欲報遠塵俗，❶以遂其閒。余曰：忙固勞形役慮也，閒則坐消白日，又何益于理哉？二者皆欣厭之情妄耳。故聖人有動靜二相了然不生之旨，正不必厭此忙而欣彼之閒也。余將直言之，夫人欲學入世間之道，苟不服勤勞役，則事無貴賤，皆無由成。然悟世間虛妄，欲究聖賢出世之道，倘不忘飡廢寢，則根無利鈍，又何從而得之。故雪山大士捨身命如微塵數，事知識如恒河沙，積刧迨今，歷試諸艱，蓋欲示後學者知道之不易聞也。故入世間，則忠于君，孝于親，悉盡其義，不可不忙；出世間，則親師擇友，朝參暮叩，以盡其道，又不可不忙。既盡其義，又盡其道，將見體如泰山之不動，心等太虛之無爲，豈一「閒」字可同日語哉？或入不能盡其義，❷出世不能盡其道，惟孜孜以安閒不擾爲務，而不肯斯須就勞者，聖人斥之爲「無慚」。人凡有識者，安肯務此「無慚」而復嗜閒于疎散之域也！余故書此，以爲投閒者之誡。

駿馬之奔逸而不敢肆足者，御轡之御也。❸小人之强横不敢縱情者，刑法之制也。意識之流浪不敢攀

❶「報遠塵俗」，《緇門警訓》卷五作「拔塵遠俗」。
❷「入不能」，《緇門警訓》卷五作「入世不能」。
❸「御」，《禪林寶訓》卷四作「銜」。

緣者，覺照之力也。嗚乎！學者無覺照，猶駿馬御轡，❶小人無刑法，將何以絶貪慾、治妄想乎！

氣勝志則爲小人，志勝氣則爲端人正士，氣與志齊則爲得道賢聖。有人剛狠不受規諫，氣使然也。端正之士，雖强使爲不善，寧死不二，志使然也。

自不能正而欲正他人者，謂之失德；自不能恭而欲恭他人者，謂之悖禮。夫爲善知識，失德悖禮，將何以垂範後乎！

人之寬厚得于天性，若强之以猛，必不悠久。猛而不久，則返爲小人侮慢。然邪正善惡亦得于天性，皆不可移。惟中人之情，易上易下，可從而化之。

若使飯梁嚙肥，❷爲貪名之衲子，不若草衣木食，爲隱山之野人。

古人上堂，先提大法綱要，審問大衆。學者請益，遂形問答。今人杜撰四句落韻詩，唤作釣話；一人突出衆前，高吟古詩一聯，唤作罵陣。俗惡俗惡！可悲可痛！蓋前輩念生死事大，對衆决疑，惟以發明，未起生滅心也。此今古上堂之所以異也。佛法亦至此，真可謂落刼矣。

萬菴曰：少林初祖，衣法雙傳。六世衣止不傳。取行解相應，世其家業，祖道愈光，子孫益繁。大鑑之後，石頭、馬祖皆嫡孫，應般若多羅懸讖，要假兒孫脚下行是也。二大士玄言妙語，流佈寰區，潛得密證者比比有之。師法既衆，學無專門，曹溪源流，派别爲五，方圓任器，水體是同，各擅佳聲，力行己任。等閒垂一言，出一令，網羅學者，叢林鼎沸，非苟然也。由是互相酬唱，顯微闡幽，或抑或揚，佐佑法化，語言無味，如

❶「駿馬御轡」，《禪林寶訓》卷四作「駿馬無銜轡」。

❷「梁」，《禪林寶訓》卷三作「粱」。

煮木札羹、炊鐵釘飯。與後輩咬嚼，目爲拈古。其頌始自汾陽，暨雪竇，宏其音，顯其旨，汪洋乎不可涯。後之作者，馳騁雪竇而爲之，不顧道德之奚若，務以文彩散亂相鮮爲美。使後生晚進不克見古人渾淳大全之旨。烏乎！余遊叢林，及見前輩，非古人語録不看，非百丈號令不行，豈特好古，蓋今之人不足法也。望通人達士，知我于言外可矣。

# 大雅堂訂正異史　戊集

軒轅之初立也，有蚩尤氏，兄弟七十二人，銅頭鐵額，食鉄石。軒轅誅之于涿鹿之野。蚩尤能作雲霧。涿鹿今在冀州。有蚩尤神，俗云人身牛蹄，四目六手。今冀州人掘得髑髏如銅鐵者，即蚩尤之骨也。今有蚩尤齒，長二寸，堅不可碎。秦漢間，説蚩尤氏耳鬢如劍戟，頭有角，與軒轅戰，以角觝人，人不能向。今冀州有樂，名蚩尤戲，其民兩兩三三，頭戴牛角而相觝。漢造角觝戲，蓋其遺製也。

堯使鯀治水，不勝其任，殛于羽山。化爲黄能，入于羽泉。故會稽祭禹廟不用熊也。按黄能即黄熊。陸居曰：「熊水居曰能。」今江淮中有獸魚名熊。熊，蛇之精，至冬化爲雉，至春復化爲蛇。至今吴中不食雉者，以毒故也。

桀時，泰山山走石泣。先儒説，桀之將亡，泰山泣三日。今泰山石，遠望之若人泣狀。昔武王謂周公曰：桀爲不道，走山泣石，是夏亡之徵也。

魏襄王十三年，魏有女子化爲丈夫。京房曰：「女子化爲丈夫，兹謂陰昌，賤人爲王；丈夫化爲女子，兹謂陰勝，厥咎亡。」一曰：「男化爲女，宫刑濫也；女化爲男，婦政行也。」

齊湣王時，齊有人當闕而哭者，求之不得，去則聞其聲。其後，燕昭王伐齊，湣王出奔，爲淖齒所殺。

秦始皇三十六年，❶有大人長五丈，足履六尺，服夷狄服。凡十二人見於臨洮。天戒若曰：勿爲夷狄之行，將受其行。❷是歲，始皇初并六國，反喜以爲瑞，銷天下兵器，作金人十二以象之。後十四年而秦亡。

漢景帝二年九月，膠東下密人年七十餘，生角，角有毛。時膠東、膠西、濟南、菑川四國，有舉兵謀反。謀有吴王濞起，❸連楚趙，凡七國。下密縣居四齊之中。角，兵象，上鄉者也。老人，吴王象也。年七十，七國象也。天戒若曰：人不當生角，猶諸侯不當舉兵以鄉京師也；禍從老人生，七國俱敗亡。

漢哀帝建平中，豫章有男子化爲女子，嫁爲人婦，生一子。長安陳鳳言：此陽變爲陰，將亡繼嗣，自相生之象。一曰：嫁爲人婦生一子者，將復一世乃絶。

漢武帝與羣臣宴未央，方食黍曜，❹忽聞語云：「老臣。」尋覓不見。梁上有一公，長九寸，拄杖僂步。帝問之。公下，稽首，不言，自仰視屋，俯指帝脚，忽然不見。問東方朔，朔對曰：「其名爲『藻兼』，水木之精也。夏巢林，冬潛河。陛下興造宫室，斬伐其居，故來訴耳。仰視屋者，殿名未央也。俯視脚者，脚足也，願王足於此也。」帝爲此暫止。後幸河渚，聞水底有絃歌之聲，殽膳芬芳。前梁上公及年少數人，絳衣素帶，皆長八九寸，凌波而出，或有挾樂器者。帝命坐於食案上。老父曰：「老臣前昧死歸訴，幸蒙陛下即息斧斤，

❶「三」，《文獻通考》卷三百八作「二」。
❷「行」，《文獻通考》卷三百八作「禍」。
❸「有」，《文獻通考》卷三百八作「由」。
❹「曜」，《幽明録》卷五作「臛」。

全其居宅，不勝欣躍，故私相賀耳。」便治絃而歌，聲大小無異於人，清婉繞梁。帝欣悦，勸酒。乃獻帝一紫螺殼，中有物，狀如牛脂。帝又曰：「可思壁珋珍異見貽。」❶老父顧命取洞穴之寶，一人下波淵。帝倏忽還，❷得一大珠，數寸，明耀絶世。俄而公等忽然而去。東方朔曰：螺殼中是蛟髓，以傅面，令人好顔色。又女子於坐草中，用之産，易。武帝惑於神仙，故有此怪。

漢靈帝建寧二年，雒陽西門外，女子生兒，兩頭，異肩，共胸，俱全。人以爲不祥，墮地即棄之。自此之後，河内婦食夫，河南夫食婦。時靈帝昏弱，宦官專政，其後宋后被廢，此其應也。

光和元年五月壬午，有人白衣，欲入德陽門，自稱梁伯夏，教上殿爲天子。中黄門垣賢等呼門吏僕射，欲收縛。須臾還去，求索不得，不知姓名。其後張角作亂，漢室遂亡。

漢獻帝初平中，長沙有人姓桓氏，既死，棺殮月餘。其母聞棺中有聲，開棺出之，遂生。占曰：「至陰爲陽，下人爲上。」其後，曹操由庶士起。建安七年，起地有男子化爲女子。❸周羣上言：哀帝時亦有此異，將有易代之事。至二十五年，漢亡。

漢末，麋竺嘗從洛歸。未達家數里，路傍見一婦人，從竺，求寄載。行可數里，婦謝去，謂竺曰：「我天使也，當往燒東海麋竺家，感君見載，故以相語。」竺因私請之，婦曰：「不可不燒。如此，君可馳去，我當緩行，日中火當發。」竺乃還歸，遽出財物。日中而火大發。

---

❶「可思壁珋珍異見貽」，《幽明録》卷五作「可更以珍異見貽」。

❷「帝」字疑衍。

❸「起地」，《文獻通考》卷三百八作「越巂」。

漢末大亂，有發前漢時宮人塚者。宮人猶活，既出，復平如舊。魏郭后愛念之，留於宮中，常在左右，問漢時宮中事，言皆有條緒。未幾，郭后崩，其人泣死。

吴孫策欲渡江襲許，與于吉俱。時大旱，所在熇厲。策催諸將士，使速引船。或身自早出督切，見將士多在吉所，策因此激怒，言：「我不如于吉耶？而汝等先趨附之！」使使收吉至，呵問之曰：「天旱不雨，道途艱澁，不時得過。孤自早出，而卿不同憂戚，安坐船中，作鬼物態，惑吾部伍，會當相除！」令人縛置地上，暴之，使請雨。若能感天，日中雨者，當原赦；不爾，行誅。俄而雲氣上蒸，膚寸而合。至日中，大雨忽至，溪壑盈溢。將士喜悦，以爲吉必見原，並往慶慰。策遂殺之。將士哀惜，共藏其尸。至夜，忽更興雲覆之。明日往視，不知所在。策每獨坐，彷彿見吉在左右，意深惡之，頗有失常。後治創方差，而引鏡自照，見吉在鏡中，顧而弗見。如是者再三，因撲鏡大叫，創皆崩裂，須臾而死。

吴孫權太和元年，❶臨海羅陽縣有神，自稱王表，周旋民間，言語飲食，與人無異，然不見其形。又有一婢，名紡績。是月，遣中書郎李棠賫輔將軍羅陽王印綬迎表。❷表隨棠俱出，與棠及所在郡中令長談論，棠等無以易。所歷山川，輒遣婢與神相聞。秋七月，棠與表至。權於蒼龍門外爲立第舍，數使近臣賫酒食往。表説：承旱小事，❸往往有驗。❹ 孫盛曰：盛聞國將興，聽於民；國將亡，聽於神。權年老志衰，權臣在側，廢嫡立庶，以妾爲妻，

❶「太和」，《三國志》卷四十七作「太元」。
❷「棠」，《三國志》卷四十七作「崇」，本段「棠」字同。
❸「承」，《三國志》卷四十七作「水」。
❹「有」上原衍「讒」字，據《三國志》卷四十七删。

可謂涼德矣。涼，薄也。而僞歿待命，❶求福妖邪，將亡之兆，不亦顯乎！

吴孫休時，烏程人有得困疾，及差，能以響言者。言於此而聞於彼；自其所聽之，不覺其聲之大也；自遠聽之，如人對言，不覺其聲之自遠來也。聲之所往，隨其所向，遠者，所過向十數里。其隣人有責息於外，❷歷年不還。乃假之，使爲責讓，俱以禍福，❸負物者以爲鬼神，即顛倒昇之。❹其人亦不自知其所以然也，此亦妖異也。

吴孫晧寶鼎元年，丹陽宣騫母，年八十，因浴化爲黿。兄弟閉户衛之。掘堂上，作一池，寘水中。黿入池游戲，一二日，引頸外望，伺户小開，便轉輪自躍，入於遠潭，遂不復還。此吴亡之象也。

吴戍將鄧喜殺猪祀神，❺治畢，懸之。忽見一人頭往食肉，喜引弓射之，咋咋作聲，繞屋三日。後人白喜謀北叛，闔門被誅。

後周保定三年，有人産子，男陰在背上，如尾；兩足指如獸爪。陰不當生於背，而生於背者，陰陽反覆，君臣顛倒之象。人足不當有爪，而有爪者，將至攫人之變也。是時，晉陽公宇文護專擅朝政，征伐自己，陰懷篡逆。天戒若曰：君臣之分已倒矣，將行攫噬之禍。帝見變而悟，遂誅晉公，親萬機，克平齊國，號爲高祖。轉禍爲福之效也。

❶「僞歿待命」，《三國志》卷四十七裴注作「僞設符命」。
❷「責」原作「貴」，據《文獻通考》卷三百八改。下「責」字同。
❸「俱」，《文獻通考》卷三百八作「懼」。
❹「昇」，《文獻通考》卷三百八作「畀」。
❺「戍」原作「戌」，據《文獻通考》卷二百九十八改。

漢光武時，南海獻珊瑚婦人。帝命植于殿前，謂之爲「珊瑚」，一旦柯葉茂盛。至靈帝時，樹死。或以爲漢室將亡之徵也。

晉武帝咸寧二年十二月，瑯邪人顏畿病死。棺斂已久，家人咸夢畿謂己曰：「我當復生，可急開棺。」遂出之。漸能飲食、屈伸、視瞻，不能行、語。二年，復死。京房《易傳》曰：「至陰爲陽，下人爲上。厥妖人死復生。」其後，劉、石僭逆，俱亡。

晉惠帝元康中，安豐有女子周世寧，八歲，漸化爲男子，至十七八而氣性成。京房《易傳》曰：「女子化爲丈夫，兹爲陰昌，賤人爲王。」此亦劉、石覆蕩天下之妖也。

晉惠帝光熙元年，會稽謝真生子，頭大而有髮，兩蹠反向上，有男女兩體，生便作丈夫聲。經一日，死。此下人伐上之痾，諸王僭亂之妖也。

晉惠帝時，梁國女子許嫁，已受禮聘。其夫戍長安，經年不歸。女家更以適人，女不樂行，其父母强迫之，不得已而去。尋病卒。其夫戍還，問女所在。其家備言其事。夫徑往墓所，哭甚哀。便發塚開棺，女還活，因與俱歸。後夫聞之，詣官爭之，不能決。祕書郎王導以爲宜還前夫，朝廷從其議。

晉懷帝永嘉元年，吳縣萬詳婢生子，鳥頭、兩足馬蹄、一手，無毛，❶尾黃色，大如枕。此亦人妖，亂之象也。五年五月，枹罕令嚴根婢産一龍、一女、一鵝。京房《易傳》曰：「人生他物，非人所見者，皆爲天下大兵。」是時，承惠帝之後，四海沸騰，尋而陷於平陽，爲劉聰所害。此其應也。

晉愍帝建興四年，新蔡縣吏任僑妻産二女，腹與心相合，自胸以上、臍以下各分。此蓋天下未一之妖

---

❶「毛」原作「其」，據《文獻通考》卷三百八改。

也。時内史吕會上言：「按《瑞應圖》，異根同體謂之連理，異畝同穎謂之嘉禾。草木之瑞猶以爲瑞，今二人同心，《易》稱『二人同心，其利斷金』，蓋四海同心之瑞也。」時皆哂之。俄而四海分崩，帝亦淪没。

晉元嘉九年，南陽樂遐嘗狂生。❶忽聞室中有人呼其夫婦名，甚急，夜半乃止。殊自驚懼。後數日，婦産後還，忽舉體衣服總是血。未及三月，而夫婦相繼病卒。

晉謝靈運，以元嘉五年忽見謝晦手提其頭，來坐别牀，血淋落，不可忍視；又所服豹皮裘血淹滿篋。及爲臨川郡，飯中忽有大蟲。謝遂被誅。

魏公孫淵家數有怪：犬冠幘絳衣，上屋；炊有小兒蒸死甑中；襄平北市生肉，長圍各數尺，有頭、目、口、喙，無手足，而動摇。占曰：「有形不成，有體不聲，其國滅亡。」始公孫度據遼，至淵三世而亡。

漢劉聰建興元年正月，❷平陽地震。其崇明觀陷爲池，水赤如血。赤氣亘天，有赤龍奮迅而飛去。流星起作牽牛，入紫微，龍形委蛇，其光照地。落於平陽北十里，視之則肉，長三十步，廣二十七步，臭達於平陽。肉旁有哭聲，晝夜不止。數日，聰后劉氏産一蛇、一獸，各害人而去。尋之不得，頃之，見於隕肉之旁。是時，劉聰納劉殷二女，並爲后。天戒若曰：聰自姓劉，二后又俱劉氏，逆骨肉之綱，亂人倫之則。隕肉諸妖，其禍亦大。俄而劉氏死，哭聲自絶。

漢劉聰時，光義人羊充妻産子，二頭。其夫竊而食之，❸三日而死。

❶「嘗狂生」，《幽明録》作「嘗在内坐」。
❷「建興」，《文獻通考》卷二百九十八同，《晉書》卷二十八作「建元」。
❸「夫」，《晉書》卷一百二作「兄」。

劉聰子約死，一指猶暖，遂不殯斂。及蘇，言見元海於不周山，經五日，而遂復從至崑崙山，三日而復還於不周。見諸王公卿將相死者悉在，宮室甚壯麗，號曰蒙珠離國。元海謂約曰：「東北有遮須夷國，無主，久待汝父爲之，汝父後三年當來。來，國中大亂，相殺害，吾家死亡略盡，但可永明輩十數人在耳。汝宜還，後年當來，見汝不久。」約拜辭而回，道過一國，曰猗尼渠餘國。引約入宮，與約皮囊一枚，曰：「爲吾遺漢皇帝。」約辭而歸，謂約曰：「劉郎後年來，必見過，當以小女妻之。」約歸，置皮囊於几上。俄而蘇，使左右几上䀖取皮囊，❶開視之，有一方白田玉，題文曰：「猗尼渠餘國天王敬信遮須夷國天王，歲在攝提，當相見也。」馳使呈聰，聰曰：「若審如此，吾不懼死也。」及聰死，與此王并葬焉。劉約之言雖荒唐渺茫，然劉聰淫虐無道，亦其將亡之先兆也。

晉元帝永昌元年，甘卓將襲王敦，既而中止。及還家，多變怪：照鏡不見其頭。尋爲王敦所襲，遂夷滅。安帝義熙初，東陽太守殷仲文照鏡不見其頭，尋亦被害。

晉阮瞻嘗著《無鬼論》，而一鬼通姓名，作客詣之。寒温畢，仰談名理。客甚有才辨，與言良久。及鬼神事，乃作色曰：「鬼神，古今聖賢所共傳，君何獨言無耶？僕便是鬼。」於是變爲異形，須臾便滅。阮嘿然，大惡之。年余卒。

東晉王綏，爲冠軍將軍。其家夜中，梁上無故有人頭墮於牀，而血流淋漓。俄拜荊州刺史，坐其父愉之謀，與弟納並被誅。

晉元帝大興三年十二月，謝平妻生女，墮地，濞濞有聲，須臾便死。鼻目皆在項上，面處如項，口有齒，

❶《文獻通考》卷三百八無「䀖」字。

都連爲一；胸如鱉；手足爪如鳥爪，皆下勾。此亦人生他物，非人所見者。後二年，王敦反，有石頭之敗。

符健時，新平有長人見，語百姓張靖曰：「符氏應天受命，今當太平，外面者歸中而安泰。」問姓名，不答。俄而不見。新平令以聞，健以爲妖，下靖獄。會霖雨，河渭溢。蒲津監寇登得一履於河，長七尺三寸。人跡稱之，指長尺餘，文深一寸。健嘆曰：「覆載之中，何所不有？張靖所見，定不虛也。」乃赦之。

宋文帝元嘉末，長廣人病差，便能食，而不得卧，一飯輒覺身長。如此數日，頭遂出屋。段究爲州刺史，度之，長三丈。復還，漸縮如舊，經日而亡。俄而，文帝爲凶劭所害。

梁武帝太清元年，丹陽有莫氏妻，生男，眼在頂上，大如兩歲兒。墮地而言曰：「兒是旱疫鬼，不得住。」母曰：「汝當令我得過。」疫鬼曰：「有上官，何得自由！母可急作絳帽，故當無憂。」母不暇作絳帽，以絳繫髮。自是旱疫者二年，楊、徐、兖、豫尤甚。莫氏鄉鄰多以絳免，他土效之，無驗。

梁武帝天監十五年七月，荆州市殺人，而身不擅，❶首墮于地，動口張目，血如竹箭，直上丈餘，然後如雨細下。是歲荆州大旱，此冤氣之感。

後魏肅宗熙平二年，并州祈縣人韓僧真女從母右脇而出。胡太后令付掖庭養之。太后臨朝，爲元乂、劉騰幽於永巷，後竟被爾朱榮沉於河，魏室因兹大亂。

後魏時，有高句麗者出於夫餘，其先朱蒙。朱蒙母，河伯女，爲夫餘王閉於宮中。爲日所照，引身避之，日影又逐，既而有孕。生一卵，大如五升。夫餘王棄之犬豕，犬豕不食；棄之於野，衆鳥以毛茹之。夫餘王割剖之，不能破。遂還其母，其母以物裹之，置一暖處。有一男子破殼而出，及其長也，字之曰朱蒙。後夫

❶「擅」，《文獻通考》卷二百九十八作「僵」。

餘王追殺之，東南走，遇大水，欲濟無梁。朱蒙告水曰：「我是日子，河伯外孫。」於是魚鱉並浮，爲之成橋，得渡。至紇升骨城，遂居焉。號曰高句麗，因以爲氏。

後齊高洋天保中，臨漳有婦人産子，二頭，共體。是後政由奸佞，上下無別，兩頭之應也。

陳後主禎明二年，有神自稱老子，遊於都下。與人對語而不見形，言吉凶多驗，得酒輒飲之。經三四年乃去。有船下，忽聞人言：「明年亂。」視之，得死嬰兒，長三尺，而無頭。明年陳亡。

陳周文育爲鎮南將軍。初，文育據三陂時，有流星墜，其聲如雷；地陷方二丈，中有碎灰數斗。又軍市中忽聞小兒啼，一市並驚。聽之，在土下。軍人掘得木棺，長三尺。文育惡之。俄而見殺。

北齊爾朱世隆爲尚書令。當晝寢，其妻奚氏忽見一人持世隆首去。奚氏驚怖，就視而寢如故。既覺，謂妻曰：「向夢人斷我頭去。意殊不適。」不久被誅。

隋文帝仁壽二年，西河有胡人乘騾在道，忽爲回風所飄，并一車上千餘尺乃墜，皆碎焉。京房《易傳》曰：「衆逆同志，至德乃潛，厥異風。」後二年，漢王諒在并州潛逆謀亂。車及騾騎之象也；升空而墜，顛沛之應也。天戒若曰：無妄動車騎，終當覆敗。而諒不悟，及高祖崩，諒發兵反，州縣響應，衆至數十萬，月餘而敗。

隋煬帝大業元年，鴈門人房回安母年百歲，額上生角，長二寸。《洪範五行傳》曰：「婦人，陰象也。角，兵象也。下反上之應。」是後天下果大亂，陰賊圍帝於鴈門。

隋煬大業七年正月朔旦，有盜衣白練裙襦，手持香花，自稱彌勒出世。入建國門，奪衛士仗，將爲亂。齊王暕過而斬之。後三年，楊玄感作亂，引兵圍洛陽。戰敗，乃伏誅。

咸通十三年四月，太原晉陽民聞：有嬰兒，兩頭，異頸，四耳，❶聯足。此天下不一之妖也。

天寶五載，楊慎矜爲御史中丞。慎矜到洛陽，正食，忽見一鬼物，長丈餘，朱衣冠幘，立於其後。慎矜叱之良久，不滅。以熱羹殺之，方滅。未幾，因罪下獄死。

周赧王二十九年，宋有雀生鸇於城之陬。史占之曰：「小而生大，必霸天下。」宋康王喜，起兵滅滕伐薛，東敗齊，南敗楚，西敗魏，與齊、魏爲敵。欲霸之亟成，射天笞地，斬社稷而焚滅之。又爲長夜之飲。天下之人謂之「桀宋」。齊湣王起兵伐之，民散，城不守。宋王奔魏，死於温。

漢景帝三年十一月，有白頸烏，與黑烏羣鬭楚國吕縣。白頸不勝，墮泗水中，死者數千。時楚王戊暴逆無道，與吴王謀反。烏羣鬭者，師戰之象；白頸者小，明小者敗也；墮於水，將死水地。其後王戊反，兵敗走，爲人所殺。

漢景帝元鳳元年，❷有烏與鵲鬭燕王宮池上，烏墮地死。時燕王旦謀爲亂，未幾伏辜。

漢成帝河平元年二月庚子，泰山山桑谷有鳶焚其巢。虜子孫通等聞山中羣鳥鳶鵲聲，❸往視，見巢燃盡墮地，中有三鳶鷇。樹大四圍，巢去地五丈五尺。太守以聞。鳶，貪虐之類也。《易》曰：「鳥焚其巢，旅人先笑後號咷。」泰山岱宗，五岳之長，王者易姓告代之處也。其後趙飛燕得幸，立爲皇后，娣妹尊寵後宮，有子者殺之，并害其母。帝崩，后誅。此焚巢、殺子、號咷之應也。一曰王莽貪虐，而任社稷之重，卒爲易姓之

❶「耳」，《文獻通考》卷三百八作「手」。
❷「景」，《文獻通考》卷三百十二作「昭」。
❸「虜」，《文獻通考》卷三百十二作「男」。

禍云。

漢靈帝中平三年八月中，懷陵上有萬餘爵，先極悲鳴，已，因亂鬪相殺，皆斷頭，懸著樹枝枳棘。到六月，❶靈帝崩。大將軍何進以内寵外變，積惡日久，欲悉糾黜，以隆更始初政。❷而太后持疑，事久不決。進從中出省内，見殺。

魏明帝景初元年，凌霄闕始搆，有鵲巢其上，鵲體白黑雜色。帝以問高唐隆，對曰：「《詩》云：『惟鵲有巢，惟鳩居之。』今興起宫室，而鵲來巢，此宫室未成，身不得居之象也。」於是帝改容動色。

晉孝懷帝永嘉元年二月，洛陽東北步廣里地陷。有蒼白二鵝出，蒼者飛翔冲天，白者止焉。陳留董養曰：「步廣，周之狄泉盟會地也。白者，金色，晉也；蒼爲胡象。」是後，劉元海、石勒相繼亂華。

晉安帝义熙三年，龍驤將軍朱猗戍壽陽。婢炊飯，忽有羣烏集竈，競來啄啗，婢驅逐不去。有獨狗咋殺兩烏，❸餘烏因共啄殺狗，又啗其肉，惟餘骨存。明年六月，猗死，此其應也。

晉安王子勛僭號之日，雷雨晦合。行禮，忘稱萬歲。其夕，有鳩棲於輦中，鴞集其幰，又有秃鶖集城上。後以安陸王子綏爲司徒，又有鵩棲其帳上。尋敗，皆伏誅。

陳後主時，蔣山有衆鳥鼓翼而鳴曰：「奈何帝。」京房《易飛候》曰：「鳥鳴門闕，如人音，邑且亡。」蔣山，吴之望也，鳥於上鳴，吴邑空虛之象。及陳亡，建康爲墟。又陳未亡時，有一足鳥集於殿庭，以觜畫地成文

❶「月」，《文獻通考》卷三百十二同，《後漢書》卷一百四十五作「年」。
❷「初」，《文獻通考》卷三百十二作「冗」。
❸「獨」，《文獻通考》卷三百十二作「獵」。

曰：「獨足上高臺，盛草變成灰。」獨足者，叔寶獨行，衆無之應也。盛草成灰，陳政蕪穢，被隋火德所焚除也。叔寶至長安，舘於都水臺上，高臺之意也。

咸通中，吴越有異鳥，極大，四身三足。鳴山林，其聲曰：「羅平。」占曰：「國有兵，人相食。」此後荒亂相繼。

晉懷帝永嘉四年五月，大蝗，自幽、并、晉、冀至于秦、雍，草木、牛馬毛鬣皆盡。是時，天下兵起，漁獵生民，國家惟任司馬越、苟晞三人，❶競爲暴刻，經略無法，故有此異。

貞觀二年六月，京畿旱蝗。太宗在苑中，掇蝗祝之曰：「人以穀爲命。百姓有過，在予一人，但當食我，無害百姓。」將吞之。侍臣懼帝致疾，遽以爲諫。帝曰：「所冀移災朕躬，何疾之避！」遂吞之。是歲蝗不爲災。

高宗嘗患頭風，召名醫於四方，終不能療。宮人有自陳世業醫術，請修藥餌者，帝許之。初穿地，置藥爐，忽有一蝦蟆躍出，色如黄金，背有朱書「武」字。宮人不敢匿，奏之。帝頗驚異，遽命放於苑地。宮人别穿地，得蝦蟆如初，帝深以爲不祥，命殺之。其夕，宮人暴卒。後武后竟革命。

後漢靈帝光和元年，南宮侍中寺雌雞化雄，一身毛皆似雄，但頭冠尚未變。詔以問議郎蔡邕，邕對曰：「臣切推之，頭，元首，人君之象。今雞一身已變，未至於頭，而上知之，是其事不遂成之象也。若應之不精，政無所改，頭冠或成，爲患滋大。」是後，張角作亂，稱黄巾，破壞四方。

隋文帝開皇中有人上書言：「頻歲以來，雞鳴不鼓翅，類掖下有物而妨之，翮不得舉。肘腋之臣當爲變

❶「三人」，《文獻通考》卷三百十四作「而已」。

矣。」書奏，不之省。其後，大臣多被夷滅，諸王廢黜，太子幽廢。

後魏孝文太和元年五月，京師有雌雞二，頭上生冠如角。時文明太后臨朝，信用羣小之應。

玄宗好鬭雞，貴臣外戚皆尚之。貧者或弄木雞。識者以爲：雞，酉屬，帝生之歲；鬭者，兵象。

夏后氏之衰，有二龍止於夏庭，而言曰：「余，褒之二君也。」夏帝卜殺之，去之，止之。莫吉卜請其漦而藏之。乃吉於是布幣策告之，龍亡而漦在，乃匵藏之。其後夏亡，傳匵於殷、周，三代莫發，至厲王發而觀之，漦流于庭，不可除也。厲王使婦人贏而譟之，漦化爲玄黿。入後宫，妾遇之而孕，生子，懼而棄之。宣王立，童謡曰：「檿弧，桑弓也。箕服，箕草爲箭袋也。寔亡周國。」後有夫婦鬻是器者，宣王使執而戮之。既去，見處妾所棄妖子，聞其夜號，哀而收之，遂亡奔褒。後褒人有罪，入妖子以贖，是爲褒姒。幽王見而愛之，生子伯服。王廢申后及太子宜臼，而立褒姒、伯服代之。廢后之父申侯與鄫、國名。西夷犬戎共攻殺幽王。劉向以爲，夏后季世，周之幽、厲皆悖亂逆天，故有龍黿之怪。

魯莊公時，有内蛇與外蛇鬭鄭南門中，内蛇死。先是，鄭厲公刧相祭仲，逐兄昭公，代立。後厲公出奔，昭公後入，死，子儀代立。厲公自外刧大夫傅瑕，使戮子儀。此外蛇殺内蛇之象也。蛇死六年，而厲公立。莊公問申繻曰：「猶有妖乎？」對曰：「人之所忌，其氣燄以取之，妖由人興也。人亡釁焉，妖不自作。人棄常，故有妖。」

晉昭公十九年，❶龍鬭於鄭時門之外洧淵。鄭以小國，攝乎晉楚之間，重以强吴。時子産任政，内惠於民，外善辭令，以交三國，鄭卒無患。能以德消變之效也。

❶「晉昭公」，據《文獻通考》卷三百十三當作「魯昭公」。

漢惠帝二年五月癸酉旦，有兩龍見於蘭陵廷東里温陵井中，至乙亥夜去。劉向以爲：龍貴象，而困於庶人井中，象諸侯將有幽執之禍。其後，吕太后幽殺趙王，諸吕亦終殺滅。

漢靈帝熹平元年四月甲午，青蛇見御座上。是時靈帝專任宦者，王室微弱。

晉愍帝建興二年十一月，枹罕羌妓産一龍子，色似錦文。常就母乳。遥見神光，少得就視。未久，帝竟淪没。

晉武帝咸寧中，司徒府有二大蛇，長十許丈。居廳事平橑上，而人不知，但府中怪數年數失小兒及諸犬之屬。❶後有一蛇夜出，被刃傷，不能去，乃覺之。發徒攻擊，移時乃死。漢靈帝時，蛇見御座，楊賜以爲帝溺於酒色之應。

晉武帝太康五年正月癸卯，二龍見武庫井中。帝觀之，有喜色，百僚將賀。劉毅獨表曰：「昔龍漦夏庭，禍發周室；龍見鄭門，子産不賀。」帝答曰：「朕德政未修，未有以應受嘉祥。」遂不賀也。

晉惠帝元康五年三月癸巳，臨淄有大蛇，長十餘丈，負二小蛇，入城北門，徑從市入漢城陽景王祠中，不見。時齊王冏雖建興復之功，而驕陵取禍，此其徵也。

晉明帝太寧初，武昌有大蛇，常居故神祠空樹中。每出頭，從人求食。尋有王敦之逆。

梁武帝大同十年夏，有龍夜因雷而墮延陵人家井中。明旦視之，大如驢。將以戟殺之，俄見庭中及室中各有大蛇，如數百斛船。家人奔走。後侯景反，幽殺簡文於酒庫，宗室王侯皆幽死。

梁元帝時，有二龍自南郡城西升天。百姓聚觀，五彩分明。江陵故老竊相泣曰：「昔年龍出建康秦淮，

❶「但府中怪數年數失小兒及諸犬之屬」，《文獻通考》卷三百十三作「但數年怪府中數失小兒及猪犬之屬」。

而天下大亂。有復今焉，禍至無日矣。」帝聞而惡之。踰年搆禍。韓族殲焉，此眚祥也。❶

晉惠帝元康中，洛陽南山有虫，作聲曰：「韓尸尸！」識者曰：「韓氏將尸也。言尸尸者，盡死也。」其後，韓謐誅。而爲周時岐山崩，❷三川竭，而幽王亡。岐山者，周所興也。漢家本起於蜀。漢今所起之地，山崩，川竭，星孛，又及攝提大角，從参至辰，殆必亡矣。其後三世，亡嗣，王莽篡位。

吴孫權赤烏十三年八月，丹陽、句容及故鄣、寧國諸山崩，洪水溢。劉歆以爲：國主山川，山崩川竭，亡之徵也。吴雖帝，其實列國。災發丹陽，天意見之。後二年而權薨，又二十六年而吴亡。

晉惠帝元康四年，蜀郡山崩殺人。五月壬子，壽春山崩，洪水出，城壞，地陷方三十丈，殺人。六月，壽春大雷，山崩地坼，人家陷死。上庸郡亦如之。八月，居庸地裂，廣三十六丈，長八十四丈。水出。大饑。上庸四處山崩，地墜廣三十丈，長一百三十丈。水出，殺人。皆賈后亂之應也。

武后垂拱二年九月己巳，雍州新豐縣露臺鄉大風雨，震電。有山湧出，高二十丈。有池，周三百畝。池中有龍鳳之形，禾麥之異。武后以爲休應，名曰「慶山」。荆州人俞文俊上言：「天氣不和而寒暑隔，人氣不和而贅疣生，地氣不和而堆阜出。今陛下以女主居陽位，變易剛柔，故地氣隔塞，山變爲災。陛下以爲『慶山』，臣以爲非慶也。宜側身修德，以答天譴。不然，恐災禍生。」后怒，流于嶺南。永昌中，華州赤水南岸大山，晝日忽昏，風有聲，隱隱如雷。頃之，漸移東數百步，壅赤水，壓漲村民三十餘家。❸高二百餘丈，水深

---

❶「眚」，《文獻通考》卷三百十四作「青」。

❷據《文獻通考》卷三百十四，「而」下當接上段末「韓族殲焉，此眚祥也」八字。據《文獻通考》卷三百二，「爲」上脱「劉向以」三字，當别爲一條。

❸「漲」，《文獻通考》卷三百二作「張」。

三十丈。坡上草木宛然。《金縢》曰：「山徙者，人君不用道，禄去公室，賞罰不由君，佞人執政，政在女主，不出五年，有走王。」其後，武后廢睿宗而篡唐。

玄宗開元十七年四月乙亥，大風震電，藍田山摧裂百餘步，畿内山也。占曰：「人君德消政易則然。」天寶十一載六月，號州閿鄉黄河中女媧墓，❶因大雨晦冥，失所在。至乾元二年六月乙未，瀕河人聞有風雷，曉見其墓湧出，下有巨石，上有雙柳，各長丈餘。時號「風陵堆」。占曰：「塚墓自移，天下破。」

魯襄公二十三年，穀、洛水鬭，將毁王宫。以傳推之，以四瀆比諸侯，穀、洛其次，卿大夫之象也，爲卿大夫將分争以危亂王室也。後數年，有如日者五。是歲早隕霜，靈王崩，景王立。二年，儋栝欲殺王，而立王弟佞夫。佞夫不知。景王并誅佞夫。及景王死，五大夫争權，或立子猛，或立子朝，王室大亂。

秦武王三年，渭水赤者三日。昭王三十四年，渭水又赤三日。秦有連坐之法，棄灰於道者黥。❷網密而刑虐，加以征伐横出，殘滅隣國，至於變亂五行，氣色謬亂。

漢桓帝延熹八年四月，濟陰、東郡、濟北河水清。靈帝建寧四年三月，河水清兼旬。郭璞曰：「大河之質，黄濁數千里，而不可澄清者也。」凡物反常爲妖。濁而忽清，猶地而出堆阜，山而沸泉湧，非所當有，變異之象也。故裴楷言，自古未有河清者。後世乃以爲大慶，君臣動色，載于年號，著於邑名，形於歌詠，紀于史牒，不亦異乎！至若大海朝宗衆流，自非並岸風水激薄沙泥渾污之處，則萬里停瀅，未嘗濁也。而佞人諂

❶「號」，《文獻通考》卷三百二作「虢」。
❷「灰」原作「死」，據《文獻通考》卷二百九十七改。

媚，❶又有以海清爲賀者，不亦異之甚乎！

晉武帝太康五年四月，魯國池水變赤如血。七年十月，河陰雨赤雪二尺。❷是後四載，帝崩，遂亂。

晉穆帝昇平三年二月，涼州城東池中有火。四年四月，姑藏澤水中又有火。明年，張天錫殺護軍張邕。邕，執政之人也。

陳宣帝大建十四年七月，江水赤如血，自建康西到荆州。禎明中，江水赤，自方州東至海。占曰：「法嚴刑酷，傷水性也。五行變節，陰陽相干，氣色謬亂，敗亡之象。」京房曰：「水化爲血，兵且起。」其後爲隋所滅。

隋高祖武德七年，❸河間王孝恭征輔公祏，宴羣師于舟中。孝恭以金盌酌江水，將飲之，則化爲血。孝恭曰：「盌中之血，公祏授首之兆。」

武后時，來俊臣井水變赤如血，井中常有吁嗟之聲。俊臣酷吏也，天厭其慘，故有井泉變血之異。俊臣尋亦誅滅。

神龍二年二月壬子，洛陽城東七里地色如水，樹木、車馬，歷歷見影，漸移至都，月餘乃滅。長安街中往往見水影。昔苻堅之將死也，長安嘗有是異。

咸通八年七月，泗州下邳雨湯，殺鳥雀。水沸于火，則可以傷物也。雨者，自上而降；鳥雀，民象。

❶「人」字原缺，據《文獻通考》卷二百九十七補。

❷「二尺」，《文獻通考》卷二百九十八作「三頃」，《晉書》卷二十八作「二頃」。

❸「隋高祖」，《文獻通考》卷二百九十八、《新唐書・五行志一》均作「唐高祖」。

漢高后三年夏，漢中南郡大水。水出，流四千餘家。四年秋，河南大水，伊洛流千六百餘家，汝水流八百餘家。八年夏，漢中南郡水復出，流六千餘家，南陽沔水流萬餘家。是時女主獨治，諸呂相王。

漢文帝十有二年十一月，❶河決東郡。後三年秋，大雨晝夜不絕三十五日，藍田山水出，流九百餘家，潒壞民室八千餘所，殺三百餘人。時新垣平得幸，立渭陽五帝廟，郊見上帝。後歲餘，謀爲逆，夷戮。又匈奴數犯北邊，殺掠甚衆，漢連歲征討。

漢殤帝延平元年五月，羣國三十七大水，❷傷稼。董仲舒曰：「水者，陰盛氣也。」是時，帝在襁褓，鄧太后專政。

漢安帝永初元年冬十月辛酉，河南新城山水暴至，突壞民田。壞處泉水出，深三丈。是時，司空周章等以鄧太后不立皇子勝而立清河王子，❸謀欲廢置，十一月事覺，司空被誅。是年，四十一郡國水出，漂没人民。占曰：「水者，太陰之精也。」陰氣盛洋溢者，小人專制擅權之意。

晉武帝咸寧二年七月癸亥，河南魏郡暴水，殺百餘人。閏月，荆州郡國五大水，流四千餘家。是年採擇良家子女，露面入殿，帝視簡閲，務在姿色，不訪德行。有蔽匿，以不敬論。縉紳愁怨，天下非之，陰盛之應也。

太康二年六月，泰山、江夏大水，泰山流三百家，殺六千餘人，江夏亦殺人。時平吴後，王濬爲元功，而

❶「十一月」，《文獻通考》卷二百九十六同，《漢書》卷四作「冬十二月」。

❷「羣」，《文獻通考》卷二百九十六作「郡」。

❸「王」原作「滕」，據《文獻通考》卷二百九十六改。

詆劾妄加；荀、賈爲無謀，而並蒙重賞。收吴姬五千，納之後宫，此其應也。

晉惠帝元康六年五月，荆、楊二州大水。是時賈后亂朝，寵樹賈、郭。女主專政，陰氣盛之應也。八年五月，金墉城井溢。漢志：成帝時有此妖，後王莽僭逆。今有此妖，趙王倫篡位。倫廢帝於此城，井溢所在，其天意也。九月，荆、楊、徐、冀、豫五州大水。是時，賈后暴戾滋盛，韓謐驕猜彌扇，卒害太子，旋以禍滅。

晉安帝元興二年十二月，桓玄篡位。其明年二月庚寅夜，濤水入石頭。商旅方舟萬計，漂敗流斷，骸胔相望。江左雖頻有濤變，未有若斯之甚。三月，義軍克京都，玄敗走，遂夷滅之。

開元八年夏，契丹寇營州。發關中卒援之，宿澠池之闕門，營穀水上。夜半，山水暴至，萬餘人皆溺死。六月庚寅夜，穀、洛溢入西上陽宫，宫人死者十有七八。畿内諸縣田稼廬舍蕩盡，掌衛兵溺死千餘人。京師興道坊一夕陷爲池，居民五百餘家皆没不見。是年，鄧州三鵶口大水塞谷。或見二小兒以水相沃，須臾有虵，大十圍，張口仰天，人或斬射之。俄而暴雷雨，漂溺數百家。

晉元帝大興四年，廬江灊縣何旭家忽聞地中有犬子聲。掘之，得一母犬，青黎色，狀甚羸瘦，❶走入草中，不知所在。視其處，有犬子一雌一雄，哺而養之，雌死雄活。及長爲大，善噬野獸。其後旭里中，爲蠻賊所害。

晉懷帝永嘉元年，洛陽地陷，有蒼白二鵝出。蒼者飛翔冲天，白者止焉。時言：白者，金色，晉以金旺，國之行也；蒼爲胡人之象。其可盡言乎！白者止而蒼者冲天，晉衰而胡人强盛之徵。其後，劉淵、石勒相

❶「羸」原作「贏」，據《文獻通考》卷三百十二改。

繼亂華，晉室東渡。

晉成帝咸寧初，地生毛。孫盛以爲人勞之應也。

晉安帝元興三年五月，陵江地生毛。未幾，陵江有兵禍。

荆齊高帝建元元年，荆州人井湖出綿。人用，與常綿不異。齊二十餘年而亡，此短祚之徵。

北齊武成帝河清元年九月，滄州及長城下地多生毛，或白或黑，長四五寸。時北築長城，人苦勞役。

武帝垂拱元年九月，淮南地生毛，或白或蒼，長者尺餘，偏生牀下。楊州尤甚，大如馬鬣，焚之，臭如燎毛。占曰：「兵起，民不安。」三年，魏州地出鐵，如船，數十丈。武威郡石化爲麪，貧乏者取以給食。此武后僭亂，不久滅亡之徵。

漢武帝幸甘泉長平坂，道中有虫，赤如肝，頭、目、口、齒悉具，人莫知也。時東方朔曰：「此古秦獄地也。積憂所致。」上使按圖，果秦獄地。朔曰：「夫積憂者，得酒而解。」乃以虫致酒中，立消。

武后時，武三思置一妾，絶色。士大夫皆訪觀之，狄梁公亦往焉。妾逃遁不見，三思搜之，在於壁隙中，語曰：「我乃花月之妖，天遣我奉君談笑。梁公，時之正人，我不可以見。」

晉獻公時童謡曰：「丙之晨，龍尾伏辰。袀服振振，袀音均，戎衣也。取虢之旂。鶉之奔奔，天策焞焞。火中成軍，虢公其犇。」是時，虢爲小國，介夏陽之阸，怙虞國之助，抗衡于晉。有抗陽之節，失臣下之心。晉獻公伐之，問於卜偃曰：「吾其濟乎？」師古曰：卜偃，晉大夫主卜者。偃以童謡對，曰：「克之于月朔丙子旦，日在尾，月在策，鶉火中，必此時也。」冬十二月丙子朔，晉師滅虢，虢公醜奔周。

文、成之世童謡曰：「鸜之鵒之，公出辱之。鸜鵒之羽，公在外野，往饋之焉。鸜鵒跦跦，公在乾侯，徵褰與襦。鸜鵒之巢，遠哉摇摇，裯父喪勞，宋父以驕。鸜鵒鸜鵒，往歌來哭。」至昭公時，有鸜鵒來巢。公攻季氏敗，出奔齊，居外野，次乾侯。八年，死於外，歸葬魯。昭公名裯。公子宋立，是爲定公。

漢成帝時童謡曰：「燕燕尾涎涎，張公子，時相見。木門倉琅根。燕飛來，啄皇孫。皇孫死，燕啄矢。」其後，帝爲微行出遊，常與富平侯張放俱稱富平侯。❶過河陽公主作樂，❷見舞者趙飛燕而幸之，故曰「燕尾涎涎」，美好貌也。「張公子」謂富平侯也。「木門倉琅根」謂宮門銅環。銅色青，故曰「倉琅」，言將尊貴也。後遂立爲皇后，與弟昭儀賊害後宮皇子，卒伏辜，所謂「燕飛來，啄皇孫，皇孫死，燕啄矢」者也。

漢成帝時歌謡又曰：「邪徑敗良田，讒口亂善人。桂樹華不實，黄雀巢其顛。古爲人所羨，今爲人所憐。」桂，❸赤色，漢家象。華不實，無繼嗣也。王莽自謂黄，象黄雀巢其顛也。

漢武帝太初二年，大月氏國貢雙頭雞，四足一尾，鳴則俱鳴。武帝置甘泉故館，更以餘鷄配之，得種，類而不能鳴。諫者云：「牝雞無晨，惟家之索，今乃反顧長安哀鳴。」故有謡言曰：「三七末世，雞不鳴，犬不吠，宮中荆棘亂相繼，當有九虎争爲帝。」至王莽之篡，將軍有九虎之號。

後漢更始時，南陽有童謡曰：「諧不諧，在六眉。得不得，在河北。」是時，更始在長安，漢光武爲大司馬，平定河北。後更始爲赤眉所殺，世祖自河北興。

漢光武建武六年，蜀有童謡曰：「黄牛白腹，五銖當復。」是時，公孫述僭號於蜀。時人竊言：王莽稱黄述，欲繼之，故稱；曰五銖，漢時錢名，明當復也。述遂敗滅。述一作述。

❶「俱稱富平侯」，《文獻通考》卷三百九作「俱稱富平侯家人」。
❷「河陽公主」，《文獻通考》卷三百九作「河陽主」。
❸「桂」字原缺，據《文獻通考》卷三百九補。

漢順帝之末，京都童謡曰：「直如弦，死道邊。曲如鈎，反封侯。」按順帝即世，孝質短祚。大將軍梁冀貪立幼主，久專國柄。太尉李固以清河王年長有德，欲立之。冀白太后，策免固，而立桓帝。固是月幽死于獄，暴尸道路。而胡廣、趙戒、袁湯俱封侯。

漢桓帝初，天下童謡曰：「小麥青青大麥枯，誰當穫者婦與姑。丈夫何在西擊胡，吏買馬，君具車，請爲諸君鼓龍胡。」按元嘉中，凉州諸羌俱反，大爲民害。命將出師，每戰常敗。中國益發甲卒，麥多委棄，但有婦女收穫。「吏買馬，君具車」，言調發重，且及有官者也。「請爲諸君鼓龍胡」者，不敢公言，私相咽語。

漢桓帝之初，京都童謡曰：「城上烏，尾畢逋。公爲吏，子爲徒。一徒死，百乘車。車班班，入河間。河間姹女工數錢，以錢爲室金爲堂。石上慊慊春黄粱。梁下有懸鼓，我欲擊之丞相怒。」按此皆爲貪政也。「城上烏，尾畢逋」者，處高利獨食，不與下共，謂人主多聚歛也。「公爲吏，子爲徒」者，言蠻夷將叛逆，父既爲軍吏，其子又爲卒徒往擊之也。「一徒死，百乘車」者，言前一人往討胡，既死矣，後又遣百乘車往。「車班班，❶入河間」者，言上將崩，乘輿班班入河間，迎靈帝也。「河間姹女工數錢，以錢爲室金爲堂」，靈帝既立，其母永樂太后好聚金以爲堂也。「石上慊慊春黄粱」者，言永樂雖積金錢，慊慊然常苦不足，使人春黄粱而食之。「梁下有懸鼓，我欲擊之丞相怒」，言永樂教靈帝，使費官受錢，❷所禄非其人，天下忠義之士怨望，欲擊懸鼓以求見，丞相立鼓者，亦復諂順，怒而止我也。

漢桓帝之初，京都童謡曰：「游平賣印自有平，不避豪家及大姓。」按延熹之末，鄧皇后以譴自殺，乃以

❶ 「車班班」原缺「車」字，據前文補。

❷ 「費」，《文獻通考》卷三百九作「賣」。

竇貴人代之。其父名武，字游平，拜城門校尉。及太后攝政，爲大將軍，與太傅陳蕃合心戮力，惟德是建。印綬所加，咸得其人。豪貴大姓皆絕望矣。

漢桓帝之末，京都童謡曰：「茅田一頃中有井，四方纖纖不可整。嚼復嚼，今年尚可後年鐃。」音澆。按《易》曰：「拔茅茹以其彙，征吉。」茅，喻羣賢也。井者，法也。時中常侍管霸等專作威福，禁錮黨人。「茅田一頃」者，言羣賢衆多也。「中有井」者，言雖阨窮，不失法度也。「四方纖纖不可整」者，言慝奸大熾，不可整理。「嚼復嚼」者，京都飲酒相强之詞，言肉食者鄙，不恤王政徒耽宴飲歌呼而已也。「今年尚可」言但禁錮。「後年鐃」者，陳、竇被誅，天下大亂。

漢靈帝之末，京都童謡曰：「侯非侯，王非王，千乘萬騎上北邙。」按中平六年，史侯皇子辨，養於道人史眇家，故號史侯。登躡至尊，未有爵號。爲中常侍段珪等數十人所執，公卿大夫百官皆隨其後，到河上乃得來還。此爲非侯非王、上北邙者也。

吴孫亮初，童謡曰：「吁汝恪，何若若！蘆葦單衣篾鉤絡，於何相求常子閣。」「子閣」者，反語，石子岡也。「鉤絡」，鉤帶也。及諸葛恪死，果以葦席裹身，篾束其腰，投之石子岡。後聽恪故吏收斂，求之北岡云。

吴孫休永安二年，將守質子羣聚嬉戲。有異小兒忽來，言曰：「三公鋤，司馬如。」又曰：「我非人，熒惑星也。」言畢上昇。仰視，若曳一疋練。有頃没。干寶曰：「後四年而蜀亡，六年而魏廢，二十一年而吴平。」於是九服歸晉。魏與吴、蜀並戰國，「三公鋤，司馬如」之謂也。

吴孫皓天紀中，童謡曰：「阿童復阿童，銜刀游渡江，不畏岸上獸，但畏水中龍。」武帝聞之，加王濬龍驤將軍。及征吴，江西衆軍無過者，而王濬先定秣陵。

晉武帝太康元年平吳後，❶江南童謡曰：「局縮肉，數横目，中國當敗吳當復。」又曰：「宫門柱，且莫朽，吳當復在三十年後。」又曰：「雞鳴不拊翼，吳復不用力。」于時，吳人皆謂在孫氏子孫，故切發爲亂者相繼。❷按「横目」者「四」字，自吳亡至元帝興，幾四十年。元帝興於江東，皆如童謡之言焉。元帝懦而少斷，「局縮肉」者，有所斥也。

晉惠帝元康中，洛中童謡曰：「南風起，吹白沙，遥望魯國何嵯峨！十歲髑髏生齒牙。」又曰：「城東馬子莫嚨哅，比至來年纏汝髮。」「南風」，賈后字也。「白」，晉行也。「沙門」，太子小名也。「魯」，賈謐國也。言賈后將與謐爲亂，以危太子；而趙王因釁咀嚼豪賢，以成篡奪，不得其死之應也。

晉惠帝元康中，天下商農著大鄣目。時童謡曰：「屠蘇鄣目覆兩耳，當見瞎兒作天子。」及趙王倫篡位，其實目眇焉。趙王倫既篡，洛中童謡曰：「獸從北來鼻頭汗，龍從南來登城看，水從西來河灌灌。」數月，而齊王、成都、河間義兵同會殺倫。案成都，西藩，而在鄴，故曰「獸從北來」。齊，東藩，而在許，故曰「龍從南來」。河間，水源，而在關中，故曰「水從西來」。齊留輔政，居于宫西，又有無君之心，故言「登城看」也。

晉安帝隆安年間，百姓忽作《懊憹》之歌，其曲曰：「草生可攬結，女兒可攬擷。」尋而桓玄篡位。義旗以三月二日平定京都，誅之。玄之宫女及逆黨之家子女妓妾，悉爲軍賞。東及甌越，北流淮泗，人皆有獲。故言其時則草可結，言其事則女可擷也。桓玄既篡，童謡云：「草生及馬腹，烏喙桓玄目。」❸及玄敗走，至江

❶「元」原作「三」，據《文獻通考》卷三百九改。
❷「切」，《文獻通考》卷三百九作「竊」。
❸「喙」，《文獻通考》卷三百九作「啄」。

陵，時正五月中，被誅正如其期焉。

晉明帝太寧初，童謡曰：「側側力力，放馬山側。大馬死，小馬餓。高山崩，石自破。」及明帝崩，成帝幼，爲蘇峻所逼，遷于石頭，御饍不足。此「大馬死，小馬餓」也。「高山」，峻也。又言「峻尋死石」，峻弟蘇石也。峻死後，石據石頭，尋爲諸公所破，是「崩山石破」之應也。

晉東海王越，高密王泰之次子也。迎惠帝還都洛陽，爲太傅，録尚書。時洛中有童謡曰：「洛中大鼠長尺二，若不早去大狗至。」及苟晞將破汲桑，又謡曰：「元超兄弟大落度，上桑打椹爲狗作。」❶由是越惡晞，奪其兖州。隙難遂搆焉。

晉哀帝隆和初童謡曰：「升平不滿斗，隆和那得久？桓公入石頭，陛下徒出走。」朝廷聞而惡之，改年曰「興寧」。人復歌曰：「雖復改興寧，亦復無聊生。」哀帝尋崩，升平五年而穆帝崩。「不滿斗」，升平不至十年也。

晉時苻生初夢大魚食蒲，又長安謡曰：「東海大魚化爲龍，男便爲王女爲公，問在何所？洛門東。」東海，苻堅封也，時爲龍驤將軍，弟在洛門之東。苻生不知是應苻堅。以謡之故，誅其侍中、太師、録尚書事魚遵及七子、十孫。時又謡曰：「百里望空城，鬱鬱何青青。瞎眼不知法，仰不見天星。」於是悉壞諸空城以攘之。❷

苻堅初，童謡曰：「阿堅牽連三十年，後若欲敗時，當在江河邊。」及堅在位三十年，敗於淝水，是其應

❶「狗」，《文獻通考》卷三百九作「苟」。
❷「攘」，《魏書》卷九十五作「禳」。

也。又謡語云：「河水清復清，苻堅死新城。」及堅爲姚萇所殺於新城，復謡歌云：「魚羊田斗當滅秦。」識者以爲「魚羊」，鮮也，「田斗」，卑也。堅自號「秦」，言滅之者，鮮卑也。其羣臣諫堅，今盡戮鮮卑，不從。及淮南敗還，初爲慕容冲所攻，卒爲姚萇所殺。

苻堅滅燕，慕容冲娣爲清河公主，❶年十四，而有殊色。堅納之，寵冠後宮。冲年十二，亦有龍陽之姿，堅又幸之。娣、弟專寵，宫人莫進。長安歌之曰：「一雌復一雄，雙飛入紫宫。」咸懼爲亂，堅乃出冲。長安又謡曰：「鳳凰鳳凰，止阿房。」堅以鳳凰非梧桐不棲，非竹實不食，乃植桐、竹數十萬株于阿房城以待之。冲小字鳳凰。後終爲堅敗，入止阿房城焉。

梁武帝天監三年六月八日，武帝講佛經於重雲殿。沙門誌公忽然歌儛樂，須臾悲泣，因賦五言詩：「樂哉三十餘，悲哉五十裹。但看八十三，子地妖災起。佞臣作欺妄，賊臣滅君子。若不信吾語，龍時侯賊起。且至馬中間，啣悲不見喜。」梁自天監至於大同三十餘年，江表無事。至太清二年，臺城陷。帝享國四十八年，所言「五十裹」也。太清元年八月十三日，而侯景自懸瓠來降，在丹陽之北，子地。帝惑朱异之言，以納景。景之作亂，始自戊辰之歲。至午年，帝憂崩。

隋煬帝大業中，童謡曰：「桃李子，鴻鵠遶陽山，宛轉花林裏。莫浪語，誰道許。」其後李密坐楊玄感之逆，爲吏所拘，在路逃叛，潛結羣黨，自陽城山而來，襲破洛口倉，後復屯兵苑内。「莫浪語」，密也。宇文化及自號許國，尋亦誅滅。「誰道許」者，蓋驚疑之詞也。

玄宗時童謡曰：「燕燕飛上天，上天女兒鋪白氈，氈上有千錢。」時幽州又有語曰：「舊來誇載竿，今日

❶「娣」，《晉書》卷一百十四作「姊」。下「娣」字同。

不堪看。但看五月裹，清水河邊見契丹。」其後禄山反。

漢成帝建始三年十月丁未，京師相驚，言大水至。渭水虒上音斯，地名。小女陳持弓小女名也。年九歲，走入横城門，入未央宫尚方掖門，殿門門内諸衛護者莫見。至句盾禁中而覺得。句音鉤，句盾，少府之官舍也。民以水相驚者，陰氣盛也。小女而入宫殿中者，下人將因女寵而居有室家之象也。名曰持弓，有似周家檿弧之義。是時，帝母王太后弟鳳始爲上將，秉國政。天知其後將滅天下，而入宫室，故象先見也。

漢哀帝建平四年正月，民驚走，持藁或掫藁，禾稈；掫，麻幹。一枚，傳相付與，曰「行詔籌」。道中相過逢多至千數，或被髮徒跣，或夜折關，或踰牆入，或乘車騎奔馳，以至驛傳。行經歷郡國三十六，至京師。其夏，京師郡國民聚會里巷阡陌，張博具，博戲之具。歌舞祠西王母。又傳書曰：「母告百姓，佩此書者不死。不信我言，視門樞下，當有白髮。」樞，門臼也。是時，帝祖母傅太后驕，與政事。故杜鄴曰：「《春秋》災異，以指象爲言語。籌，所以紀數。民陰水類也。水以東流爲順，走而西行，反類逆上象。數度放溢，妄以相予，違忤民心之應也。西王母，婦人之稱。博奕，男子之事。於街巷阡陌，明離闑内闑，門檻也。與疆外。臨事盤樂，炕陽之意。白髮，衰年之象。體尊性弱，難理易亂。門，人之所由，樞其要也。居人之所由，制持其要也，其明甚著。今外家丁、傅並侍帷幄，布於列位，有罪惡者不坐辜罰，亡功能者畢受官爵，此指象昭昭，以覺聖朝，奈何不應？」後哀帝崩，成帝母王太后臨朝，王莽爲大司馬，滅丁、傅。一曰丁、傅所亂者小，此實乃王太后、莽之應也。

王莽始建國元年，長安狂女子碧呼道中碧，女子名也。曰：「高皇帝大怒，趣歸我國。不者，九月必殺汝。」莽收捕，殺之。

晉惠帝永寧初，齊王冏唱義兵，誅亂逆，乘輿反正。忽有婦人詣大司馬門求寄産。門者詰之，婦曰：

「我截臍便去耳。」其後，冏果斬戮。

晉大安元年四月癸酉，有人自雲龍門入殿前，北面再拜曰：「我當作中書監。」即收斬之。干寶以爲，禁庭尊秘之處，今賤人徑入，而門殿不覺者，宫室將虚。而下人喻之妖也。是後，帝北遷鄴，又遷長安，宫闕遂空焉。

晉元帝永昌二年，大將軍王敦下據姑熟。百姓訛言蟲病，食人大孔，數日入腹，則死。療之有方，當得白犬膽以爲藥。自淮泗遂及京都，數日之間，百姓驚擾，人人皆自云已得蟲病。又云：始在外時，當燒鐵以灼之。於是翕然被燒灼者十七八矣。而白犬暴貴，至相侵奪，其價十倍。或有自云能行燒鐵灼者，賃灼百姓，日得五六萬，憊而後已。四五日漸静。説曰：夫裸蟲，人類，而人爲之主。今云蟲食人，言本同臭類，而相殘賊也。自下而上，明其逆也。必入腹者，言害由中出，不由外也。犬有守衛之性，白者金色，而膽用武之主也。中興之際，大將軍本以腹心受伊吕之任。而元帝末年遂改京邑，明年諒闇又有異謀，是以下逆上，腹心内爛也。及錢鳳、沈充等逆兵四合，而爲王師所挫，逾月而不能濟水。北中郎將劉遐及淮陵内史蘇峻率淮泗之衆以救朝廷，❶故其謠言首作於淮泗也。朝廷卒以弱制强，罪人授首，是用白犬膽可救之效也。

晉太元中，小兒以兩鐵相打於土中，名曰鬭族。後王國寶、王孝伯一姓之中自相攻擊也。

桓玄初改年爲大亨，遐邇讙言曰：二月了。故義，謀以仲春發也。玄篡位，又改年爲建始，以與趙王倫同又易永始，永始復是王莽受封之年也。

苻堅時，有人於光朝殿大呼曰：「甲申、乙酉，魚羊食人！嗟哉，無復遺！」堅命執之，俄而不見。秘書

❶「北中郎將劉遐」原作「北中劉郎遐」，據《文獻通考》卷三百十改。

監朱彤等因請戮解卑，堅不從也。

齊武帝時，文惠太子立樓觀於鍾山下，號曰「東田」，太子屢游幸之。東田，反語爲顛童也。武帝又於清溪立宫，號曰「舊宫」。反之，窮厩也。至鬱林王，果以輕狡而至於窮。又武帝小史，姓皇，名太子。武帝曰：「皇太子，非名之謂。」於是移點於外，易名犬子。處士何點曰：「太子者，天地之所懸，三才之所係，今化而爲犬，不得立矣。」既而文惠太子薨，鬱林、海陵相繼廢黜，此其驗也。

貞觀十七年七月，民訛言官遣棖棖殺人以祭天狗，❶云其來也，身衣狗皮，鐵爪，每於闇中取人心，時而去。於是更相震怖，每夜驚擾。皆引弓劍自防，無兵器者削竹爲之。郊外不敢獨行。太宗惡之，令通夜開諸坊門，宣旨慰諭。月餘乃止。

晉元帝永昌元年，甘卓將襲王敦。還家多變怪，覽鏡不見其頭。此金失其性而爲妖也。尋爲敦所滅。

陳後主禎明二年五月，東冶鐵鑄，有物赤色，大如斗，自天墜鎔所，隆隆有聲。鐵飛破屋而四散，燒人家。東冶者，陳人鑄兵之所。鐵飛爲變，金不從革之應。天戒若曰：陳國小兵弱，其後遂亡。

隋堯君素守蒲州，兵器夜有光，如火鑠金。火，金所畏也，敗亡之象。

元和中，翰林院有鈴，夜中文書入，則引之以代傳呼。長寧中，河北用兵，鈴輒自鳴，與軍中息耗相應：聲急則軍事急，聲緩則軍事緩。

漢昭帝時，昌邑王賀聞人聲曰：「熊！」視而見大熊。左右莫見，以問郎中龔遂。遂曰：「熊，野獸，而來入宫室，王獨見之，此天戒大王，恐宫室將空，危亡象也。」賀不改悟，後卒失國。

❶「棖棖」原作「張根」，「天狗」原作「犬猧」，據《文獻通考》卷三百十改。

晉武帝太康六年，南陽獻兩足猛獸，此毛蟲之孽也。識者爲其文曰：「武形有虧，金獸失儀。聖主應天，斯異何爲？」言兆亂也。京房《易傳》曰：「足少者，下不勝任也。」干寶以爲：「獸者陰精，居于陽，金獸也。南陽，火名。金精入火，而失其形，王室亂之妖也。」六，水數，言水數既極，火患得作。

王莽地皇元年七月，杜陵便殿乘輿虎文衣廢。藏在室匣中，出，自樹立外堂上，良久乃垂地。吏卒見者以聞，莽惡之。

漢桓帝元嘉中，京都婦女作「愁眉」、「啼粧」、「墮馬髻」、「折腰步」、「齲齒笑」。所謂「愁眉」者，細而曲折；「啼粧」者，薄拭目下若啼處。「墮馬髻」者，作一邊。《梁冀别傳》曰：冀婦女又有不聊生髻。❶「折腰步」者，足不在體下。「齲齒笑」者，若齒痛，樂不欣欣。始自大將軍梁冀家所爲，京師翕然，諸夏皆放。此服妖也。梁冀一世上將，婚媾王室，大作威福，將危社稷。天戒若曰：「兵馬將往收捕，婦女憂愁，戚眉啼泣；吏卒掣頓，折其腰脊，令髻傾邪。雖强語笑，無復氣味也。」至延熹二年，舉家遭滅。

漢桓帝延熹中，梁冀戮後，京都幘顔短耳長，短上長下。時中常侍單超、左悺、徐璜、具瑗、唐衡在帝左右。❷

晉太元中，公主婦女必緩鬢傾髻，以爲盛飾。用髮既多，不可恒戴，乃先於木及籠上裝之，名曰假髻，或名假頭。❸至於貧家不能自辨，自號無頭。就人借頭，遂布天下。無幾時，孝武晏駕，而天下騷動，刑戮無

❶「聊生」原作「脚上」，據《文獻通考》卷三百十改。

❷「左右」以下，《文獻通考》卷三百十有「縱其奸慝。海内愠曰：一將軍死，五將軍出。家有數侯，子弟列布州郡，賓客雜襲騰翥，上短下長，與梁冀同占。到其八年，桓帝因日蝕之變，乃拜故司徒韓寅爲司隸校尉，以次誅鉏，京都正清。」參見一五一頁注❷。

❸「必緩鬢傾髻……或名假頭」原缺，據《文獻通考》卷三百十補。

數，多喪其元。至於大殮，皆刻木及蠟，或縛菰草爲頭。是假頭之應也。

晉孝武太元中，帝每聞手巾箱中有鼓吹鞞角響。於是請僧齋會，夜見一臂長三丈餘，手長數尺，來摹經案。帝是歲崩，天下大亂。

後齊武平時，後主於苑内作貧兒村，親衣繿縷之服，而行乞其間，爲笑樂。多令人服烏衣，以相執縛。後主果爲周所敗，被虜於長安而死。妃后窮困，至以賣燭爲業。又婦人皆剪剔以著假髻，而危邪之狀如飛鳥，至於南面，則髻心正西。始自宫内爲之，被於四遠。天戒若曰：元首剪落，危側當走西也。又爲男子者，肩背狹細，名曰盡勢。遊童戲者好以兩手持繩拂地，而脚上跳且唱，曰「高末」，高末之言。❶蓋高氏運祚之末也。

崑崙山有玉桃，光明洞澈而堅瑩。須以玉井泉洗之，便軟可食。

唐衡在帝左右，縱其讒慝。海内愠曰：「一將軍死，五將軍出。」家有數侯，子弟列布州郡，賓客雜襲騰翥。上短下長，與梁冀同占。到其八年，桓帝因日食之變，乃拜韓寅爲司隸校尉，以次戮之，京都正清。❷

漢靈帝好胡服、胡帳、胡牀、胡坐、胡飯、胡箜篌、胡笛、胡舞，京城貴戚皆競爲之。此妖服也。其後董卓乃擁胡兵，填塞街衢，虜掠宫掖，發掘園陵。

漢靈帝於宫中西園駕四白驢，躬自操轡，驅馳周旋，以爲大樂。於是公卿貴戚轉相放效，至乘輜軿以爲騎從。互相侵奪，價與馬齊。夫陸行者莫如馬，驢乃服重致遠，上下山谷，野人之所用耳，何有帝王君子而

❶「高末之言」原缺「高」字，據《文獻通考》卷三百十補。

❷本段當接一五〇頁「漢桓帝延熹中」段末。

驂服之乎！❶ 攧子紒始自宮中天下化之。其後賈后廢害太子之應也。❷

漢元帝初元四年，皇后曾祖父、濟南東平陵王伯王伯，莽之祖也。墓門梓柱卒卒者猝，忽也。生枝葉，上出屋。劉向以爲王氏貴盛，將代漢家之象也。至王莽篡位。

漢哀帝建平三年十月，汝南西平遂陽鄉桂仆地，生枝，如人形，身青黄色，面白，頭有鬚髮。稍長大，凡六寸一分。京房《易傳》曰：王德衰，下人將起，則有木生爲人狀。又零陵有樹僵地，圍大六尺，長十丈七尺。民斷其本，長九尺餘，枯。三月，樹卒卒音倅。自立故處。京房《易傳》曰：棄正作淫，厥妖木自斷屬。後哀帝在位不久，王莽專政，故有此應。

後漢靈帝熹平三年，右校別作，中有兩樗樹，皆高四尺。其一株宿夕暴長，長丈餘，大一圍，作胡人狀，頭、目、鬢、鬚、髮備具。其後董卓之亂，實擁胡兵。傕、汜之時，縱横尤甚，遂窺問宮嬪，剽虐百姓。鮮卑之徒，踐籍畿封。胡之爲害亦已毒矣！

漢獻帝建安十五年正月，在洛陽起建始殿。伐濯龍樹而血出；又掘徙梨，根傷，亦血出。帝惡之，遂寢病，未幾而崩。

晉惠帝元康九年六月庚子，有桑生東宮西廂，日長尺餘。甲辰枯死。班固稱，野木生朝而暴長，小人將暴居大臣之位，危國亡家之象，朝將爲墟也。是後，孫秀、張林用事，遂大亂。又永康元年四月，立皇孫臧爲皇太孫，五月甲子，就東宮。桑又生於西廂。明年，趙王倫篡位，鴆殺臧。是月，壯武國有桑化爲栢，而張華

❶「君子而驂服之乎」原缺，據《文獻通考》卷三百十補。
❷「攧子紒……之應也」，當爲另條殘句竄入。

遇害。壯武，華之封邑也。

晉孝懷帝永嘉二年冬，項縣桑樹有聲，如解材。人謂之桑樹哭。是時，京師虛弱，胡交寇侵。東海王越無衞國之心。越死，洛京亦尋覆没，桑哭之應也。

晉元帝大興四年，王敦在武昌。鈴下儀仗生華，如蓮華，五六日而萎落。此木失其性。干寶以爲，狂華生枯木，又在鈴閣之間，言威儀之富、榮華之盛，皆如狂華之發，不可久也。其後敦果以逆戮。

晉劉曜時，西明大内大樹風吹折。經一宿，樹忽變爲人形，髮長一尺，鬚眉長三寸，皆黄白色，有斂手之狀，亦有兩脚著裙之形，惟無目、鼻。每夜有聲。十日而生柯條，遂成大樹，枝葉甚茂。

晉明帝大寧元年九月，會稽剡縣木生如人面。是後王敦稱兵作逆，禍敗，無成。

晉海西公太和元年，凉州楊樹生松。天戒若曰：松者，不改柯易葉。楊者，柔脆之木。今松生於楊，豈非永久之葉將集危亡之地耶？是時，張天錫稱雄於凉州，後降苻堅。

齊後主武平五年，鄴城東青桐樹有如人狀。京房《易傳》曰：「王德衰，下人將起，則有木生爲人狀。」時後主怠於政事，荒耽酒色，大發徭役，後三歲而亡。木不曲直之效。

齊後主武平三年，鄴宫中有樹，大數圍，夜半無故自拔。齊以木德王，無故自拔，亡國之應。其年齊亡。

漢靈帝中平元年夏，陳留郡濟陽，濟陰冤句、❶離狐，成皋、❷陽武，城郭路邊生草，悉備龍蛇鳥獸之形。《續漢志》曰：「其狀五色，羽毛頭目翅足皆具，或作人形，操持弓弩、牛馬萬物之狀。」是歲，黑山賊張角等十

---

❶ 「濟陽，濟陰」原作「濟陰陽」，據《太平廣記》卷四百一十六改。

❷ 陽武，「成皋」，《文獻通考》卷二百九十九注引《風俗通》作「城皇」。

餘輩並起抄掠。后兄何進秉權，漢遂微弱，又董卓兵起，焚燒宮闕之應。

吴孫皓天璽元年，吴郡臨平湖自漢末穢塞，是時一夕忽開，除無草。長老相傳：「北湖塞，天下亂；北湖開，天下平。」吴尋亡，而九服爲一家。

晉安帝義熙中，宮城上及御道左右皆生蒺藜。蒺藜有刺，不可踐而行，生宮牆及馳道。天戒若曰：人君不聽政，雖有宮室、馳道，若空廢也，故生蒺藜。

隋高祖時，上黨有人宅後每夜有人呼聲，求之不得。去宅一里所，但見人參一本，枝葉峻茂。因掘去之。其根五尺餘，具體，人狀。呼聲遽絶。蓋草妖也，視不明之咎。時晉王陰有奪宗之計，高祖不悟，聽邪言，廢無罪，因此而亂也。

秦始皇三十六年，鄭客從關東來，至華陰，望見素車白馬從華山上下，知其非人，道住，止而待之。遂至，持璧與客曰：「爲我遺鎬池君。」長安西北有鎬池，君則池神也。江神告之。因言今年祖龍死。祖，始也；龍，人君象，謂始皇也。忽不見。客奉璧，始皇使御史視之，即二十八年過江所沉璧也。默然良久，曰：「山神不過知一歲事也。」

劉曜時，終南山崩。長安人劉終於崩所得白玉，方一尺，有文字曰：「皇亡，皇亡，敗趙昌。井水竭，構五梁，咢酉小衰困囂喪。嗚呼！嗚呼！赤牛奮靷其盡乎！」時羣下咸賀，以爲勒滅之徵。曜大悅，齋七日，而後受之於太廟。大赦境内，以終爲奉瑞大夫。中書監劉均進曰：「臣聞國主山川，故山崩川竭，君爲之不舉。終南，京師之鎮，國之所瞻，無故而崩，其凶焉可極言！昔三代之季，其災也如是。合朝臣皆言祥瑞，臣獨言非祥，上忤聖旨，下違衆議。然臣不達大理，竊所未同。何則？玉之於山石也，猶君之於臣下，山崩石壞，象國傾人亂。『皇亡，皇亡，敗趙昌』者，此言皇室將爲趙所敗，趙因之而昌。今趙都於秦雍，而勒跨全趙之地，趙昌之應當在石勒，不在我也。『井水竭，構五梁』者，井謂東井，秦之分也；『五』謂五車，『梁』謂大梁，五車大梁，趙之分也，此言秦將竭滅，以構成趙也。『咢』者，歲之次名作咢也，言歲馭作咢酉之年，當有敗軍殺將事。『困』謂困敦，歲在子之名，玄囂亦在子之次。言歲馭於子，國當喪亡。『赤牛奮靷』謂赤奮若丑之歲名也。『牛』謂牽牛，東北維之宿，丑之分也。言歲在于丑，當滅亡，盡無復遺也。此其誡悟蒸蒸，❶欲陛下勤修德化以禳之。」

漢成帝鴻嘉三年五月乙亥，天水冀南山有大石鳴，聲隆隆如雷，有頃止，聞平襄二百四十里，野雞皆鳴。石長一丈三尺，闊厚略相似，傍著岸脅，去地二百餘丈。民呼曰石鼓，凡石鼓鳴，主有兵。是歲，廣漢鉗徒謀攻牢，刼取死囚鄭躬等。盜庫兵，刼略吏民。後四年，尉氏等並起謀反，殺陳留太守。時帝起昌陵，五年不成。此其應也。時起昌陵，殺人數萬，五年不成。

魏明帝青龍元年，張掖柳谷口水溢，涌寶石負圖，狀象龜立于川西。有石馬七，及鳳、麟、牛、白虎、犧、璜玦八卦、列宿、孛彗之象。又有文曰「大討曹」。此晉之符命，而於魏爲妖。

晉惠帝大安元年夏，架湖有大石，浮三百步，登岸。民驚譟，相告曰：「石來！」干寶曰：「尋有石冰入建業。」

晉少帝開運元年七月，大雨，門內井亭、石盆走。水槽有龍首，悉飄數十步而龍首斷。識者曰：「石，國姓也。石氏其遷乎？」後果陷虜。

後趙石季龍時，東海有大石自立，傍有血流。鄴西山石間血流出，長十餘步，廣二尺餘。大武殿畫古賢悉變爲胡，旬餘，頭悉縮入肩中。季龍大惡之。

❶「誡」，《文獻通考》卷三百作「誠」。

至德二年，昭陵石馬汗出。昔周武帝克晉州，齊有石象汗流濕地。此其類也。

漢武帝征和二年春，涿郡鐵官鑄鐵，鐵銷皆飛去。此火爲變使之然也。其三月，涿郡太守劉屈釐爲丞相，後坐祝詛，腰斬。

漢成帝河平二年正月，沛郡鐵官鑄鐵，鐵不下，隆隆如雷聲，又如鼓音。工十三人驚走，音止。還視地，地陷數尺，爐分爲十。一鑪中銷鐵散如流星，皆上去。與征和二年同象。其夏，帝舅五人封列侯。元舅王鳳擅政，譖殺丞相王商、京兆尹王章。許后坐廢；趙飛燕爲后，賊害皇子，成帝亡嗣。

魏明帝青龍中，盛修宮室。西取長安金狄承露槃，槃折，聲聞數十里。金狄泣，於是因留霸城。此金失其性，而爲異也。

晉惠帝元康三年閏二月，殿前六鍾皆出涕，五刻，止。前年賈后殺楊太后於金墉城，而賈后爲惡不止。故鍾出涕，猶傷之也。

晉惠帝永興元年，成都王伐長沙，每夜戈戟鋒有火光，如懸燭。此輕人命，好攻戰，金失其性，而爲光變也。天戒曰：兵猶火也，不戢將自焚。成都不悟，終以敗亡。

晉懷帝永嘉元年，項縣有魏豫州刺史賈逵石碑，生金可採。人盜鑿取以賣，賣已復生。此金不從革而爲變也。五月，汲桑作亂，羣寇飈起。初，帝爲清河王世子時，❶所佩金鈴忽生起如粟者。康王母爲不祥，毀棄之。及後爲惠帝太子，不終于位，卒爲司馬越所殺。

漢劉聰末年，犬與豕交于相國府門，又交于宮門，又交于司隸御史門。有豕着進賢冠，升聰坐。犬冠武

❶「帝爲清河王世子」，《文獻通考》卷三百作「清河王覃爲世子」。

冠帶綬，與豕並升，俄而鬬死殿上。宿衛莫有見其入者。

貞元四年二月，京師民家有豕生子，兩首、四足。首多者，上不一也。是歲軍州大雨，震雹，有物墮地，如豬，手足各兩指，執赤班蛇食之。頃又雲合，不復見。

隋開皇末，渭南有人寄宿他舍，夜聞二豕對話。其一曰：「歲將盡，阿爺明日殺我供歲，何處避之？」一答曰：「可向水北姊家。」因相隨去。天曉，主人覓豕不得，疑是宿客得之。宿客言狀。主人如其所言，得豕。其後，蜀王秀得罪，文帝將殺之，平樂公主救之得全。

魯定公時，季桓子穿井得土缶，得蟲若羊。缶，即今之盆。羊者，地上之物，出於土中，象定公不用孔子之言，而聽季氏，暗昧不明之應。

晉成帝咸和二年五月，司徒王導厩羊生，無後足。明年，蘇峻破京都，導與帝俱幽石頭。是其應也。

後魏孝文太和二十三年，肆州陽曲縣羊生羔，一頭二身，一牡一牝，三耳，六足。是年帝崩，六輔用事。

隋文帝開皇十二年六月，繁昌楊悦見雲中二物，如羝羊，黄色，大如新生犬。鬬而墜，悦獲其一。數旬，失所在。羊，國姓。羔，羊子也。皇太子勇既升儲貳，晉王陰毁之，而被廢黜。二羔鬬，一羔墜之應也。

乾符二年，洛陽建春門外因暴雨有物墜地，如羖羊。不食，頃之入地中。其跡月餘不滅。或以爲雨土也。占曰：當旱。

魏司馬太傅討公孫淵父子。先時，淵家有犬着絳幘、絳衣。又襄城北市生肉，有頭、目，無手、足，而動摇。占者曰：「有形不成，有體無聲，其國滅。」

王莽居攝，東郡太守翟義知其將篡漢世，謀舉義兵。兄宣教授，諸生滿堂。羣鵝鴈數十在中庭，有犬從外入，齧之，皆驚。比殺之，皆斷頭。狗走出門，求不知處。宣大惡之。後數日，莽夷其三族。

晉元帝太興中，吴郡太守張懋聞齋内牀下犬聲，求而不得。既而地自坼，見有二犬子，取而養之，皆死。尋而懋爲沈克所害。

晉安帝隆安初，吴郡治下狗常夜吠，聚高橋上，下家狗。❶使善卜者卦之，謂曰：「天下將有兵亂，爲禍非止一家。」其年，張昌反，先略江夏，騁爲將帥。於是五州殘亂，騁一滅族。❷

後周建德六年，陽武有獸三，狀如水牛，一黄，一赤，一黑。赤與黑者鬬，久之，黄者自傍觸之，黑者死，黄、赤俱入於河。近牛禍也。黑，周所尚色。死者，滅亡之象。後數載，隋代周，旌旗尚赤，戎服以黄。

武后長安中，有獻牛，無前膊，三足而行者。又有牛膊上生數足，蹄甲皆具。武太后從娣之子司農卿宗晉卿家，牛生三角。皆此武后滅亡之妖。

漢昭帝元鳳元年，燕王宫永巷中豕出圂，壞都竈，銜其鬴六七枚置殿前。時燕王旦與長公主、左將軍謀爲大逆，暴急無道。竈者，養生之本。而豕敗竈，陳鬴於庭，鬴、竈將不用，宫室將廢辱也。燕王不改，卒伏其辜。

晉成帝咸和六年六月，錢塘人家豭豕産兩子，而皆人面，如胡人狀，其身猶豕。占曰：「豕生人頭豕身者，危且亂。」今此豭豕而産異之甚者也。

---

❶ 「下家狗」，《文獻通考》卷三百十二作「人家狗」，「狗」字下有「有限而吠聲甚衆。或有夜覘視之。云一狗假有兩三頭，皆前向亂吠。無幾，孫恩亂於吴會焉」。

❷ 本段有錯亂。「使善卜者」以下出《文獻通考》卷三百十一，其上《文獻通考》有「惠帝泰安中，江夏張騁所乘牛言曰：『天下亂，乘我何之。』騁懼而還，犬又言曰：『歸何早也。』尋後牛又人立而行，騁」。

晉孝武帝太元十三年，京都人家豕產子，一頭、二身、八足。是後，宰相沉酗，不恤朝政，近習用事，漸亂國綱，至於大壞也。

晉朱遶爲丹陽内史，家犬生三子，皆無頭。後爲楊州刺史曹武所殺。

吴諸葛恪征淮南歸，將朝，犬銜引其衣。恪曰：「犬不欲我行乎？」還坐，而頃復起，犬又銜衣。乃令逐犬，遂升車，亦被害。

新野庾謹母病，兄弟三人白日侍疾。常燃火。忽見帳帶自捲上，自舒下，如此數遭。須臾又聞牀前聞狗聲非常，❶舉家共視，不見狗，止見一死人頭在地。其頭猶有血，兩眼尚動，甚可憎惡。其家人懼，因夜不曾持出門，乃埋於後園中。平明往視之，出在土上，兩眼猶動。又埋之，後早亦復出。乃以塼着頭合埋也。自此不復出。數日，其母遂亡。

謝文静於後府接賓，婦劉氏見狗銜謝頭來，久乃失所在。婦具説之，謝容無異色。是月薨。

漢昭帝元鳳元年九月，燕有黄鼠銜其尾，舞王宫端門中。王往視之，鼠舞如故。王使吏以酒脯飼，鼠舞不休。一日一夜，死。時燕刺王旦，謀反將死之象。

李林甫有疾，晨起盥餙，將入朝，命取平日所用書囊。忽覺書囊重於平日，開視之，有二鼠出，投於地，即變爲蒼狗，雄目張牙，仰視林甫。林甫取弓射之，隱然即滅。林甫惡之，不踰月而卒。而吠聲甚衆，或有夜覘視之，云一狗假有三頭，皆前向亂吠。無幾，孫恩亂於吴會焉。❷

❶ 下一「聞」字疑衍。「非」原作「却」，據《太平廣記》卷百三六十改。

❷ 「而吠……會焉」，據《文獻通考》卷三百十二當爲一五八頁「晉安帝隆安初」條脱文，姑入此處。參見該頁注❶。

晉惠帝元康中，吳郡婁縣人家聞地中有犬聲，掘之，得雌雄各一。還置窟中，覆以磨石。經宿，失所在。時帝既衰弱，藩王相僭，故有犬禍。

桓玄將拜楚王，已設拜席，群官陪位，玄未及出，有狗來，便溺其席，莫不驚怪。玄性猜暴，竟無言者，逐狗改席而已。桓玄無德，而叨竊大位，故犬便其席，示其妄據之甚也。八十日，玄敗亡。

朱建平善相術，謂應璩云：「君年六十三，位爲宰相，當有厄。先此一年，當見一白狗，而傍人不見也。」璩六十一爲侍中，直内省，欻見白狗，問之，衆人悉無見者。於是遊觀田里，飲宴自娛。過期一年，年六十三，果卒。

齊後主時，犬爲開府儀同，雌者有夫人、郡國之號，給兵以奉養，食以粱肉，籍以裀褥。天奪其心，爵加於犬。天意若曰：卿士皆類犬，後主不悟，遂以取滅。

晉庾翼嘗令郭璞筮其後。璞曰：「卿後並貴盛。有白龍者凶徵至矣。」後庾翼之孫庾蘊爲廣州刺史，其妾産犬子，不令蘊知。狗轉長大，蘊入見，狗眉目分明而異於衆。後失所在，蘊慨然曰：「殆龍乎！」後果爲桓氏所滅。

金受其敗也，❶至元康九年始殺太子，距此十四年。二七十四，火始終相乘之數也。自帝受命至愍懷之廢，凡三十五年。

❶ 據《文獻通考》卷三百十一，「金」字上脱「晉武帝太康六年，南陽獻兩足猛獸，此毛蟲之孽也。識者爲其文曰：『武形有虧，金獸失儀，聖主應天，斯異何爲。』言兆亂也。京房《易傳》曰：『足少者，下不勝任也。』干寶以爲，獸者陰精，居於陽，金獸也。南陽，火名也。金精入火而失其形，王室亂之妖也。六水數，言水數既極，火慝得作，而」。

晉武帝太康七年丙辰，四角獸見于河間，河間王顒獲之以獻。天戒若曰：「角，兵象也。四者，四方之象，當有兵亂起於四方。」後河間王遂連四方之兵作爲亂階，殆其應也。

長慶二年五月，有自吐蕃至者，稱隴上自去歲以來出異獸，如猴而腰尾皆長，色青，迅猛，見蕃人即捕而食之，遇漢人則否。

秦孝公二十一年，有馬生人。占曰：「諸畜生非其類，子孫必有非其姓者。」至始皇，果呂不韋子。

晉元帝建武元年七月，晉陵牛生犢，一體兩頭。京房曰：「牛生子，二首一身，天下將分之象。」迄東晉之世，終不能復中原。

太興元年，武昌太守王諒牛生子，兩頭八足，兩尾，共一腹，三年後死。又有牛，一足，三尾。司馬彪曰：「兩頭者，政出私門。」京房曰：「足多者，所任邪也；足少者，不勝任也。」其後，王敦等亂相繼。

晉惠帝大安中，江夏張騁所乘牛言曰：「天下亂，乘我何之？」騁懼而還。又言曰：「歸何早也？」尋後，牛又人立而行。騁見之，不踰月而卒。

魏齊王正始中，中山王周南爲襄邑長。有鼠從穴出，語曰：「王周南，爾以某日死。」周南不應。鼠還穴。後至期，更冠幘皂衣出，語曰：「周南，爾日中當死。」又不應。鼠復入穴。斯須臾出，語如前。日適欲中，鼠又須臾復出。出入轉更，數語如前。日適中，鼠曰：「周南，汝不應我，更何道！」言絶，顛蹷而死，即失衣冠。取視，具如常鼠。時曹爽專政，競爲比周，故鼠作變也。

晉武帝太康四年，會稽蟚蜞及蟹皆化爲鼠，甚衆，復食稻爲災。時帝聽讒諛，寵任賈充、楊駿之應。

夏桀宫中有女，化爲龍，不可近。俄而復爲婦人，甚麗而食人。桀命爲蛟妾。告桀以吉凶。

西海外有鵠國，人長七寸，日行千里，百獸不犯，惟畏海鵠。鵠見，必吞之。在鵠腹中，不死。鵠一舉亦千里。

吐綬鳥，其身大如鸛，五色，出巴東山中，毛色可愛。若天晴景淑，即吐綬，長一尺，須臾還吞之。陰滯，即不吐。

陽泉在天餘山北，清流數十步。所涵草木，皆化爲石，精明堅勁。其水所經之處，物皆漬爲石。

羊山上有燃石，其色黄，而文理疎。以水沃之，便如煎沸，其上可炊烹。稍冷，即以水沃之。

猰貐，獸中最大者。龍頭，馬尾，虎爪，長四百尺，善走，以人爲食。遇有道君，即隱藏；無道君，即出食人。猰，乙八反；貐，翼乳反。

辟寒香，丹丹國所出，漢武帝時入貢。每至大寒，于室焚之，暖氣翕然自外而入，人皆減衣。

迷穀出招摇山，亦名鵲山。其樹如梧，❶又如楮。其花四照，名曰迷穀，如佩之，令人不迷。

炎州在南海中，上有風生獸，似豹，青色，大如狸。綱取之，積薪數車燒之，不燃。鈇鎚鍛頭數十下，乃死。以口向風，須臾便活。以石上菖蒲塞耳，即真死。取其腦和菊花，服之，可壽五百歲。

并州妬女泉，婦人不得艷粧綵服。至其地，必興雲雨。一名是介推妹。北方有七尺之棗，南方有三尺之梨，凡人不得見。或見而食之，即爲地仙。

漢武帝時幸甘泉長平坂，道中有虫，赤如肝，頭、目、口、齒悉具。人莫知也。時東方朔曰：「此古秦獄地，積憂所致。」上便按圖，果秦獄地。朔曰：「夫積憂者，得酒而解。」乃以虫置酒中，立消。❷封微山有怒毛獸，若不嗔，毛短三寸；若嗔，毛長三尺。

---

❶「梧」，《述異記》卷上作「穀」。

❷本段亦見一四〇頁，文字略同。

周成王時，東夷送六角牛。

漢武帝時，西方有日支國，獻活人草，三莖。有人死者，將草覆面，即活。

南金山有獅子禽，❶其毛黄赤而光鮮，耳小。若鳴時，地動石裂。

北荒外有石湖，方十里。中有横公魚，夜即化爲人，刺之不入，煮之不死。若以烏梅二七個煮之，即熟，可治邪病。

周穆王之犬，日走千里，食虎豹。

商紂時，大龜生毛，而兔生角。是兵甲將興之兆。

周幽王時，牛化爲虎，羊化爲狼。

楚莊王時，宫人一旦化爲野蛾，飛去。

周成王時，咸陽雨金。今咸陽有雨金原。王莽時，未央宫中雨五銖錢，既而至地悉爲龜。漢世，翁仲儒家居渭川。一旦，天雨金十斛于其家。漢惠帝二年，宫中雨黄金、黑錫。吕后三年，秦中天雨粟。漢宣帝時，江淮饑饉，人相食，天雨谷三日。漢武帝時，廣陽縣雨麥。秦時，咸陽又雨錢，終日而絶。秦二世元年，宫中雨金，既而頃刻皆化爲石。漢成帝末年，宫中雨一蒼鹿，殺而食之，其味甚美。夏禹時，天雨稻。詩曰：「安得天雨稻，飼我天下民。」本此。漢世，潁川民家雨金銖錢。魏武帝末年，鄴中雨五色石。吴桓王時，金陵雨五谷于貧民家，富者則不雨。魏時，河間王子元家，雨中有小兒八九枚墮于庭前，長六七寸許，自言家在河東南，爲風所飄，而至于君庭。與之言，甚有所知，悉如史傳所述。魏世，河内冬雨棗。

---

❶「禽」，《述異記》卷上作「獸」。

吴太皇時，朱休之家犬歌曰：「言我不能歌，聽我歌梅花。今年故復可，明年當奈何。」休遂殺其犬。明年，休家人並死。

大翮山、小翮山在嬀州。昔有王次仲，年少入學，而家遠，常先到。其師怪之，謂其不歸，使人侯之，又實歸。在其家，同學常見仲捉一小木，長三尺餘。至則着屋間，欲其取之，趣尋，不見。及年弱冠，變蒼頡，曰：「舊書爲隸書。」❶秦始皇遣使徵之，不至。始皇怒，檻車囚之赴國，路次，化爲大鳥，出車而飛去。至西山，乃落二翮，一大一小，遂名其落處爲大小翮山。嬀州即今幽蘇之地。

龍巢山下有丹水，水中有丹魚。欲捕其魚，伺魚之浮出水，有赤光如火，網取。割其血，塗足，可涉水如履平地。

漢宣城郡守封邵一旦忽化爲虎，食郡民，民呼之曰：「封使君！」因去，不復來。故時人語曰：「無作封使君，生不治民死食民。」夫人無德而壽則爲虎，虎不食人，人化虎則食人，蓋耻其類而惡之耳。

東陽郡永康縣吴時有人入山，逢大龜。擔之來至家，遇夜，攬舟于岸，見老桑呼龜曰：「元緒，汝當死矣！」龜呼桑樹曰：「子明，無苦也。雖然，盡南之樵不能潰我。」對曰：「諸葛恪明敏，禍必及于汝予二人也。」明日，其人將龜獻吴王，吴王命煮之，三日三夜不死。遂問諸葛恪，恪曰：「此龜有精，須得多載老桑爲薪煮之，立爛。」遂命伐岸邊老桑爲薪煮之，火既燃，龜即成糜矣。

苻堅三年，鳳凰集于東閣。堅欲赦中國，時無知者。忽有一童兒緋巾幕首走于市曰：「官令大赦。」堅復驗詣，言：赦書日，有一蒼蠅立于筆端，久而飛去，化爲童子，以告市人也。

❶「舊」字原缺，據《述異記》卷下補。

心無馳獵之勞，身無牽臂之役，避俗逃名，順時安處，世稱曰閑。而閑者匪徒尸居肉食，無所事事之謂。俾閑而博奕樗蒲，又豈君子之所貴哉？孰知閑可以養性，可以悦心，可以怡生安壽，斯得其閑矣。余嗜閑，雅好古，稽古之學，唐虞之訓，好古敏求，尼宣之教也。好之，稽之，敏以求之，若曲阜之舄，岐陽之鼓，藏劍淪鼎，兑戈和弓，制度法象，先王之精義存焉者也。豈值剔異搜奇，爲耳目玩好寄哉？故余自閑日，遍考鍾鼎卣彝，書畫法帖，窑玉古玩，文房器具，纖細究心，更校古今鑒藻，是非辯正，悉爲取裁。若耳目所及，真知確見，每事參訂補遺，❶似得慧眼觀法。古杭高濂書。

昔虞夏之盛，遠方皆至，使九牧貢九金，鑄九鼎于荆山之下，于昆吾氏之墟，白若甘攙之地，圖其山川奇怪，百物而爲之備，使人知神姦，不逢其害，以定其祥。鼎成，三足而方，不炊而自沸，不舉而自藏，不遷而自

❶「每」原作「安」，據《遵生八牋》卷十四改。

行。九鼎既成，定之國都，桀有亂德，鼎迁于殷，載祀六百。殷紂暴虐，鼎迁于周。成王定鼎于郟鄏，卜世三十，❶卜年七百，天所命也。及顯王姬德大衰，鼎淪入泗水，秦始王之初，見于彭城，大發徒出之，不能得焉。❷

## 論古銅色

曹明仲《格古論》云：「銅器入土千年者，色純青，如翠；入水千年者，則色緑如瓜皮，皆瑩潤如玉。未及千年，雖有青緑而不瑩潤。」此舉大概，未盡然也。若三代之物，迄今何止千年，豈盡瑩潤而生緑各純者也？❸若云入土則青，入水則緑，其水銀色并褐色黑漆古者，此又埋于何地者也？凡三代之器，入土年遠，近山崗者多青，山氣濕，蒸鬱而成青；近河源者多緑，水氣滷，浸潤而成緑。余見一物，乃三代欵識，坐身水浸，❹年遠，水痕涸溢數層，此爲入水無疑，而色乃純青。其着水潭底方寸，少黃緑色，則水土之說，豈盡然哉？予思鑄時銅質清瑩不雜者，多發青；質之渾雜者，多發緑。譬之白金，成色足者，作器純白，久乃發黑；不足色者，久則發紅發緑。此論質不論製，理可推矣。他如古墓中近尸者，作水銀色，然水銀色亦分

❶「卜世三十」下原有「因入……味侵」一百三十六字，據《遵生八牋》卷十四移一六七頁「三代之物」下。參見該頁注❷。又「味侵」下衍「召父……鼎象」一百三十六字，爲後「論古銅器具取用」條重出衍文，據《遵生八牋》卷十四删。

❷「不能得焉」後另行起原有「上古……鼎商」八十六字，及「彝皆……索視」六十七字，皆後「論古銅器具取用」條重出衍文，據《遵生八牋》卷十四删。

❸「生緑」，《遵生八牋》卷十四作「青緑」。

❹「坐身」，《遵生八牋》卷十四作「半身」。

二種，有銀色，有鉛色，惟鏡居多。古者尸以水銀爲殮，彼世死者以鏡相遺，殮者即以鏡殉，取照幽冥之義。故銅質清瑩者，先得水銀沾染，年久入骨，滿背成銀，千古亮白，謂之銀背。其有先受血水穢污，始受水銀侵入，其銅質原雜，則色如鉛，年遠色滯，謂之鉛背。其有半水銀，半青緑，硃砂堆者，先受血肉穢腐其半，日久釀成青緑，其半浄者，洒染水銀。故一鏡之背，二色間雜也。今之鏡以水銀爲上，鉛皆次之，青緑又次之。又若鉛背埋土，年遠遂變純黑，爲之黑漆背。此價又高，而此色甚易爲假。至有古銅鼎鼒尊彝，亦有水銀色者，何也？此在墓中得水銀散漫之氣，沾染而成，故惟一角，一耳，一傍有之，或地近生水銀處，亦成此色，所以鼎彝無全身水銀色者，而鍾磬則萬無一二也。上古銅器以質厚爲佳，年既久遠，土銹侵骨，質已鬆脆，厚者尚有受用，薄者若少擊搏，不破即裂。又如無青緑而純紫褐色者，曹明仲以爲人間流傳之色，非也。三代之物，❶因入土沉埋，後人方得集以傳世。若云三代流傳到今，方有此色，何能在世數千年不爲兵燹銷爍破損沉淪者？此等器皿，出自高阜古塚，磚宫石室，燥地秘藏，又無水土侵剥，又無尸氣染惹，列之石案間，惟地氣蒸潤，且原製精美光瑩，變爲褐色，純一不雜，故鼎彝居多，而小物并秦漢物褐色絶少。近見褐色上有青緑點子，乃出土之後，人以鹹酸之味侵染乃尔，❷非透骨緑色，故褐色上有雲頭片、芝蔴點、朱砂班并緑翠雨雪點者，此爲傳世物也。非傳世上三五千年，始成褐色。故古銅以褐色爲上，水銀黑漆鼎彝爲次，青緑者又次之也。若得淳青緑，一色不雜，瑩若水磨，光彩射目者，又在褐色之上。宣廟喜倣褐色，故宣銅此色爲多。凡銅器出自三代，不惟青緑瑩潤，其質，其製，其花紋欵識，非後人可能彷彿，自不容僞。若明仲云：

❶「三代之物」下原有「形饕……百乳」一百三十六字，爲後「論古銅器具取用」條重出衍文，據《遵生八牋》卷十四删。

❷「因入……味侵」原在一六六頁「卜世三十」下，據《遵生八牋》卷十四移此。參見該頁注❶。

「必三代之物，方有硃砂斑。」此大誤矣。宋元之物，亦有大片硃斑，若魚子者更多。蓋受人血氣侵染，便成硃斑。亦有二三層堆疊者，刀刮摩擦不可泯也，豈盡三代物哉？不可不攷。

## 新鑄僞造

近日山東、陝西、河南、金陵等處，僞造鼎彝壺觚尊瓶之類，式皆法古，分寸不遺，而花紋欵識悉從古器上翻模，亦不甚差。但以古器相形，則迥然別矣。雖云摩弄取滑，而入手自麄；雖粧點美觀，而氣質自惡。其僞製法：鑄出，剔摩光淨，或以刀刻紋理，缺處方用井花水調泥礬，浸一伏時，取起烘熟，❶再浸再烘，三度爲止。名「作脚色」。候乾，以硇砂、膽礬、寒水石、硼砂、金絲礬各爲末，以青塩水化淨，筆蘸刷三兩度，候一二日洗去，乾又洗之，全在調停顔色、水洗工夫，須三五度方定。次掘一地坑，以炭火燒紅令遍，將嚴醋潑下坑中，放銅器入内，仍以醋醩罨之，加土覆實，窨藏三日取看，即生各色古斑，用蠟擦之。要色深者，用竹葉燒煙薰之。其點綴顔色，有寒熖二法，均用乳香，令人口嚼濟味去盡，方配白蠟鎔和。其色青，以石青投入蠟内。緑用四支緑，紅用硃砂。熖用蠟多，寒則乳蠟相半。以此調成，作點綴凸起顔色。其堆疊用滷銹針砂，其水銀色以水銀砂錫塗抹鼎彝邊角上，❷以法蠟顔色罩蓋，隱露些少，以愚隸家。用手揩摩，則香腥觸鼻，洗不可脱，或做成入滷鹹地内埋藏一二年者，似有古意。又若三代秦漢時物，或落一足，或墮一耳，或傷器體一孔一缺者，此非僞造。近能作冷冲、熱冲、冷銲、軟銅冲法，古色不變。惟熱冲者色較他處少黑，若用

❶「熟」，《遵生八牋》卷十四作「熱」。

❷「抹」原作「採」，據《遵生八牋》卷十四改。

鉛補并冷銲者，悉以法蠟填餙器内，以山黄泥調稠遮掩，作出土狀態，此實古器，惟少周全，較之僞物遠甚。又等屑湊舊器破敗者，件件皆古，惟做手乃新，謂之改鍬。余在京師見有三物，一子父鼎，小而可用，花紋製度，人莫不愛。其僞法，以古壺蓋作肚屑，湊古墓碎器飛龍脚銲上，以舊鼎耳作耳，造成一爐，殊非真正物也。一方亞虎父鼎，内外水銀無一痕紋片，初議價值百金，製在五寸，適用可玩，人争售之。余玩再三，識其因古水銀方鏡破碎，截爲方片，四面冷銲，屑湊古爐耳脚，製成工巧，可爲精絶。余一識破，衆以爲然，後竟不知何去。若此做手，技妙入神。元時杭城姜娘子、平江王吉二家鑄法，名擅當時。其撥蠟亦精，其煉銅亦浄，細巧錦地花紋亦可入目。或作鎏金，或就本色，傳之迄今，色如蠟茶，亦爲黑色，人多喜之。因其製務法古，式樣可觀。但花紋細小，方勝、❶龜紋、回紋居多。平江王家鑄法亦可，煉銅瑩浄，撥蠟精細，但製度不佳，遠不如姜。近日淮安鑄法古鎏金器皿，有小鼎爐、香鴨等物，做舊頗通，人不易識。入手膩滑摩弄之功，亦非時日計也。外此有大香猊、香鶴銅人、燭臺、香毬、酒爐、投壺、百斤獸蓋香爐、花瓶、火盆等物，此可補古所無，亦爲我朝鑄造名地。

## 論宣銅倭銅爐瓶器皿

古無銅小香爐，即《博古圖》爲帝王收藏，僅有一二遺式。後有小鼎爐、獸爐、博山爐，高二寸許者，不知漢唐人何用，想亦墓中物也。亦有中樣鼎爐，獸面脚桶爐，止可清供，不堪焚香手玩。近有潘銅打爐，名「假倭爐」。此匠幼爲浙人，被虜入倭，性最巧滑，習倭之技，在彼十年，其鏨嵌金銀倭花樣式，的傳倭製。後以

❶「勝」原作「滕」，據《遵生八牋》卷十四改。

倭敗還省，在余家數年，打造如倭尺，内藏十件文具、摺疊剪刀，古人未有。其銅合子、途利筒、彝爐、花瓶，無一不好，此真倭物也。故其初出價高，煉銅鎏金，鏨嵌金銀，花巧精好，與倭無二。若近日吴歙之製，較潘似勝，但製度花巧，與古人彝鼎之義，殊無取法。又如以黄銅去腥，假名鈎金，打造方圓鼎爐、彝爐，花紋以《博古圖》爲式，外抹金葉，此等置之何地，惟可作神佛供也。初年潘銅似不可得，有則寶之，後世必有好尚之者。外如倭人鏨銅細眼罩蓋薰爐，亦美。更有鎏金香盆，口面四傍坐以四獸，上用鏨花透空罩蓋，用燒印香，雅有幽致。又若酒銚、水罐、吸水小銅中丞、抹金銅提、盔鎧、腰刀、鎗劍，❶五供養蓮花架，紫銅湯壺、小鈸、小墖、罐罩合、梹榔合、石灰罐、刮銹銅刷、海螺鼻銅鏡、銅鼓、供獻盤橐碟子、鏨花金錢、鏾花銀錢、鏨銀細花捲段、鏨金大小戒指，上嵌奇石，種種精好，不能悉數。無地不有機巧，信哉！近日吴中僞造細腰小觚、敞口大觚、方圓大尊、花素短觶、雨雪金點戟耳彝爐、細嵌金銀碧填鼎爐、香奩、犧尊、團螭鎮紙、細嵌天鹿群邪象罐、水銀青緑古鏡、二寸高小漢壺、方瓶、鎏金觀音彌勒，種種色樣，規式可觀，自多雅致。若出自徐守素者，精緻無讓，價與古值相半。其質料之精，摩弄之密，工夫所到，繼以歲月，亦非常品忽忽成者。置之高齋，可足清賞。不得與古具比，亦可以想見上古風神，孰云不足取也？此與惡品非同日語者，鑒家當共賞之。

## 論古銅器具取用

上古銅物存於今日，聊以適用數者論之。鼎者，食之古器也。故有五鼎三鼎之供。今用爲焚香具者，

❶「鎗」原作「創」，據《遵生八牋》卷十四改。

以今不用鼎供耳。然鼎之大小有兩用。大者陳于廳堂，小者寘之齋室。方者以飛龍脚文王鼎爲上賞。獸吞直脚亞虎父鼎，商召父鼎，周花足鼎，光素者如南宫鼎爲次賞。若周象簠鼎，腹壯而膀脚肖鷄腿，又如百乳鼎者，皆下品也。方之小者，有周王伯鼎、單從鼎、周豐鼎。又若方四五寸許，青緑或鋈金小方鼎，式法文王王伯鼎製者，可宜書室薰燎，皆唐之局鑄，元姜娘子鑄也。紋片精美，製度可觀。其圓鼎三獸面者，如商父乙鼎、父己鼎、父癸鼎、若癸鼎。圓腹者，若商子鼎、秉仲鼎、象形饕餮鼎、立戈季婦鼎。光素者，如商魚鼎、周益鼎、素腹鼎。口下微束者，❶若商乙毛鼎、蟬紋鼎、父甲鼎、公非鼎。敞口者，如飛龍脚子父鼎，皆可入上賞。圓之小者如周大叔鼎、垂花鼎、周䜌鼎、唐三螭鼎，俱堪入清供，但式少大雅耳。他如瓜腹、鷄腿、方耳、環耳、敞口鼎爐，俱不堪玩，爲下品也。彝爐式如周隮彝、父辛彝、商虎首彝、百折彝，方者如己酉彝，奇者如百乳彝，皆堪爲堂上焚具。他如彝、敦、鬲、爐等件，雖古不堪清供。如得商母乙鬲、周蔑敖鬲、饕餮鬲、周師望敦、兕敦、翼敦，亦可充堂中几筵之供。已上式載《博古圖》中，可用按圖索視。卮者，古酒器也。義取上窮而危，知節則無危矣，寓戒之之意。其製如盂，雙耳外乘，又如腰腹翼耳，俗云「人面杯」者是也。杯亦古酒器也。以牛首爲製，加以籠絡，亦戒貪逸之意。《詩》云：「酌彼兕觥」以牛角爲之。製以此耳。今之杯製不一，而獨無此式。匜者，矯口坦腹，一靶捏手，或三足，或圓足，如鴨形者是也。古人以爲盥洗注水之具。今俗以卮爲匜，以匜爲卮，名金銀酒器者，誤矣。盤洗二器，盤深而洗淺。盤用以承棄水，内有銘篆者，有招耳上冲者，有盤内種種海獸者。或用三尊螭爲足，或雷紋圓足者，又名彝盤。俗指爲歃血盤，非也。今可用作香橼盤。其洗用以盥手，故紋用雙魚、菱花。有三乳足者，有圓足者，傍有獸面翻環者，今用以注水，

❶「微」原作「徵」，據《遵生八牋》卷十四改。

爲几筵主賓酧酢滌器，似得古人遺意。又有似洗而製靶作掇手者，名杆，亦可作洗用。觚、尊、觶，皆酒器也，三器俱可插花。觚尊口倣，插花散漫不正，須打錫管套，入内收口，作一小孔以管束花枝，不令斜倒。又可注滚水，插牡丹、芙蓉等花，非此，花不可久。古之壺瓶用以注酒。觀《詩》云：「清酒百壺。」又曰：「瓶之罄矣。」若古素温壺，口如蒜榔式者，俗云「蒜蒲瓶」，乃古壺也，極便注滚水，插牡丹、芍藥之類，塞口最緊，惟質厚者爲佳。他如粟紋四環壺、方壺、匾壺、弓耳壺，俱宜書室插花。以花之多寡，合宜此五器分置。若周之蟠螭瓶、螭首瓶，俗云「觀音瓶」者，今之酒壺，全用此式。更變漢之麟瓶，形若瓠子稍彎，背有提靶。此瓶也，俗例爲瓠子壺類，誤矣。另有瓠壺，取詩云「酌之以匏」之義，今以此瓶注水，灌溉花草，雅稱書室育蒲養蘭之具。周有蟠虬瓿、魚瓿、罍瓶，與上蟠螭、螭首二瓶，俱可爲多花之用。又若今之杖頭用鳩，老人多咽，鳩能治咽之義，故三代有鳩鳥杖頭，周身金銀填嵌。又見有飛鳩杖頭，周身鎏金，用以泎棕竹杖餙，好甚。若漢之蟠龍蟠螭杖頭，形若瓜槌，此便不如三代之雅。若漢之編鍾，小而有韻者，頗宜書齋清響，但得宮商二音爲最。古之布錢，有金嵌字者，可作界畫軸用。小様提卣，可作糊斗。如伯盞頮盤，季姜盂兩耳杯，製小，可作研傍筆洗。鏡爲人所必用，若秦陀，光背，質厚無紋，極有受用。次如銀背海獸、蒲桃荔枝、五岳圖形、十二生肖、寳花雲龍十二符、四靈三瑞、三神八衛、六花浮水、七乳四乳、十六花蟠螭龍鳳雉馬等，背俱妙。須用清瑩如水，分毫不雜，俗謂「面無打攪」，輪轉周圓，形影不改爲貴。又有如錢小鏡，光背花背，面無瘢痕，更有蒲背嵌金嵌銀片子鐖花小鏡，極可人意，價亦高貴，似不易得。携具用之，山遊寺宿，亦不可少。鑒賞以大徑尺外圓鏡，并三寸以上，至如錢小鏡，爲上格。其他五七寸者，次之。菱花八角方鏡，悉不取也。軒轅毬鏡，可作卧榻前懸挂，未必遠邪，聊取意耳。古銅腰束絛鈎甚多，有盈尺長者，其製不一。有金銀碧瑱嵌者，有片金商者，有等用獸而爲肚者，皆三代物也。他如羊頭鈎、螳螂捕蟬鈎，鎏金者，皆秦漢物也。無可用處，書室中以之懸壁、挂畫、挂劍、挂塵拂等用，甚雅。若鴈足燈、鳳龜燈、有柄行燈，用以秉燭。駝燈、羊燈、犀燈，用以燃油。此皆文具一器。又如盈尺淺盤，有三足者，製極精雅，乃古之承盞盤也。盞如圓盂，有耳環掇手，此漢物也。古彝皆有舟，舟即今之承盞盤也。往往有此彝，紋色甚佳，今用爲香櫞橐具，別無取用。每有蝦蟆蹲螭，其製甚精，古人何用？今以鎮紙。又有大銅伏虎，長可七八寸，重有三二斤者，亦漢物也。此皆殉葬之器，今以壓書。余得一研爐，長可一尺二寸，闊七寸，左稍低，鑄方孔透火炙硯，中一寸許稍下，用以煖墨閣筆。右方置一茶壺，可茶可酒，以供長夜客談。其銘曰：「蘊離火於坤德兮，回春陽於堅冰，釋淘泓凍淩兮，沐清泚於管城。」是以三冬之業，不可一日無此於燈檠間也。凡此數者，豈皆吾人所不當急而爲玩物例哉？書齋清賞，籍此悦心，當與同調鑒家品藻。

金華山，皇帝作一鼎，高一丈三尺，大如十石甕，像龍騰雲，百神螭獸滿其中，文曰：「真金作鼎，百神率服。」複篆書三足。

漢孝景帝鑄一鼎，名曰「食鼎」。高二尺，銅金銀雜爲之，形若瓦甑，無足，中元六年造。其文曰：「五熟是滋，君王膳之。」小篆書。

武帝登泰山，鑄一鼎，高四尺，銅銀爲之，其形如甕，有三足，太始四年造。其文曰：「登于泰山，萬壽無疆，四海寧謐，神鼎傳芳。」大篆書。

元鼎元年，汾陽得寶鼎，❶即吾丘壽王所識之鼎，高一丈二尺，受十二石，雜金銀銅錫爲之，四面蛟龍，兩耳能鳴，三足馬啼，刻山雲奇怪之象，紀靈圖未然之狀，其文曰：「壽考天地，百祥臻侍，山伏其靈，海伏其

❶據《漢書》卷六十四上，得鼎當在汾陰。

異。」此銘在底，下又別有銘，或得或沉，皆古文複篆。此上古之鑄造也。總有九枚。

昭帝元平元年，於藍田覆車山鑄一鼎，高三尺，受五斗，刻其文曰：「宜君王，和四方，調滋味，去腥傷。」小篆書，三足。

廢帝賀以天鳳六年登位，廢爲海昏侯，鑄一小鼎貯酒，其形若甕，四足，受二斗。其文曰：「長滿上。」小篆書。

宣帝甘露元年於華山仙掌鑄一鼎，高五尺，受四斗，擬承甘露。刻其文曰：「萬國伏，貽長久；鑄神鼎，承天酒。」三足，小篆書。又建章宮銅人生毛，以爲美祥，作一金鼎，埋之本宮。

元帝初元二年鑄一鼎，大如甕，無足，其文曰「黄帝膳鼎」，小篆書。

成帝綏和元年，匈奴平，鑄一鼎。其文曰：「寇盜平，黄河清。」八分書，三足，高五尺六寸。哀帝元壽元年，鑄一鼎貯酒，高四尺，三足，其文曰：「郡臣元日用醴鼎。」小篆書。

平帝元始五年，鑄一鼎，受二斗。其文曰「藥鼎」，三足，八分書。

王莽建國元年鑄一大鼎，高一丈，其文曰「建國鼎」，莽自書埋之漸臺。又作一鼎，其文曰「君臣之鼎」，並小篆書，三足。

後漢光武建武元年鑄一鼎，其文曰：「定天下，萬物伏。」小篆書，三足，高九尺。

明帝永平十年鑄一鼎於洛水，高六尺。其文曰：「蛟龍伏。」大篆書，三足。又鑄一鼎於穀水，高五尺，其文曰：「穀洛。」小篆書，四足。

章帝元和二年於北嶽鑄一鼎，高四尺，無足。其文曰「鎮地鼎」，小篆書。

安帝延光四年鑄一鼎於少室山。其文曰「承露鼎」，小篆書，四足。

順帝永建六年鑄一鼎於伊水，名曰「魚鼎」，高四尺，三足。

靈帝嘉平元年鑄一大鼎，埋之鴻都門。其文曰「儒鼎」，古書，三足。《漢官儀》曰「開陽門」夜直樓上，帝因作一鼎，其文曰「柱鼎」，一足，如馬蹄。

蜀先主章武二年於漢川鑄一鼎，名曰「克漢鼎」，埋之丙穴中，八分書，三足。又鑄一鼎，沉於永安水中，紀行軍奇變。又於成都武擔山埋一鼎，❶名曰「受禪鼎」。又埋一鼎於劒口山，名曰「劒山鼎」。並小篆書，皆武侯迹。又時龍見武陽之水九日，因鑄一鼎，像龍形，沉水中。

蜀章武三年，先主作二鼎，一與魯王，文曰：「富貴昌，宜侯王。」一與梁王，文曰：「大吉祥，宜公王。」並古隸書，高二尺。

魏武帝鑄一鼎於白鹿山，高一丈，紀征伐戰陣之能。古文，篆書，四足。更作鼎於太子，名曰「孝鼎」。畫刻古來孝子姓名，小篆書。

文帝黄初元年鑄受禪鼎，其文曰「受祚鼎」。小篆書。

明帝太和六年鑄一鼎，三足，名曰「萬壽鼎」。小篆書。

吴孫權黄武元年於彭蠡水沉一鼎，其文曰：「百神助，陽侯伏。」三足，大篆書。又獵於樊山，見一姥問得何獸，答曰：「得一豹。」曰：「何不截尾？」遂爲姥立廟，并作一鼎，文曰「豹尾鼎」。

孫亮建興元年於武昌鑄一鼎，其文曰「鎮山鼎」。小篆書，三足。

孫皓鑄一鼎於蔣山，紀吴之歷數，八分書。

❶「擔」原作「檐」，據《鼎録》改。

晉懷帝永嘉六年鑄一鼎，沉於瓜步江中，無文字，鼎似龜形。

宋主劉裕晉永初三年，從秦中還，紀功，鑄一鼎於九江，其文曰：「沸秦洛，伏大漢。」古篆書。

宋文帝得鰕魚，遂作一鼎，其文曰「鰕魚」。四足。

順帝昇明元年，有人於宫亭湖得一鼎，上有古文「洵漠」二字。

齊高祖諱道成，於齋中池内見龍，聞簫鼓音，遂埋一鼎，其文曰「龍鼎」，真書，三足。

梁武帝大通元年於蔣山埋一鼎，文曰「大通」。真書。又鑄一鼎，書老子五千言，沉之九江中。並蕭子雲書。又天監二年，安豐得一角靈龜，武帝遂作一鼎，投得龜處。

陳武帝即位鑄一鼎，文曰「元勳鼎」，沉于淛江。

陳宣帝於太極殿中鑄一鼎，文曰「忠烈」，常侍丁初正書。

太公於渭水得玉璜，鑄一鼎，刻其文曰「璜鼎」。

秦丞相樗里子作一鼎，文曰「智囊」，獨足，古文大篆書。

荀況在嵩溪作一鼎，大如五石甕，表裏皆紀兵法，大篆書，四足。

張儀伐蜀鑄一鼎，高三尺，文曰「定蜀」，大篆書。

李斯爲丞相，鑄一鼎，其文曰「上丞相鼎」，埋於上蔡東門。

蕭何爲丞相，鑄一鼎，大如三石甕，自表己功，其文曰「紀功鼎」，亦是何自作署書體，四足。

張陵在雲臺山得仙，作一鼎，寫丹經埋於雲臺山下。

車千秋爲丞相，鑄一鼎，文曰「車丞相鼎」，八分書。

司馬遷字子長，南遊探禹穴，作一鼎而小記年月日，埋之秦望山。

黄霸爲潁川守，神雀集，遂刻鼎記之。

孔光拜丞相，鑄一鼎，文曰「丞相博山侯」，大篆書。王商爲單于所畏，遂令鑄一鼎，刻記其功，以勸功臣。

楊震爲太尉，作一鼎，其文曰「太尉鼎」，古隸書。

胡廣鑄一鼎，其文曰「孝子鼎」，八分書。

陳太丘鑄一鼎，藏於陘山。

王允字子師，郭林宗見而器之，允自鑄一鼎曰「千里」，八分書。

王仲子爲大司徒，鑄其文曰「司徒鼎」，大篆書。

王朗爲司空，鑄一鼎，其文曰「司空鼎」，複篆書。

董卓爲太師，鑄一鼎，其文曰「太師鼎」，古隸書。

蔡伯喈爲侍中，封高陽侯，作一鼎，記漢家曆數，邕自❶藏于泰山。

諸葛亮殺王雙，還定軍山，作一鼎，埋於漢川，其文曰「定軍鼎」。又作「八陣鼎」，沉之永安水中，皆大篆書。又於玄武郡金山作二鼎，一大一小，並無文。時亮行軍，見此山勢似有王者，故鎮之。

鍾繇，魏文帝賜「五熟鼎」。

吴顧邕鑄一鼎，文曰「顧元凱之鼎」，八分書，三足。

陸遜破劉備軍，鑄一鼎紀功，其文曰「破備鼎」。

❶「自」下《鼎録》有「書」字。

孔愉獲龜，放之，遂作一鼎，刻其文曰「孔敬康鼎」，沉之於水。

張衡制地動圖，記之於鼎，沉于西鄂水中。

王羲之於九江作「書鼎」，高五尺，四面周匝書遍刻之，沉於水中，真隸書。

論饒器新窰古窰

古之饒器進御用者，體薄而潤，色白花青，較定小次。❶元燒小足印花，内有樞府字號者，價重，且不易得。若我明永樂年造壓手杯，坦口，折腰，沙足，滑底，中心畫有雙獅滚毬，毬内篆書「永樂年製」四字，細若粒米，爲上品；鴛鴦心者，次之；花心者，又其次也。杯外青花深翠，式樣精妙，傳用可久，價亦甚高。若近時倣效，規製蠢厚，火底火足，畧得形似，殊無可觀。宣德年造紅魚靶杯，以西紅寶石爲末，圖畫魚形，自骨内燒出凸起，寶光鮮紅奪目。若紫黑色者，火候失手，似稍次矣。青花如龍松梅茶靶杯，人物海獸酒靶杯，硃砂小壺，大椀，色紅如日，用白鎖口。又如竹節靶罩蓋滷壺小壺，此等發古未有。他如妙用種種，惟小巧之物最佳，描畫不苟。而爐、瓶、盤、碟最多，製如常品。若罩蓋匾礶，敞口花尊，密漬桶礶，甚美，多五彩燒色。他如心有壇字白甌，所謂壇琖是也。質細，料厚，式美，足用，真文房佳器。又等細白茶盞，較壇盞少低，而瓮肚釜底線足，光瑩如玉，内有絶細龍鳳暗花，底有「大明宣德年製」暗欵，隱隱橘皮紋起，雖定磁何能比方，真一代絶品，惜乎外不多見。又若坐墩之美，如漏空花紋填以五色，華若雲錦；有以五彩實填花紋，絢艶恍目，二種皆深青地子。有藍地填畫五彩，如石青剔花，有青花白地，有冰裂紋者，種種樣式，似非前代

❶ 「小」，《遵生八牋》卷十四作「少」。

曾有。成窑上品無過五彩蒲萄㼜口匾肚靶杯，式較宣杯妙甚。次若草虫可口子母鷄勸杯、人物蓮子酒盞、五供養淺盞、草虫小琖、青花紙薄酒琖，五彩齊筯小碟，香盒，各製小罐，皆精妙可人。余意青花成窑不及宣窑，五彩宣廟不如憲廟，宣窑之青乃蘇渤泥青也，❶後俱用盡。至成窑時，皆平等青矣。宣窑五彩，深厚堆染，故不甚佳。而成窑五彩用色淺淡，頗有畫意，此余評似確然允哉。世宗青花五彩二窑製器悉備，奈何饒土入地漸惡，較之二窑往時，代不相侔。有小白甌，内燒茶字、酒字、棗湯、薑湯字者，乃世宗經籙醮壇用器，亦曰「壇盞」，製度質料迥不及茂陵矣。嘉窑，如磬口，饅心，圓足，外燒三色魚匾盞，紅鉛小花盒子，其大如錢，二品亦爲世珍。❷小盒子花青畫美，向後恐官窑不能有此物矣，得者珍之。

## 論藏書

高子曰：「藏書資博洽，❸爲丈夫子生平第一要事。」其中有二説焉：家素者，無資以畜書；家豐者，性不喜見書。故古人因貧，日就書肆、隣家讀者有之，求其富而好學者，則未多見也。即有富而好書，不樂讀誦，務得繕本，綾綺裝飾，置之華齊，以具觀美，塵積盈寸，經年不識主人一面，書何益哉？噫，能如是，猶勝不喜見者矣。❹藏書者，無問册帙美惡，惟欲搜奇索隱，得見古人一言一論之秘，以廣心胸未識未聞，致於夢寐嗜好，遠近訪求，自經書子史，百家九流，詩文傳記，稗野雜著，二氏經典，靡不兼收。故常景耽書，每見

❶「宣窑」原缺「宣」字，據《遵生八牋》卷十四補。
❷「二」原作「三」，據《遵生八牋》卷十四改。
❸「博」原作「傳」，據《遵生八牋》卷十四改。
❹「勝」原作「朦」，據《遵生八牋》卷十四改。

新異之典，不論價之貴賤，以必得爲期，其好亦專矣。故積書充棟，類聚分門，時乎開函攤几，俾長日深更，沉潛玩索，恍對聖賢面談，千古悦心快目，何樂何勝？古云「開卷有益」，豈欺我哉？不學無術，深可耻也。又如宋元刻書，雕鏤不苟，校閲不訛，書寫肥細有則，印刷清朗，况多奇書，未經后人重刻，惜不多見。佛氏醫家，二類更富。然醫方一字差誤，其害匪輕，故以宋刻爲善。海内名家，評書次第，爲價之重輕。若墳典、六經、《騷》、《國》、《史記》、《漢書》、《文選》爲最，以詩集百家次之，文集道釋二書又其次也。宋人之書，紙堅刻軟，字畫如寫，格用單邊，間多諱字，用墨稀薄，雖着水濕，燥無湮跡，開卷一種書香，自生異味。元刻倣宋單邊，字畫不分麄細，較宋邊條闊多一綫，紙鬆刻硬，用墨穢濁，中無諱字，開卷了無臭味。有種官券殘紙背印更惡。宋板書刻，以活襯竹紙爲佳，而蠶繭紙、鵠白紙、藤紙固美，惜存遺不廣。若糊褙宋書則不佳矣。余見宋刻大板《漢書》，不惟内紙堅白，每本用澄心堂紙數幅爲副，今歸吴中，真不可得。又若宋板遺在元印，或元補欠缺，時人執爲宋刻元板。遺至國初，或國初補欠，人亦執爲元刻。然而以元補宋，其去猶未易辯；以國初補元，内有單邊、雙邊之異，且字刻迥然别矣，何必辯論？若國初慎獨齋刻書，似亦精美。近日作假宋板書者，甚妙莫測。將新刻模宋板書，特抄微黄厚實竹紙，或用川中繭紙，或用糊褙方簾綿紙，或用孩兒白鹿紙，筒捲用搥細細敲過，名之曰刮，以墨浸去臭味印成。或將新刻板中殘缺一二要處，或濕黴三五張，破碎重補。或改刻開卷一二序文年號。或貼過今人註刻名氏留空，另刻小印，將宋人姓氏扣填兩頭。角處或粧茅損，用砂石磨去一角。或作一二缺痕，以燈火燎去紙毛，仍用草煙薰黄，儼狀古人傷殘舊跡。或置蛀米櫃中，令虫蝕作透漏蛀孔。或以鐵綫燒紅，虚書本子，❶委曲成眼，一二轉折，種種與新不同。用紙

❶「虚」，《遵生八牋》卷十四作「鎚」。

裝襯綾錦套殼，入手重實，光膩可觀，初非今書，彷彿以惑售者。❶ 或札夥囤，令人先聲指爲故家某姓所遺，百計瞽人，莫可窺測，多混名家，收藏者當具眼辨証。

## 論古玉器

高子曰：玉以甘黄爲上，羊脂次之。以黄爲中色，且不易得，以白爲偏色，時亦有之故耳。今人賤黄而貴白，以見少也。然甘黄如蒸栗色佳，焦黄爲下。甘青色如新柳，近亦無之。今見甘黄玉馬，長四寸，神氣如生，甘青羊頭鉤、螭玦、素瓮等物，色嬌可愛。余得一舊物殘缺者，製爲五岳巾圈、蟾鈕二物，甚佳。碧玉色如菠菜深緑爲佳。有細墨洒點，有淡白間雜者次之。墨玉如漆者佳，西蜀有石類之。紅玉色如鷄冠者可貴。三玉世不多見，都中亦寶重之。緑玉類碧色少深，翠中有餅糝者佳。外此七種，皆不足取矣。上古用玉珍重，似不敢褻。故製圭以封諸侯，製璧以祀天帝，製黄琮以祀地祇，製璋如半圭用赤以禮南方，製琥如虎以禮西方，製璜如半璧用玄以禮北方。璁珩雙璜衡牙，珮之飾也。琫珌鹿盧，劍之飾也。若指南人蚩託軸輅飾諸具，弁星雖牛環、❷螳螂鉤、轆轤環、螭瓮、蟠螭環、商頭鉤、雙螭鉤、玉套管、琥環、帶鉤、拱璧，皆王侯輿服之飾也。琉珥褋珮，步摇、笄笳、玉瑱、玉琀、瓊華璪玉，皆后宮夫人之飾也。又如以玉作六瑞、寶璽、岡卯、明璫、玉魚、玉椀、卮匜、帶圍、弁飾、玉辟邪圖書等物，何重如之？後此失古用玉意矣。自唐宋以下，所製不一。如管笛、鳳釵、乳絡、龜魚、帳墜、哇哇樹、石爐頂、帽頂提携袋挂、壓口方圓細花帶板、燈板、人物

❶「者」字原缺，據《遵生八牋》卷十四補。
❷「雖」，《遵生八牋》卷十四作「蚩」。

神像、爐瓶鈎鈕、文具器皿、杖頭、杯盂、扇墜、梳背、玉冠、簪珥、絛環、力靶、猿馬牛羊犬猫、花朵，種種玩物，碾法如刻，細入絲髮，無隙敗矩，工緻極矣，盡矣。宋工製玉，發古之巧，形後之拙，無奈宋人焉。不特製巧，其取用材料亦多心思不及。若余見一尺高張仙，其玉綹處，布爲衣摺如畫。又一六寸高玄帝像，取黑處一片爲髪，且自額起，面與身衣純白，無一點襍染。又一子母猫，長九寸，白玉爲母，身負六子，有黄黑爲玳瑁者，有純黑者，有黑白雜者，有黄者，因玉玷污，取爲形體，扳附眠抱諸態，玅用種種佳絶。又一墨玉大玦，全身地子靈芝俱黑，而雙螭騰雲捲水，皆白玉，身尾初非勉强鈕捏。又若瑪瑙蜩蟬，黑首黄胸，雙翅渾白明亮。又一彌勒，以紅黄纏絲，取爲袈裟，以黑爲袋，面肚手足純白。種種巧用，余見大小數百件皆然，近世工匠，何能比方？然漢人琢玉，好在雙鈎，碾法宛轉流動，細入秋毫，更無疎密不匀，交接斷續，儼若遊絲白描，曾無殢跡。若余見漢人巾圈，細碾星斗，頂撞圓活。又見螭虎雲霞，層疊穿撓，圈子皆實碾雙鈎，若堆起飛動，但玉色土蝕迨盡，綴線二孔，以銹其一，此豈後人可擬？要知巾圈非唐人始也。又若剛卯有方者、六稜者，其鈎字之細，其大小圖書碾法之工，宋人亦自甘心。其製人物、螭玦、鈎環并殉葬等物，古雅不煩，無意肖形而物趣自具，尚存三代遺風。若宋人則克意模擬，求物像形，徒勝漢人之簡，❶不工漢人之難。所以雙鈎細碾，書法卧蠶，則迥别矣。漢宋之物，入眼可識。至若古玉，存遺傳世者少，出土者多，土銹尸侵，似難僞造。古之玉物，上有血侵，色紅如血，有黑銹如漆，做法典雅，摩弄圓滑，謂之尸古。如玉物上蔽黄土，籠罩浮翳，堅不可破，謂之土古。余見一玉玦，半裏青緑，此必墓中與銅器相雜，沾染銅色乃耳，亦奇物也。余有定窑二瓶，周身亦有青緑，似同此故。近日吴中工巧，模擬漢宋螭玦鈎環，用蒼黄雜色邊皮葱玉，或帶淡墨色玉，

❶「勝」原作「賸」，據《遵生八牋》卷十四改。

如式琢成，僞亂古製，每得高值。孰知今人所不能者，雙鈎之法，形似稍可僞真，鈎碾何法擬古？識者過目自別，奚以僞爲？今時玉材較古似多，西域近出大塊劈片玉料，謂之山材。從山石中搥擊取用，原非于闐崑崗。西流砂水中天生玉子，色白質乾，内多綹裂，俗名「江魚綹」也。恐此類不若水材爲寳。有種水石，美者白能勝玉，内有飰糝點子，可以亂真。又如寳定石、茅山石、階州石、巴璞、嘉璞、宣化璞、忠州石、菜州石、阿不公石、梳粧樓肖子石，俱能混玉。但少温潤水色，當細別之。又如古之異玉器具，如寒玉魚、温玉棋子、紫玉笛、紫玉九雛釵、五色玉環、玉膏、滅瘢玉、火玉甕、❶紫玉函，此皆天地間秘寳。今入何處？多在内帑，否歸仙府，令後世徒知有此名耳！奇哉！

## 論剔紅倭漆雕刻鑲嵌器皿

高子曰：宋人雕紅漆器，如宫中用盒，多以金銀爲胎，以朱漆厚堆至數十層，始刻人物、樓臺、花草等像，刀法之工，雕鏤之巧，儼若畫圖。有錫胎者，有蠣地者，紅花黄地，二色炫觀。有用五色漆胎刻法，深淺隨粧露色，如紅花緑葉，黄心黑石之類，奪目可觀，傳世甚少。又等以朱爲地刻錦，以黑爲面刻花，錦地壓花，紅黑可愛。然多合製，而盤匣次之。合有蒸餅式、河西式、篦段式、三撞式、兩撞式、梅花式、鵝子式，大則盈尺，小則寸許，兩面俱花。盤有圓者、方者、腰樣者，有四八角者，有絲環樣者，有四角牡丹瓣者。匣有長方、四方、二撞、三撞四式。元時有張成、楊茂二家，技擅一時，但用朱不厚，漆多皺裂。若我朝永樂年菓園廠製，漆朱三十六遍爲足。時用錫胎木胎，雕以細錦者多。然底用黑漆針刻「大明永樂年製」款文，似過

❶「火玉甕」，《遵生八牋》卷十四作「火玉玉甕」。

宋元。宣德時製同永樂，而紅則鮮妍過之。器底亦光黑漆，刀刻「大明宣德年製」六字，以金屑填之。其盤盒大小，製同宋元。然多丫髻瓶、茶槖、勸杯、茶甌、穿心合、柱杖、扇柄、研匣等物。民間亦有造者，用黑居多。工緻精美。但凡架、盤盒、春撞各物有之，若四五寸香盒，以至寸許者，絶少。雲南以此爲業，奈用刀不善藏鋒，又不磨孰稜角，雕法雖細，用漆不堅，舊者尚有可取，今則不足觀矣。有僞造者，礬朱堆起雕鏤，以朱漆蓋覆二次，用愚隸家，不可不辨。穆宗時，新安黄平沙造剔紅，可比園廠，花果人之妙，刀法圓滑清朗。奈何康匠網利，效法頗多，悉皆低下，不堪入眼。較之往日，一合三千文價，今亦無矣，何能得佳？金陵之製亦然，國初有楊塤描漆、汪家彩漆，技亦稱善。余家藏有一二物件，真勝他器。漆描用粉，數年必黑。而楊畫《和靖觀梅圖》屏，以斷紋，而梅花點點如雪，其用色之妙可知。宣德有填漆器皿，以五彩稠漆，堆成花色，磨平如畫，似更難製，至敗如新，今亦甚少。有漂霞砂金，蚼嵌堆漆等製，亦以新安方信川製爲佳。如效砂金倭盒，胎輕漆滑，與倭無二，今多僞矣。漆器惟倭稱最，而胎胚式製亦佳。如圓盒以三子小合嵌内，至有五子盒、七子九子盒，而外圓寸半許，内子盒肖蓮子殼，蓋口描金，毫忽不苟。小盒等重三分，此何法製？方匣有四子匣、六子九子匣。箱有衣箱、文具替箱，有簪匣，有金邊紅漆三替撞盒，有灑金文臺手箱、塗金粧彩屏風、描金粉匣、筆匣、貼金扇匣、洒金木銚、角盥、桶子、罩盒，有罩蓋、箱罩蓋、大小方匣。有書厨之製，妙絶人間。上一平板，兩傍稍起，用以閣卷。下此空格盛書，傍板鏤作綵環，洞門兩面鋈金，銅滚陽線。中格，左作四面板，圍小厨，用門啟閉，鋈金銅鉸，極其工巧。右傍置倭龕神像。下格右方，又作小厨，同上規製，較短其半。左方餘空，再下，四面虎牙如意勾脚。其圓轉處，悉以鋈金銅鑲陽線鈴制，兩面圓混如一，曾無交接頭緒，此亦僅見。有金銀片嵌光頂圓盒、箎段盒、結盒、腰子盒、腰子研匣。有秘閣，有一枝瓶，有酒注，鋈金銅鑲口嘴。有折酒盂，上大如盞漏空，坐嵌一槖，以槖蓋大碗，碗外泥金花彩，用之折酒，可免濺漬。

有大小碟碗，紅如渥丹。有描采嵌金銀片子酒盤，有都丞盤，内有倭石研、水注、刀錐、拂塵等件。有鉛鑲口蓋匾小方匣，有筆筒，有茶橐，有漆龕觀音，準提馬哈喇等佛。有小圓香撞三層四層者。有挂吊腰子香撞五格三格者。有八角茶盤，有茶杯，有尖底勸杯，有銅罩被爐，有鏡匣。有金銀蜔嵌山水禽鳥倭几，長可二尺，闊尺二寸餘，高三寸者。有高二尺香几，面以金銀蜔嵌《昭君圖》，精甚。種種器具，據所見者言之，不能悉數。而倭人之製漆器，工巧至精極矣。又如雕刻寳嵌紫檀等器，其費心思工本，亦爲一代之絶。但可取玩一時，恐久則膠漆力脱，或匣有潤鰝伸縮，似不可傳。寧取雕刻，傳摩可久。況今之鑲嵌，在在皆是也，與周初製，何天淵隔也，價亦低下。

然雕刻之神，若宋人王劉九者，鎸刻青田石、楚石等類壽星、洞賓、觀音、彌勒神像，豈特肖生？相對色笑，儼欲談吐，豈後人可能彷佛？又如蜔殼鎸觀音普陀坐像，山水樹石，視若遊絲白描，目不能以逐髮數，即觀音身披法服，有六種錦片，無論螺殼深窪，即平地物件，亦難措手。又若刻劃諸天羅漢，經面牙板，并翻經牙籤，種種精細，工奪天巧。後有效者，罕能得其妙處。又若我明宣德年間，夏白眼所刻諸物，若烏欖核上，雕有十六蛙，蛙狀米半粒，眉目喜怒悉具。又荷花九鸞，飛走作態，成於方寸小核，可稱一代奇絶。傳之久遠，人皆寳藏，堪爲住世一物，去鑲嵌何如？嗣後有鮑天成、朱少松、王百户、朱滸崖、袁友竹、朱龍川、方古林輩，皆能雕琢犀象、香料、紫檀圖匝、香盒、扇墜、簪鈕之類，種種奇巧，迥邁前人。若方之取材工巧，别有精思。如所製瘿瓢、竹拂、如意、几扙，其就製作，妙用入神，亦稱我朝妙技。近之倣傚倭器，若吴中蔣回回者，製度造法，極善模擬，用鉛銲口，❶金銀花片蜔嵌樹石，泥金描彩，種種克肖，人亦稱佳。但造胎用布

❶「鉛銲」，《遵生八牋》卷十四作「鉛鈐」。

少厚，入手不輕，去倭似遠。閩中牙刻人物，工緻纖巧，奈無置放處，不入清賞。

## 論畫

高子曰：畫家六法三病，六要六長之説，此爲初學入門訣也，以之論畫，而斯下矣。❶余所論畫，以天趣、人趣、物趣取之。天趣者，神是也；人趣者，生是也；物趣者，形似是也。夫神在形似之外，而形在神氣之中，形不生動，其失則板，生外形似，其失則疎。故求神氣於形似之外，取生意於形似之中。生神取自遠望，爲天趣也。形似得於近觀，爲人趣也。故圖畫張挂，以遠望之，山川徒具峻削，而無煙巒之潤；林樹徒作層疊，而無摇動之風；人物徒肖，尸居壁立，而無語言顧盼、步履轉折之容；花鳥徒具羽毛文彩，❷顔色錦簇，而無若飛若鳴、若香若濕之想，皆謂之無神。四者無可指摘，玩之儼然形具，此謂得物趣也。能以人趣中求其神氣生意運動，則天趣始得具足。如唐人之畫，余所見吴道子《水月觀音》大幅，描法粧束，設色精采，寶珠纓絡，摇動梵容，半體上籠白紗袍衫，隱隱若輕綃遮蔽，復加白粉細錦緣邊，無論後世，即五代宋室，去唐未遠，余所見諸天菩薩之像，何能一筆可倣？其滿幅一月，月光若黄若白，❸中坐大士，上下俱水，鵠首以望，恍若萬水滂湃，人月動摇，所謂神生畫外者，此也。又若閻立本《六國圖》，其模寫形容，肖諸醜類，狀其醉醒歌舞之容，異服野處之態，種種神生，得自化外。又見閻大幅《四王圖》，其君臣俯仰威儀，侍從朝

---

❶「而」下《遵生八牋》卷十五有「畫」字。

❷「徒具」原作「具徒」，據《遵生八牋》卷十五改。

❸「黄」原作「廣」，據《遵生八牋》卷十五改。

拱端肅，珍奇羅列，種種生輝，山樹槎枒，層層煙潤。色求形似，而望若堆疊，以指摩之，則薄平絹素。又如李思訓《驪山阿房宮圖》，山崖萬疊，臺閣千重，車騎樓船，人物雲集，悉以分寸爲工，宛若蟻聚。逶迤遠近，遊覽儀形，無不纖備。要知畫者神具心胸，而生自指腕，一點一抹，天趣且足。故能肖百里於方寸，圖萬態於毫端，松杉歷亂，峯石嶙峋，且皴染岩壑數層，勾勒樹葉種種。曹明仲何見，以爲山水古不及今？客云：「此乃文内翰家物。」又如周昉《美人圖》，美在意外，丰度隱然，含嬌韻媚，❶姿態端莊，非彼容冶輕盈，使人視之，艷想目亂。又如周之白描《過海羅漢龍王請齋》卷子，細若遊絲，回還無跡。其像之睛若點漆，作狀疑生，老儼龍鍾，❷少似飛動。海濤洶湧，展卷神驚；水族騎擎，過目心駭。豈直徒具形骸，點染紙墨云哉？又見邊鸞花草昆虫，花若摇風，裊娜作態，蟲疑吸露，飛舞翩然，草之偃亞風動，逼似天成，雖對雪展圖，此身若坐春和園囿。又如戴嵩《雨中歸牧》一圖，上作線柳數株，絲絲煙起，以墨洒細點，狀如針頭，儼若一天暮靄，靈雨霏霏，豎子跨牛，奔歸意急。此皆神生狀外，生具形中，天趣飛動者也。故唐人之畫，爲萬世法。然唐人之畫，莊重律嚴，不求工巧，自多妙處，思所不及。後人之畫，克意工巧，物趣悉到，殊乏唐人天趣混成。若彼丘文播、楊寧、韋道豐、僧貫休、閻立德、弟立本、周昉、吴道玄、韓求、李祝、朱瑶輩，此爲人物神手，模擬逼真，生神妙足，設色白描，各臻至極。其山水如李思訓、子昭道、盧鴻、王摩詰、荆浩、胡翼、張僧繇、關同輩，筆力遒勁，立意高遠，山環水蟠，樹煙巒靄，墨汁淋漓，神氣生旺。花鳥如鍾隱、郭權輝、施璘、邊鸞、杜霄、李逖、黄筌子、居寀，皆設色類生，展布有法。花之容冶露滴，鳥之掠翥風生，此皆權奪化工，春歸掌握者

❶「嬌」字原缺，據《遵生八牋》卷十五補。
❷「老儼龍鍾」原作「老儼踵」，據《遵生八牋》卷十五改。

也。又如韓幹之馬，戴嵩、張符之牛，僧傳古之龍，❶韓太尉之虎，袁義之魚，皆極一時獨技，生意奔逸，氣運騫騰，神迥蠢動之外，雖臨摹未能彷彿。若宋之孫知微、僧月蓬、周文矩、李遵、梁楷、馬和之、僧梵隆、蘇漢臣、顔次平、徐世榮、盛師顔、李伯時、顧閎中，皆工於人物，而得其丰神精爽者也。如郭忠恕、許道寧、米友仁、趙千里、郭熙、李唐、高克明、孫可元、劉松年、李嵩、馬遠、馬逵、夏珪、樓觀、胡瓘、朱懷瑾、范寬、董源、王晉卿、陳珏、朱鋭、王廷筠、李成、張舜民，此皆工於山水，得其泉石高風者也。如楊補之、丁野堂、李迪、安忠、吴炳、毛松、毛益、李永年、崔白、馬永忠、單邦顯、陳可久、僧希白、劉興祖、徐世昌、徐榮、趙昌、趙大年、王凝、馬麟，此皆工於花鳥，得其天機活潑者也。若宋高宗之山水竹石，文湖州、蘇長公、毛信卿、吴心玉之竹石枯木，閻士安之野景樹石，張浮休之煙村，此皆天籟動於筆鋒，渭川波人硯沼，揮洒萬竿，雲蒸霧變，寘之高齋，緑陰滿堂，清風四坐，豈彼俗工可容措手？又如陳所翁之龍，錢光甫之魚，朱紹宗、劉宗古之猫犬，皆得一物骨氣運動，狀其形似，名擅一時。此余因目所及，聊述數輩，若叙其全，當自畫譜繪鑑求之，非余所謂清賞要畧。余自唐人畫中，賞其神具畫前，故畫成神足。而宋則工於求似，故畫足神微。宋人物趣，迥邁于唐；而唐之天趣，則遠過於宋也。今之評畫者，以宋人爲院畫，不以爲重，獨尚元畫，以宋巧太過而神不足也。然而宋人之畫，亦非後人可造堂室；而元人之畫，敢爲併駕馳驅。且元之黄大癡，豈非夏、李源流？而王叔明亦用董、范家法，錢舜舉黄筌之變色，盛子昭乃劉松年之遺派。趙松雪則天分高朗，心胸不凡，摘取馬和之、李公麟之描法，而得劉松年、李管丘之結構。其設色則祖趙伯駒、李嵩之濃淡得宜，而生意則法夏珪、馬遠之高曠宏遠。及其成功，而全不類此數輩，自出一種温潤清雅之態，見之如見美人，無不動色。

❶「傳」，《遵生八牋》卷十五作「傳」。

此故迥絶一代，爲士林名畫，然皆法古，絶無邪筆。元畫如王、黄、二趙、子昂、仲穆。倪瓚之士氣，陳仲仁、曹知白、王若水、高克恭、顧正之、柯九思、錢逸、吴仲圭、李息齋、僧雪窗、王元章、蕭月潭、高士安、張叔厚、丁野夫之雅致。而畫之精工，如王振朋、陳仲美、顔秋月、沈秋澗、劉耀卿、孫君澤、胡廷輝、臧祥卿、邊魯生、張可觀，而閒逸如張子政、蘇大年、顧定之、姚雪心輩，皆元之名家，足以擅名當代則可，謂之能過於宋，則不可也。其松雪、大痴、叔明，宋人見之，亦能甘心，服其天趣。若熙朝則有邊景昭、吕紀之花鳥，夏昶之竹，林良之蘆鴈，沈周之山水，文徵明、唐伯虎之小景，俱可謂之工巧矣。若戴文進、吴偉、晴川等輩，謂之相家則可，若參之諸公之列，則不可，其何能供吾鑒賞哉！吾故曰：今之畫者，皆士氣也。全用神氣生動爲法，不求物趣，以得天趣爲高，此等謂之寄興以取玩一世者也。若必稱之神品，則何能彷彿前代諸公之萬一乎？

## 論研

高子曰：研爲文房最要之具。古人以端研爲首，端溪有新舊坑之分。舊坑石色青黑，温潤如玉，上生石眼，有青緑五六暈，而中微黄，黄中有黑點，形似鴝鴿之眼，故以鴝鴿名研。眼分三種，暈多晶瑩者，謂之活眼；有眼朦朧，暈光昏滯者，謂之淚眼；雖具眼形，内外焦黄無暈者，❶謂死眼。故有「淚不如活，死不如淚」之評。又以眼在池上者，名曰高眼，爲佳；生下者，爲低眼，次之。惟北岩之石有眼，餘坑有無相間。或有七眼，三五眼，如星斗排聯者，或十數錯落，上下四傍生者。或有白點如粟，貯水方見隱隱，扣之無聲，磨墨亦無聲，爲下巖之石，今則絶無，有則希世之珍也。上巖中巖之石，皆灰色而紫如猪肝，總有一眼，暈少形

❶「焦」原作「蕉」，據《遵生八牋》卷十五改。

大，如雄雞眼，扣之摩之俱有聲，質亦麄礪，即今之端石是也。歐陽公以端之子石爲佳，以子石生大石中，爲石之精，❶其發墨光潤，貯水不耗，爲可貴耳。古有端石貢硯，無眼，其細膩發墨，色青光潤，此必下巖石也。想貢硯在宋，官司取多，不暇剪裁取眼故耳。貴在發墨，何取於眼？無眼者，但不入於俗眼，鑒家何礙？歙石出龍尾溪者，其石堅勁發墨，故前人多用之。以金星爲貴，石理微粗，以手摩之，索索有鋒鋩者，尤佳。歙溪羅紋，如羅之紋，細潤如玉；刷絲如髮之密，金銀間刷絲，亦細密；眉子即蛾眉也。如甲痕，爲舊坑四種石也，色俱青墨。其新坑者，羅紋如蘿菔紋，刷絲每條相去一二分，眉子或長一二寸。金星新舊坑石色雖淡青，質並麄燥。銀星新舊坑同。❷故歙石有龍尾、金聲、蛾眉、角浪、松紋等名。有種湖廣杭州出石，深黑，亦有小眼。廣人取歸作硯，名曰黑端。沅人取作犀牛、魚、龜、荷葉、八角等式。瀫溪石淡青色，內深紫而帶紅，極細潤，用久光甚，有黄脉相間，俗號紫袍金帶。有僞造者，以藥鑿嵌成之，自有痕跡。洮河緑石，色緑微藍，其潤如玉，發墨不減端溪下岩，出陝西，河深甚難得也。今名洮者，俱瀫石之皮，乃長沙山谷中石，光不發墨。廣東萬州懸岩金星石，色黑如漆，光潤如玉，以水潤之，則金星自見，乾則無跡，極能發墨，用久不退，在歙之上，端之下岩石可併也。浙之衢石，黑者亦佳，多不發墨。他黑角研、紅絲硯黄玉硯、褐色硯、紫金硯、鵲金墨玉石研，皆出山東。水晶研發墨如歙。蔡州白石研、浮蓋山仙石硯、丹石研、唐州唐石研、宿州宿石硯、吉州紫石研、淄州黄金研、金雀石研、青州石末研、熟鉄研、紫金石研，用不發墨。青石研、蘊玉石研、戎石絳石研、淮石研、寧石研、宣石研、吉石研、夔石研，如漆發墨。明石研、萬州磁洞石研、相州銅雀瓦

❶「精」原作「中」，據《遵生八牋》卷十五改。

❷「銀」字原缺，據《遵生八牋》卷十五補。

研、未央宫瓦頭研、柳州柳石研，出龍壁下；成州成石研，出粟亭。瀘研、灘研、南劍州魯水研、宿州樂石研、虢州澄泥研、登州駝基島石研、歸州大陀石研、江西寧府陶研、形肖銅雀。高麗研、上鑿花巧。梁公研、銀研、銅研、磚研、漆研、蚌研、磁研，研之出處不可勝紀。衆研中龍尾發墨，池水積久不乾。端溪美惡俱能發墨，中有受水燥濕之别，羅紋過於龍尾。銅雀研沉水千年，❶原質亦細，故易發墨而不甚燥，然不壞筆，他則無足議也。唐之澄泥研，品爲第一，惜乎傳少而令人罕見。古之名硯，如陳省躬仙翁研，陶穀有兩池圓研，❷名曰「璧友」。和魯公有雪方池研，周彬公友人有金棱玉海研，徐闡之有小金城研，宣城有四環鼓研，李后主有生水研，内有黄石子，子在則水，無子則涸。孫之翰有呵水研，一呵水流。丁晉公有水研，一泓墨水，盛暑不乾。劉義叟造瓦研，丁寶臣緑石研，即緑豆端也。謂之玉堂新製，世争傳「況是蠻溪緑石鐫」之句。蘇長公研，銘曰「千夫挽綆，百夫運斤。篝火下鎚，以出斯珍」。此言下巖端石在宋亦難採取如此，況後數百年矣，何能易得？若余所見研有百方，皆名研也，不能一一悉記，舉其可寶者言之。如端溪天生七星研、緑端石研、玉兔朝元研、子石研、山字子石硯、天成白玉風字研、漢碧玉圭研、唐澄泥八角大研、未央宫磚頭研、德壽殿犀紋石研、天潢研、龍尾石筒瓦小研、洮河緑石研、銀絲石研、古畫鶯研、靈璧山石研、龍尾石段研、興和磚研、石渠瓦研、豆班石研，此皆研之極少而至精妙者也，因録與鑒賞家共之。噫！有研存笥，如范喬之遺子者，能幾人哉？人能賤金玉而寶研石者，又幾人哉？況佳研之不得其主，又不知其幾矣。他如沉於深淵，掩於厚土，毁於兵燹，敗於顛覆，灾於記算之傍，困於學究之側，其幾又何朦以千百計也，惜哉！

❶「千」，《遵生八牋》卷十五作「十」。
❷「穀」，據《新五代史》卷三一當作「穀」。

## 論墨

高子曰：古之尚墨，若徐鉉墨名「月團」，價值三萬。唐玄宗墨名「龍香」，劑致墨精幻形。李廷珪龍紋墨、雙脊墨，千古稱絶。漢時月給尚書令渝麋大墨，范丞相一墨，表曰「五劒堂造」，裡曰「天關第一煤」。金章宗蘇合油煙墨，后欲得之者，以黄金倍易，無可覓處。景焕墨名「香璧副墨子」。五代時，有朱君得紫珣小墨，韓熙載化松堂墨，名玄中子，麝香月龍煤。張遇造易水貢墨，懷民遺東坡墨，名青煙煤。又如供堂墨、淵雲墨，兑州陳郎墨。元有潘雲谷墨，松九墨，狻猊墨、松煙墨、九子墨、魚吐墨、天雨陽山石墨、❶化塹墨、浮提國金壺墨、雷公墨。又若仲將之墨，一點如漆等類，皆古名墨也。

若今世所尚，以羅小華爲最，羅之墨固善矣。今所見國初查文通龍忠迪墨、碧天龍氣墨、水晶宫墨、新安方正牛舌墨。石青填字，赤金爲衣者，蘇眉陽幼年所製，祖李遺法卧蠶小墨。世宗時，邵格之墨，如方于魯、寥天一、九玄、三極、國寶、非煙等墨，亦皆精品。前如汪中山翰史，初時製墨，質之佳美，不亞羅墨。其精品，以品瓣楠爲匣，内用朱漆，籤以印欵，表曰太極、兩猊、三猿、四象、五雀、六馬、七鷗、八仙、九鸞、十鹿，皆以鳥獸取義。又有玄香太守小長墨四種：一曰堯文，二曰卧蠶，三曰亞字，四曰玉階。有客卿四種小元墨：曰太極，曰八卦，曰圓璧，曰瓊樓。有松滋侯四種小方墨：一亞字，二羅文，三九雲，四螭環。有墨挺墨柱。余先得其數種試之，質輕煙紫，可爲九玄三極矣，似在羅上，真神品也。今人所見，皆其次品，式樣雖一，而墨質不佳。又如二十八宿元墨，史其下矣。故名即湮没不傳。至後墨印尚存，而墨質愈下，特爲中山

❶「天雨陽山石墨」，《遵生八牋》卷十五作「天雨墨、陽山石墨」。

表焉。余爲典客時，高麗使者餽墨，上有梅花印紋，其墨色甚黑而濃厚。

以余論之，墨之妙用，質取其輕，煙取其青，嗅之無香，磨之無聲，新研新水，磨若不朦，言不可用力磨也。忌急則熱，熱則沫生。用則旋研，研無久停，塵埃污墨，膠力泥凝。用過則濯，墨積勿盈。藏久膠宿，墨用乃精。用墨之法，無出余數語也。若治墨之精，模式之巧，方于魯所刻《墨譜》，似盡善也。奇哉！方之墨哉！客曰：「墨惟適用足矣，何以奇爲？」噫！匪好奇也，墨品精者，不特于今爲佳，存於後世更佳。不特詞翰藉精美於今，更藉傳美於後。若晉唐之書，宋元之畫，傳數百年，墨色如漆，書畫神氣，賴墨以全。若墨之下品，用濃見水則沁散湮污，用淡重褙則神氣索然，未及數年，墨跡以脱。由此觀之，則墨之爲用，果好奇也？知此則可與言墨矣。故李廷珪詩云：「贈爾烏玉玦，清泉研須潔。避暑懸葛囊，臨風度梅月。」其寶惜可知。又云：「墨藏石灰中，過梅不黴。」是亦一法。

## 論紙

高子曰：上古無紙，用汗青者，以火炙竹，令汗出取青，易於作書。至漢蔡倫始製紙，爲萬世利也。初搗漁網紙，以布作者曰麻紙，以樹皮作者曰穀紙。蜀有凝光紙、雲藍牋、花葉紙、十色薛濤箋，名曰蜀箋。有側理紙、松花流沙紙、彩霞金粉龍鳳紙、綾紋紙、短簾白紙、硬黃紙、布紙、縹紅紙、青赤緑桃花牋、籐角紙、縹紅麻紙、桑根紙、六合箋、魚子牋、苔紙。建中年，有女兒青紙、卵紙。宋有澄心堂紙、蠟黃藏經牋、白經牋、碧雲春樹箋，有龍鳳印邊三色內紙，有印金團花并各色金花牋紙，有籐白紙、研光小本紙。李僞主造會府紙，長二丈，闊一丈，厚如繒帛數重。陶穀家藏有鄱陽白數幅，長如匹練。西山觀音簾紙，鵠白紙，蠶繭紙，竹紙，大牋紙。元有黃麻紙、鉛山紙、常山紙、英山紙、臨川小牋紙、上虞紙。又若子邑之紙，妍妙輝光，皆世稱也。今之楚中粉箋，松江粉箋，爲紙至下品也，一皺即脱。陶穀所謂化化箋，此爾。止可用供溷材，一化也；貨之店中，包麵藥菓之類，二化也；甚言紙之不堪用者，類此。若今之大内細密洒金五色粉牋，五色大簾紙，洒金牋。有等白牋，堅厚如板，兩面砑光，如玉潔白。有印金花五色箋紙。又若磁青紙，如段素，堅韌可寶，多用寫泥金字經。有等藍色者，薄而不佳。高昌國金花牋，亦有五色，有描金山水圖者。高麗有錦繭紙，色白如綾，堅韌如帛，用以書寫，發墨可愛。有等皮紙，用以爲簾，爲雨帽，爲書夾，堅厚若油爲之，中國所無，亦奇品也。近日可用作書者，吴中無紋洒金箋紙爲佳。松江近日譚牋，不用粉造，以荆川簾紙褙厚，砑光，用蠟打各色花鳥，堅滑可類宋紙。又新安新造倣宋藏經箋紙亦佳。吴中近亦爲之，但不如宋箋抄成堅韌，如段帛有性，數百載流傳，尚有揭開受用。若今倣效者，紙性終脆，久皺糊懈必鬆。時尚花邊格子白鹿牋，用以作柬、寫詩甚便，其式余家有數十種。但白鹿紙以緑子水併槐黄水微煎印者雅甚。以青以紅，俱不佳也。又如蠟砑五色箋，亦以白色、松花色、月下白色羅紋箋爲佳，餘色不入清賞。兩人砑者精美，又不壞板。若用水濕一紙，以潤十紙，砑者不佳。然以白蠟砑者受墨，蜜蠟遇墨成珠，描寫不上，深可恨也。并録以共鑒賞。

## 論筆

高子曰：蒙恬創筆，以枯木爲管，以鹿毛爲柱，以羊毛爲被，所謂毫者，非今竹兔也。故製筆之法，桀者居前，毳者居後，强者爲刃，耎者爲輔。參之以檾，束之以管，固以漆液，澤以海藻。濡墨而試，直中繩，勾中鈎，方員中規矩，終日握而不敗，故曰筆妙。柳帖云：「近蒙寄筆，出鋒太短，傷於勁硬。所要優柔，出鋒須長，擇毫須細，管不在大，副則須齊。齊則波切有憑，管小則運動有力，毛細則點畫無失，鋒長則洪潤自由。」

筆之玄樞，當盡於是。故《筆偈》曰：「員如錐，捺如鑿，只得入，不得却。」言縛筆須緊，不令一毛吐出，即不堪用。又曰：「心柱硬，覆毛薄，尖似錐，齊似鑿。」故伯英之筆，窮神盡意，子雲稱之。漢末一筆之匣，雕以黄金，飾以和玉，綴以隋珠，文以弱翠。非文犀之楨，必象之管，豐狐之柱，秋兔之翰，則古人重筆之意愨矣。南朝有姥，善作筆，用胎髮爲心。開元中，筆匠名鉄頭，能瑩管如玉。今俱失傳。右軍《筆經》曰：「諸郡毫，惟中山兔肥而毫長，可先用人髮杪數十莖，雜青羊毛并兔毳，裁令齊，以麻紙裹枝根，令治。次取上毫，薄布柱上，令柱不見。」此皆古人格論。若今之爲筆，所貴在毫，東郡以青羊毛爲之，雉尾爲蓋，五色可觀。有用豐狐毛、虎毛、鼠鬚、羊毛、麝毛、羊鬚、胎髮造者，皆不如兔毫爲佳。香狸毫次之。兔以崇山絶壑中者毫足。秋毫取健，冬毫取堅，春夏之毫則不堅矣。筆以尖、齊、圓、健爲德，毫堅則尖，毫多則色紫而齊。用檾貼襯得法，則毫束而員。用以純毫，附以香狸，角水得法，則用久而健，此外無法。今人毫少而狸檾倍之，筆不耐寫，豈筆之咎哉？爲不用料耳。余取杭人舊製筍尖筆樁最佳，後因湖州紫縛筆頭爲細腰葫蘆樣製，杭亦效之，最爲可恨。初寫似細，宜作小書，用後腰散，便成水筆，即爲棄物。杭筆不如湖筆得法，湖筆又以張天錫爲最，惜乎近無傳其玅者。然畫筆向以杭之張天貴首稱，而張亦不妄傳人。今則分爲三，美惡無退，世業不脩，似亦可惜。楊州之中管鼠心畫筆，用以落墨白描最佳。水筆亦妙。

古之王者，以金管、銀管、斑管爲筆紀功，❶其重筆如此。向有牙管、玳瑁管、玻瓈管、鏤金管、緑沉漆管及棕竹花梨紫檀等管，此何意也？以其爲可貴耳。如持用何？惟取竹之薄標者爲管，筆之妙用盡矣，又何尚焉？冬月以紙帛衣管，以避寒者，似亦難用，悉不取也。收筆以十月、正二月收者爲佳玅。筆書後即

❶「斑管」原作「斑筆」，據《遵生八牋》卷十五改。

入筆洗中，滌去滯墨，則毫堅不脆，可耐久用。然須洗完即加筆帽，免挫筆鋒。收筆以黄連調輕粉蘸筆頭，候乾收之，則筆不蛀而毫純。又法：川椒、黄柏煎湯，磨松烟染筆藏之，亦可遠蛀。古人重筆，用敗則葬。故趙光逢濯足襄漢溪上，見一方磚，上題：「髠友退鋒郎，功成鬓髮霜，冢頭封馬鬣，不敢負恩光。」後顯獨孤貞節立，❶磚上積有苔痕。此蓋好事者葬筆所在。

## 雜論

俗諱五月上屋，言五月人蜕，上屋見影，魂當去。

金曾經在丘塚，及爲釵釧溲器者，陶隱居云謂之辱金，不可合煉。鍊銅時，與一童女俱，以水灌銅，銅當自分爲兩段。有凸起者牡銅也，凹陷者牝銅也。

爨釜不沸者，有物如豚居之，去之無也。

竈無故自濕潤者，亦蝦蟇名鈎注居之，❷去則止。

飲酒者，肝氣微則面青，心氣微則面赤也。

脉勇怒而面青，骨勇怒面白，血勇怒而面赤。

山氣多男，澤氣多女，水氣多喑，風氣多聾，木氣多傴，石氣多力，阻險氣多瘿，暑氣多殘，雲氣多壽，谷氣多痺，丘氣多尫，衍氣多仁，陵氣多貪。

---

❶「顯」，《蕉窗九録》作「題」。

❷「亦」，《酉陽雜俎》前集卷十一作「赤」。

身神及諸神名異者，腦神曰覺元，髮神曰玄華，目神曰虛監，鼻神曰冲龍王，舌神曰始梁。

夫學道之人，須鳴天鼓以召衆神也。左相叩爲天鐘，❶卒遇凶惡不祥叩之。右相爲天磬，若經山澤邪威神，❷大祝叩之。中央上下相叩名天鼓，存思念鳴之。❸叩之數三十六，或三十二，或二十七，或月七日。❹

《隱訣》言太清外術：「生人髮挂菓樹，烏鳥不敢食其實。」苽兩鼻兩蒂，食之殺人。簷下滴菜有毒堇、黃花及赤芥，一曰芥。殺人。瓠牛踐苗則子苦。大醉不可卧黍穰上，汗出眉髮落。婦人有娠，食干薑，令胎內消。十月食霜菜，令人面無光。三月不可食陳葅。莎衣結治蠼螋瘡。井口邊草止小兒夜啼，着母卧薦下，勿令知之。船底苔療天行。寡婦藁薦草節去小兒霍亂。自縊死，繩主顛狂。孝子衿灰傅面皯。東家門鷄栖木作灰，治失音。砧垢能蝕人履底。古櫬板作琴底，合陰陽通神。

魚有睫，及目合，腹中自連珠。二目不同，連鱗、白鬐，腹下丹字，並殺人。鼈目白，腹下五一曰丹。字，卜一曰十。字者不可食。蟹腹下有毛，殺人。蛇以桑柴燒之，則見足出。獸岐尾，鹿班如豹，羊心有竅，悉害人。馬夜眼，五月以後食之，殺人。犬懸蹄肉有毒。白馬鞍下肉食之，傷人五藏。烏自死，目不閉。鴨目白，烏四距，卵有八字，並殺人。凡飛鳥投人家口中，必有物，當拔而放之。水脈不可斷，井水沸不可飲，酒醬無影者不可

❶「鐘」字原缺，據《酉陽雜俎》前集卷十一補。
❷「邪」下《酉陽雜俎》前集卷十一有「僻」字。
❸「念」下《酉陽雜俎》前集卷十一有「當道」二字。
❹「或月七日」，《酉陽雜俎》前集卷十一作「或二十四，或十二」。

飲。　蝮與青蛙，虵中最毒。蛇怒時，毒在頭尾。　凡冢井閉氣，❶秋夏中之殺人。先以雞毛投之，毛直下無毒，迴舞而下不可犯。當以酣數斗澆之，方可入矣。　梨千歲冰所化也。　琉璃、馬腦先以自然灰敷令軟，可以雕刻。　自然灰生南海。　馬腦，鬼血所化也。　《玄中記》言：「楓脂入地爲琥珀。」《世説》曰：「桃濇入地所化也。」《淮南子》云：「兔絲，琥珀苗也。」鬼書有業煞，刁斗出於言器。❷

百體中有懸針書、垂露書、秦王破冢書、金鵲書、虎爪書、倒薤書、偃波書、信幡書、飛帛書、籀書、謬一云繆。篆書、❸制書、列書、日書、月書、風書、署書、蟲食葉書、胡書、篷書、天竺書、楷書、橫書、芝英隸、鍾隸、鼓隸、龍虎篆、麒麟隸、魚隸、蟲篆、鳥篆、鼠篆、牛書、兔書、草書、龍草書、狼書、犬書、鷄書、震書、反左書、行押書、檝書、景書、半草書。

召奏用虎爪，爲不可學，以防詐僞。　誥下用偃波書。　謝章詔板用蝌脚書。　節信用鳥書。　朝賀用慎書，一曰填。方施於昏姻。

西域書有驢脣書、蓮葉書、節分書、大秦書、駝乘書、犛牛書、樹葉書、起屍書、石旋書、覆書、天書、龍書、鳥音書等，有六十四種。

胡綜博物，孫權時掘得銅匣，長二尺七寸，以琉璃爲蓋。又一白玉如意，所執處皆刻龍虎及蟬形，莫能識其由。使人問綜，綜曰：「昔秦皇以金陵有天子氣，平諸山阜，處處輒埋寶物，以當王氣。此蓋是乎？」

❶「閉」，《酉陽雜俎》前集卷十一作「間」。

❷「言」，《酉陽雜俎》前集卷十一作「古」。

❸「繆」原作「謬」，據《酉陽雜俎》前集卷十一改。

鄧城西百餘里有穀城，穀伯綏之國。城門有石人焉，刊其腹云：「摩兜鞬，摩兜鞬，慎莫言。」疑此亦同太廟，金人緘口銘。

歷城北二里有蓮子湖，周環二十里。湖中多蓮花，紅綠間明，乍疑濯錦。又漁船掩映，罟罾疎布，遠望之者，若蛛網浮杯也。魏袁翻曾在湖醼集，參軍張伯瑜諮公，言：「尚爲血羹，頻不能就。」公曰：「取洛水必成也。」遂如公語，果成。時清河王怪而異焉，乃諮公：「未審何義得爾？」公曰：「可思湖目。」清河笑而然之，而實未解。坐散，語主簿房叔道曰：「湖目之事，吾實未曉。」叔道對曰：「藕能散血，湖目蓮子，故令公思。」清河歎曰：「人不讀書，其猶夜行。二毛之叟不如白面書生。」

梁主客陸緬謂魏使尉瑾曰：「我至鄴，見雙闕極高，圖飾甚麗。此間石闕亦爲不下。我家有荀勖尺，以銅爲之，金字成銘，家世所寶此物。往昭明太了好集古器，遂將入內。此闕既成，用銅尺量之，其高六丈。」瑾曰：「我京師象魏，固中天之華闕，此間地勢過下，理不得高。」魏肇師曰：「荀勖之尺，是積黍所爲，用調鍾律，阮咸譏其聲有秋隘之韻。後得玉尺度之，過短。」

舊說不見輔星者將死，成式親故常會修行里，有不見者，未周歲而卒。

相傳識人星不患瘧，成式親識中，識者悉患瘧。又俗不欲看天獄星，有流星入，當被髮坐哭之，候星却出，災方弭。《金樓子》言：「予以仰占辛苦，侵霜露，又恐流星入天牢。」方知俗忌之久矣。

荆州陟屺寺僧那照善射，每言光而摇者鹿，帖地而明滅者兔，低而不動者虎。又言，夜格虎時，必見三虎並來，挾者虎威，當刺其中者。虎死威乃入地，得之可却百邪。虎初死，記其頭所藉處，候月黑夜掘之。欲掘時必有虎來吼擲前後，不足畏，此虎之鬼也。深二尺，當得物如琥珀，蓋虎目光淪入地所爲也。

又言，雕翎能食諸鳥羽，復善作風羽。風羽法：去括三舌鎖小孔，令透笴及鏤風渠深一粒，自括達于孔，則不必羽也。

道士郭采真言，人影數至九。成式常試之，至六七而已。外亂莫能辨，郭言漸益炬則可別。又説九影各有名，影神：一名右皇，二名魍魎，三名洩節樞，四名尺凫，五名索關，六名魄奴，七名竈囟，一曰⿴囗多。（舊抄九影名在麻面紙中，向下兩字，魚食不記）八名亥靈胎，九魚全食不辨。

寶歷中，有王山人，取人本命日，五更張燈相人影，知休咎。言人影欲深，深則貴而壽。影不欲照水、照井及浴盆中，古人避影亦爲此。古蠼螋、短狐、踏影蠱，皆中人影爲害。近有人善炙人影治病者。

都下佛寺往往有神像，鳥雀不污者。鳳翔山人張盈善飛化甲子，言或有佛寺金剛鳥不集者，非其靈驗也，蓋由取土處及塑像時，偶與日辰王相相符也。

又言，相寺觀當陽像，可知其貧富。故洛陽修梵寺，有金剛二，鳥雀不集。元梁時，梵僧菩提達摩稱得其真像也。

或言龍血入地爲琥珀。《南蠻記》：「寧州沙中有折腰蜂，岸崩則蜂出，土人燒治以爲琥珀。」

李洪山人，善符籙，博知，常謂成式：「瓷瓦器璺者可以棄，昔遇道，言雷蠱及鬼魅多遁其中。」

近佛畫中，有天藏菩薩、地藏菩薩，近明諦觀之，規彩鑠目，若放光也。或言以曾青和壁魚設色，則近目有光。又往往壁畫僧及神鬼，目隨人轉，照眸子極正則爾。

秀才顧非熊言，釣魚當釣其旋繞者，失其所主，衆鱗鱗不復去，頃刻可盡。

慈恩寺僧廣升言，貞元末，閬州僧靈鑒善彈。其彈丸方，用洞庭沙岸下一曰畔。土三斤，炭末三兩，瓷末一兩，榆皮半兩，泔澱二勺，紫礦二兩，細沙三分，藤紙五張，渴榻汁半合，九味和擣三千杵，齊手丸之，陰乾。

鄭彙爲刺史時，有富家名寅，讀書，善飲酒，彙甚重之。後爲盜，事發而死。寅常脂靈鑒角放彈，❶寅指一樹節，其節目相去數十步，曰：「中之獲五千。」一發而中，彈丸反射不破，至靈覽乃陷節碎彈焉。

王彦威尚書在汴州，二年，夏旱，時袁王傳季玘寓汴，因宴，王以旱爲言，季醉曰：「欲雨甚易耳。可求蛇醫四頭，十石甕二枚，每甕實以水，浮二蛇醫，以水蓋密泥之，分置於閒處，甕前後設席燒香。選小兒十歲已下十餘，令執小青竹，晝夜更擊其甕，不得少輒。」王如言試之，一日兩夜雨大注。舊説龍與蛇師爲親家焉。

❶「脂」，《酉陽雜俎》前集卷十一作「诣」。

# 大雅堂訂正尊重口　庚集

漢劉向曰：口者，關也；舌者，機也。言出而不當，駟馬不能追也。口者，關也；舌者，兵也。出言不當，反自傷也。言出于己，不可止于人。行發于邇，不可止于遠。夫言行者，君子之樞機也。樞機之發，榮辱之係也。可不慎乎？故蒯子羽曰：「言猶射也。筈既離弦，雖有所悔焉，不可追已。」《詩》曰：「白圭之玷，尚可磨也；斯言之玷，不可爲也。」宜爲輕言行者戒，故筆于篇首。

多言數窮，不如守中。老子

古之慎言人也，戒之哉！無多言，多言多敗。金人銘

吉人之辭寡，躁人之辭多。繫辭

爲治不在多言，顧力行何如耳！魯申公

辯通有辭者，患在多言。仲長統

多言命事敗。孔文舉

多言不可與遠謀。○禍莫大于多言。文中子

囂囂多言，徒相爲訾。韓文公

戒爾勿多言，多言衆所忌。苟不慎樞機，災厄從此始。范魯公

多言則背道。林和靖

言愈多，于道未必明。程子

子貢言而多中者，億而已。夫子嘗曰：「賜不幸言而中。」是使賜多言也，聖人之不貴言也如是。華陽范氏

多言不中節。劉道原

多言不如寡言。鄒道卿

多言害道。○言易得多，故不敢盡。○言語多，愈支離。○辭達則止，不貴多言。朱子

察神鑒昏，昧子多言之際，聖愚之分，斷可識矣。余子節

爲學不在多言，顧力行何如耳。○多言最使人心志流蕩，而氣亦損。○賞乘快，不覺多言。至夜枕席不安，蓋神氣爲多言所損也。○不可乘喜而多言，○因喜而多言，覺氣流而志亦爲之動。薛文清公

右第一章戒多言

言輕則招憂。揚子雲

人惟其不行也，是以輕言之。言之如其所行，行之如其所言，則出諸其口，必不易矣。華陽范氏

無耻的人，未曾做一分，便説十分矣。只緣胡亂輕易説了，便把行不當事，○人輕易言語，是他此心不

在。○知得爲之難，故自不敢輕言。○人之所以輕易其言者，以其未遭失言之責故耳。朱子

言語，所以文身也，輕出則有起羞之患。九峰蔡氏

輕于言者，必不務力于行也。新安陳氏

輕言輕動之人，不可與深計。薛文清公

右第二章戒輕言

妄言則亂，不可不慎守也。淮南子

人心之動，因言以宣。發禁躁妄，内斯静專。程子

劉安世問盡心行己之要，司馬温公曰：「自不妄語始。」安世終身服膺，故其進而議于朝者，無隱情；退而語于家者，無媿辭。

言語不可妄發。朱子

對賓客一語不妄發。李子方

人于忙處，言或妄發，所以有悔。○必使一言不妄發，則庶乎寡過矣。○言不妄發，則言出而人信之。○口無妄言，安得有差。有差者皆妄也。薛文清公

右第三章戒妄言

其爲言也，亂雜而無章，將天醜其德，莫之顧邪，何爲不鳴其善鳴者也？韓文公

張籍與昌黎書云：「比見執事多尚駁雜無寔之談，此有以累于令德。」○雜言最害正理。○雜言多，能

存道者鮮矣。○群居不可泛言駁雜不近正理之事。薛文清公

右第四章戒雜言

君子無戲謔之言，故雖妻妾不得已而黷也，❶雖朋友不得而狎也。徐偉長

君子無苟戲。顏曾公

戲言出於思也，謂非己心，不明也。欲人無己疑，不能也。○戲謔不惟害事，志亦爲氣所流，不戲謔，亦是持志之一端。張子

吾有一失，戲謔不知止。劉道源

德盛者必不狎侮。今雖大人先生，猶有戲語，皆是未過此一關。潛室陳氏

戲謔最害事，後雖有誠實之言，人亦弗之信矣。○戲謔甚，則氣蕩，而心亦爲所移。不戲謔，亦養氣之端。薛文清公

右第五章戒戲言

晉伯宗每朝，其妻戒曰：「子好直言，必及于難。」

言功直，則不用而身危。賈山

剛腸疾惡，輕肆直言，遇事便發，甚不可也。嵇叔夜

---

❶「不得已」，《中論・脩本》作「不可得」。下句「不得」《中論》亦作「不可得」。

顔延之性褊激，肆意直言，人多忌之。

吾有一失，直言自信，不遠嫌疑。劉道源

或問：「人於議論，多欲直己無舍容，是氣不平否？」程子曰：「亦是量狹。」

狃于能直者所發多弊。❶ 張南軒

劉道源與王介甫有舊，方介甫用事，吸呼成禍福。道原獨奮厲不顧，直言其事不合衆心，或面刺介甫至變色如鐵；或稠人廣坐介甫之人滿側，道公議其得失無所隱，惡之者側目，愛之者寒心。張天祺請罷條例司，因詣中書，直陳其事，詞氣甚厲。介甫以扇掩面而笑。天祺怒曰：「參政笑戩，戩亦笑參政。豈惟戩笑，天下無不笑之者。」晹叔解之曰：「察院不須如此。」天祺顧曰：「只相公得爲無過耶。」司馬温公

右第六章戒直言

好盡言以招人過，國武子所以見殺于齊也。文公

出言有時，而不敢盡，保身之道也。新安陳氏

蔡居安在秘書省，會館職食瓜，令客徵瓜事，每一條食一片，坐客不敢盡言。居安所徵爲優，欲畢，校書郎董彦遠連徵數事，皆所未聞，衆歎服之。識者謂彦遠必不能安，後數日，果外補。

古人座右銘曰：「言語不可説盡。」

小人不可與盡言。薛文清公

❶「狃于能直者所發多弊」，《宋名臣言行録》卷十三作「狃于許直者所發多弊病」。

右第七章戒盡言

君不密則失臣，臣不密則失身。幾事不密則害成，是以君子慎密而不出也。

《詩》云：「無易由言，耳屬于垣。」

事以密成，語以泄敗。韓非子

吾有一蔽，慎密而漏言。劉道原

聞人密論，不能容受。而輕泄之者，不足以爲人。唐充之

漢有司劾賈捐之、楊興漏泄省中語，捐之棄市，興減死。

石顯言京房、張博漏泄省中語，博腰斬，房棄市。曹操與劉備言，備泄之于袁紹。紹知操有圖己之意，操自咋其舌流血，以失言戒後世。

宋真宗得風疾，事多决于皇后。寇準以爲憂。一日請問曰：「皇大子人望所屬，願陛下傳以神器。丁謂、錢惟演乃佞人，不可以輔少主。」帝然之。已而準被酒漏言，丁謂聞之。準竟以是罷相。

唐高宗告武后以「上官儀教我廢汝」。此君不密而失臣也；陳蕃乞宣臣章以示宦者，此臣不密而失身也。誠齋楊氏

韓昭侯與棠谿公謀，而終夜獨寢，慮夢言泄于妻妾也。孔光不對温室之樹，恐言之泄于左右也。劉勰

韓文公爲陝西招討時，師魯與英公不相與。師魯于公處即論英公事，英公于公處亦論師魯。公皆納之，不形于言，不然不静矣。吴明卿

右第八章戒漏言

居其室，出其言不善，則千里之外違之，況其邇者乎！繫辭

《詩》曰：「中冓之言，不可道也；所可道也，言之醜也。」

惡言不出于口，忿言不反于身。樂正子春

君子絶交無惡言。樂毅

君子口不出惡言。○與人惡言，深于矛戟。荀子

少皐氏有不才子，崇飾惡言，天下之民謂之窮奇。太史克

刀鎗易没，惡語難消。省身銓要

以帷薄之罪加于人，最爲暗昧。萬一非辜，則令終身被其惡名，至使君臣父子之門，難施面目，言之得無訒乎！傅獻簡公

右第九章戒惡言

無以巧言令色便僻側媚。書

巧言如流，俾窮處休。❶ ○巧言如簧，顔之厚矣。詩

巧言令色鮮矣仁。○巧言亂德，惡似而非也。孔子

飛廉惡來，巧言利口，以進其身。東方朔

---

❶「窮」，《詩·小雅·雨無正》作「躬」。

巧言雖美，用之必滅。陳思王

宋太宗與諸王宴射，賈琰侍側，頗稱贊德美。竇偁叱之曰：「賈氏子巧言令色，豈不愧于心哉！」

李林甫巧言似忠，故明皇信而不疑。范祖禹

巧者言，拙者默；巧者勞，拙者逸；巧者凶，拙者吉。周子

不可以巧言令色，曲從苟合，以求人之比己也。程伊川

巧言之人，徒尚口而無實情。慶源輔氏

過于褒美，便入于巧言。鄒道卿

巧言變亂是非，聽之使人喪其所守。○巧言亦不專爲譽人過實，凡詞色間務爲華藻，以悦人視聽者皆是。朱子

木訥者無巧言。洪景盧

世亦有巧僞之言。險也，而言易；躁也，而言淡；貪戀也，而言閑適。意其言之可以欺人也。然人觀其易淡閑適之言，照其險躁貪戀之心，則人不可欺也，而言豈可僞哉！吴文正公

若以巧言令色求合，則其所合者可知矣。許魯齋

右第十章戒巧言

汝惟不矜，天下莫汝争能。○矜其能喪厥功。書

矜之者何？猶曰：「莫我若也。」公羊子

矜者，自尊大也。鄭玄

齊桓公葵丘之會，微有振矜。而叛者九國。習鑿齒

唐莊宗滅梁，高季興入朝歸，謂將佐曰：「新朝百戰方得河南，乃對功臣舉手云『吾于十指上得天下』。矜伐如此，❶何能久長，吾無憂矣。」

歐陽公不言文章，而善談政事；蔡君謨不言政事，而喜論文章。各不矜其所能也。蘇子容

謝良佐與伊川別一年，往見之，伊川曰：「相別又一年，做得甚功夫？」謝曰：「也只是去箇矜字。」曰：「何故？」曰：「子細檢點得來，病痛盡在這裡。」

洪景盧居翰苑，一日草二十餘制，語院吏曰：「蘇學士想亦不過如此速耳！」院吏曰：「幼時曾見蘇學士敏捷，亦不過如此，但不曾檢閱書冊耳！」洪爲赧然，自悔失言。嘗對客自言如此，且云：「人不可自矜。」❷

人能操無欲上人之心，則凡可以矜己誇人者，皆無足道矣。上蔡謝氏

聖人所以不矜者，只爲道理是天下古今人物公共之理，非己有之私，故不矜。○尋常事處置得宜，數數爲人言之，陋亦甚矣。古人功滿天地，德冠人群，視之若無者，分定故也。○人有滿于德意，而不覺形于詞色者，則其所養可知矣。薛文清公

右第十一章戒矜言

❶「如」原作「於」，據《資治通鑑》卷二百七十二改。

❷「矜」原作「務」，據《齊東野語》卷十改。

朕堲讒説殄行，震驚朕師。書語

讒人罔極，交亂四國。○無罪無辜，讒口囂囂。○彼譖人者，誰適與謀？取彼譖人，投畀豺虎。豺虎不食，投畀有北。有北不受，投畀有昊。詩語

讒臣在中，王之蠹也。肥義

積毀銷金，積讒磨骨。江文通

市有虎而曾參殺人，讒者之效也。韓文公

讒者，沮善者也。用君子而小人沮之，是爲讒。太伯

讒口交鬭爲亂之楷梯。○讒人者，因人之小過，而餙成大罪也。朱子

小人爲讒于其君，必以漸入之。其始也，進而嘗之，君容之而不拒，知言之無忌，于是復進之。蘇文公

楚懷王使屈原造爲憲令，屬草稿未定，上官大夫見而欲奪之，屈平不與。因讒曰：「王使屈平爲令，衆莫不知。每一令出，平伐其功，曰以爲非我莫能爲也。」王怒而疏屈平。

楚平王使費無忌爲太子建取婦于秦，秦女好，無忌馳歸報平王曰：「秦女絶美，王可自取。」平王遂自取秦女而絶愛幸之，更爲太子取婦。無忌恐一旦平王卒而太子立殺己，乃因讒太子于王曰：「太子以秦女之故，不能無怨望，願王少自備也。」平王乃召太子傅伍奢考問之，伍奢曰：「王獨奈何以讒賊小臣，疏骨肉之親乎！」王怒殺伍奢，太子奔宋。

仲尼惡利口之覆邦家，春秋以來，禍敗多矣。昔子翬謀桓而魯隱危，欒書搆郤而晉厲弑。豎牛奔仲，叔孫卒；郈伯毀季，昭公逐；費忌納女，楚建走；宰嚭譖胥，夫差喪；李園進妹，春申誅；上官訴屈，懷王執；

趙高敗斯，二世縊；伊戾坎盟，宋痤死，江充造蠱，❶太子殺；息夫作奸，東平誅。皆自小覆大，繇疎陷親，可不懼哉！ 班孟堅

田單復齊國，信陵君取秦兵，周勃誅諸吕，陳湯誅郅支，盧植破黄巾，鄧艾平蜀，王濬平吴，謝安却苻堅，慕容垂挫桓温，史萬歲破突厥，李靖滅吐谷渾，李光弼中興唐室，李晟復京師，寇凖决澶淵之策，皆有大功于社稷，卒爲譖人所惎，讒言罔極，吁可哀哉！ 洪景盧

右第十二章戒讒言

惡訐以爲直者。 子貢

彼自智其計，則毋以其失窮之；自勇其斷，則毋以其敵怒之；自多其力，則毋以其難概之。 非子

以訐爲忠直，人臣之大罪也。 孔光

楊惲性好刻害，發人陰伏，卒以此敗。

凡人于小人欺己處，必明以破之，韓魏公獨不然。明足以照小人之欺，然每受之，未嘗形於言也。 吴明卿

聖人最惡訐人之陰私。〇覺人詐而不形於言，有餘味。 薛文清公

右第十三章戒訐言

輕諾者必寡信。 老子

❶「蠱」原作「虫」，據《漢書》卷四十五改。

子路無宿諾。

灌夫一言許人，必信之也。顏師古

張天祺重然諾，一言之欺以爲己病。○有求而不許，始雖弗人意，而終不害乎信。❶ 呂大臨

胡文公未嘗苟爲唯諾，以祈人之悦。

凡與人言即當思其事之可否，可則諾，不可則無諾，若不思可否而輕諾之，事不可行則必不能踐言矣。

○一言不可輕許人。薛文清公

右第十四章戒輕諾之言

言之諄諄，聽之藐藐，匪用爲教，覆用爲虐。詩

不可與言而與之言，失言。孔子

未同而言，觀其色赧赧然，非由之所知也。子路

未可以言而言，是以言餂之也。孟子

交淺而言深者，愚也；未信而納忠者，謗也。崔駰

君子非其人，則弗與之言。徐偉長

不知言之人，烏可與言；知言之人，默然而其意已傳。幕中之辨，人反以汝爲叛；臺中之評，人反以汝爲傾。汝不懲邪？而呶呶以害其生邪？韓文公言箴

❶「始雖弗人意，而終不害乎信」原作「始雖不弗人意，而終害乎信」，據《雲莊禮記集説》卷九引呂氏語改。

智不相近，雖聽言而不入；信不相及，雖納忠而不愛。胡五峰

終日譊譊者，爲善多不終。張子韶

不先事而强聒，不後事而失機。胡明仲

非可言之，時而强聒之。非惟不入其耳，或反貽其怒矣。汪氏

邵康節教人必隨其才分之高下，不驟語而强益之。

韓魏公知歐陽公不以《繫辭》爲孔子書，又多不以文中子爲可取，中書相會累年，未嘗與之言及也，蓋知其性偏也。吴明卿

未信者不可强言以聒之；未合者不可强言以鈎之。〇不可强語人以不及，非惟不能入，彼將易吾言矣。薛文清公

右第十五章戒强聒之言

惡稱人之惡者。孔子

聰明深察而近于死者，好議人者也；博辨廣大危其身者，發人之惡者也。老子

馬援兄子嚴敦，並喜譏議。援在交趾，還書戒之曰：「吾欲汝曹聞人過失，如聞父母之名，耳可得聞，口不可得言也。好議論人長短，妄是非政法，此吾所大惡也。寧死不願聞子孫有此行也。」

無道人之短。崔子玉座右銘

阮嗣宗口不論人過，吾每師之，而未能及。嵇叔夜

「居是邦，不非其大夫。」此理最好。程子

伊川見人論前輩之短，曰：「汝輩且取他長處。」

言滿天下無口過，❶非謂不言也，但不言人是非長短利害，所以無口過。陳了翁

邵康節聞人言人之惡，未嘗和。

以言人不善爲至戒。胡五峰

後生未可遽立議論，以褒貶古今。蓋見聞未廣，涉世淺也。劉元城

工於議論人者，察己常疎。張南軒

曹武惠王局量寬博，未嘗言人過。

范蜀公慎默，口不言人過。

趙康靖公厚德長者，未嘗言人短。

范文正公謹默，口不言人過。

崔遵度篤厚長者，口不言人是非。

葉道卿自浙漕罷，以母老求司宫鑰。長子經臨江軍倅謁，方入客次，聞衆賓聚首，言道卿被罪去位。問：「得報耶？」❷賓曰：「傳聞耳。」曰：「葉道卿乃某之家君，以祖母老求便，寔無過。」衆賓負赧幾失所措，信知稠人中不可妄談是非。昔人有言，客次與茶酒肆中，最宜謹默，可不信乎？和平時

不言州縣官員長短得失，不言衆人所作過惡，不仕進官職趍時附勢。范益謙座右銘

---

❶「口」原作「苟」，據下文當作「口」。《宋元學案》卷三十五引陳瓘《雜説》亦作「口」。

❷「問」原作「聞」。《仕學規範》卷十一作「葉揖而問得報耶」，據改。

切不可隨衆議論前人長短，要當己有貞見乃可。○好議論前輩得失，❶乃初學之大病。前輩誠有不可及者，未可議也。○嘗觀後人肆筆奮詞，議論前人之長短，及夷考其平生之所爲，不及古人者多矣。豈非言不及行，可恥之甚乎？○在古人之後，議古人之失則易；處古人之位，爲古之事則難。薛文清公

右第十六章戒譏評之言

不在其位，不謀其政。孔子

位卑而言高，罪也。孟子

在官言官，在府言府，在庫言庫，在朝言朝。○朝言不及犬馬。○公庭不言婦女。○外言不入于梱，内言不出于梱。曲禮

司馬温公作相，欲除諫官，而難其人，問於伊川。伊川曰：「初若議論人才則可，今既如此，頤雖有其人，何可言？」公曰：「出于君口，入于光耳，又何害？」伊川終不言。

傅獻簡公以言事謫知和州通判。楊洙問曰：「公以直言斥，居此，何爲言未嘗及御史時事？」公曰：「前日言職也，豈得已哉？今日爲郡守，當宣朝廷美意，而反呫呫言前日之闕政，與誹謗何異？」

司馬温公既歸洛，自是絶口不論事。

韓蘄王既罷典兵，自是杜門謝客，絶口不言兵。

右第十七章戒出位之言

❶「論」下原衍「談」字，據《薛文清公要言》卷上删。

左右非公故，勿與語。張文忠公

接下不可一語冗長。○臨屬官，公事外不可從及他事。❶○爲官最宜安重，下所瞻仰，一發言不當，殊愧之。

右第十八章戒狎下之言

上交不諂。繫辭

上不答，不敢以諂。孔子

貧而無諂。子貢

不度理之所在，而阿諛求容，諂莫甚焉。子思

孝子不諛其親，忠臣不諂其君。莊子

諛者，賊也。宋元王

違下從上，則爲諂諛。荀悅

議政諂諛，則主德毁。王嘉

馬回諂言得罪。孔叢子

富貴多諛言。鹽鐵論

❶「從」，《薛文清公要言》卷上作「泛」。

陳咸剛直有異才，父萬年嘗召咸牀下教戒之。咸睡頭觸屏風，萬年怒之，咸跪謝曰：「大人乃教咸諂也。」萬年乃不復言。

周文處諂，君子譏之，爲其近于佞也。太史公

不可阿諛逢迎，求其比己也。伊川

諂者獻佞以爲忠。胡文定公

以下美上，易失于諂。慶源輔氏

是是近于諂。歐陽公

人之好諛，非特言語爲然也，而文辭尤甚也。素無寔德寔才，而悦人作文詞以諛己，❶而作文詞者又極口稱譽之，彼以諛求，此以諛應，文詞之弊，孰有甚于此者乎？

右第十九章戒諂諛之言

失其守者其辭屈。繫辭

見理不定，無所操執，其辭多屈而不伸也。進齋徐氏

鍾薄者無震聲，德厚者無卑辭。誠齋楊氏

貴人之前莫言窮，彼將謂我求其薦矣；富人之前莫言貧，彼將謂我求其福矣。筆疇

胡文定公家至貧，然貧之一字於親故間，非惟口不道，手亦不書，嘗戒子弟曰：「對人言貧者，其意將何

❶「己」字原缺，據《薛文清公要言》卷上補。

求？汝曹志之。」

失時之言，每多謙己；墮井之呼，不暇擇人。郁離子

右第二十章戒卑屈之言

李文正公爲相，人有求進用者，必温語却之，或問其故，曰：「既失所望，又無善詞，取怨之道也。」

歐陽文忠公在政府時，每有人不中理者，輒峻却之，故人多怨。

畢仲遊與東坡書云：「夫言語之累，不特出諸口者爲言。其形於詩，未畏于文。是其所是，則見是者喜；非其所非，則蒙非者怨。喜者未必能濟君之謀，而怨者或已敗君之事矣。」

凡與人言，色厲則取怨。薛文清公

右第二十一章戒取怨之言

口是何傷？禍之門也。金人銘

亂之所生也，則言語以爲階。繫辭

君子囊括不言，以避小人之禍。司馬温公

口銘云：病從口入，禍從口出。此語最好。朱子

人之招禍，惟言爲甚，故言所當節也。節齋蔡氏

口舌乃一身之門户，一語不謹，則殃禍立至。建安丘氏

言語不慎則招禍。中溪張氏

言有時而不敢盡，以避禍也。尹氏

一言或至於喪邦，其小者或以招禍，或以敗事。吴文正公

孔子謂南容：「邦無道，免於刑戮。」只是不以輕言取禍。若當言而言，雖箕子之囚，比干之死，豈容苟免。雙峰饒氏

右第二十二章戒召禍之言❶

吉人之辭寡。繫辭

言以簡爲貴。○德進則言自簡。程子

覺言語多，便簡默。朱子

大凡人纔信寔，則言自簡默。輔漢卿

徐羨之沉密寡言。

吕許公沉静寡言。

吴遵路謹重寡言。

胡文定公恬静寡言。

吕晦叔其言簡而意足。

薛簡肅公知開封時，明鎬爲府曹官。簡肅待之甚厚，直以公輔期之。有問公何以知其必貴者？公

❶ 此下底本缺第二十三章。

曰：「其爲人言簡而理盡，凡人簡重則尊嚴，此貴臣相也。」其後果至參知政事。

張安道論大事，他人終日返覆不能盡者，公必數言而決。粲然成文，皆可書而誦也。韓魏公與歐曾同事兩府，歐性素褊，曾則齷齪，每議事至厲聲相攻不可解，魏公一切不問，俟其氣定，以一言可否之，二公皆服。曾魯公

少言沉默最妙，己心既存，人自生敬。○少言不惟養得德深，又養得氣完，而夢寐亦安。

右第二十四章貴簡言

脩辭立其誠，所以居業也。易

脩其言辭，正爲立己之誠意。○誠有餘而言不足，則於人有益，而在我者無自辱矣。○誠意交通，則言出而人信矣。程子

人不誠處多在言語上。○言語丁一確二，❶一字是一字，一句是一句，便是立誠。若還脱空亂語，誠如何立？○脩辭見於事者，無一言之不寔也。○人多將言語做没緊要容易説出來，若一一要寔，這工夫自是大。○胡文定公之文，字字皆寔，但奏議每件引《春秋》亦有無其事而遷就之者。朱子

言欲當其寔而已。陳氏

青苗之法只是東坡兄弟議論得寔。魯宗道易服飲仁和肆，真宗急召之，使者入門移時，行自仁和肆歸，中使先入，因與公約曰：「上怪公來遲，當以何事對？」公曰：「但以寔告。」曰：「然則當得罪。」公曰：「飲酒常情，欺君大罪。」使者如公對。真宗問何故私入酒家，公曰：「臣貧無器皿，酒肆具備，適有親客，遂邀之

❶「丁一」原作「丁二」，據《朱子語類》卷六十九改。

飲。」真宗益嘉其誠寔。馬季機

漢大臣説人長短，各以其寔，如匡衡謂朱雲好勇，數犯法亡命，受《易》頗有師道是也。攻金陵者，謂其爲林甫、盧杞、王莽，故人主不信。劉元城

千言萬語只在寔，○句句着寔，不脱空，方是謹言。薛文清公

右第二十五章言貴誠實

仁義之人，其言藹如也。韓文公

只觀發言之平易躁妄，便見其德之厚薄，所養之淺深矣。○明道每與荆公論事，心平氣和，荆公多爲之動。伊川先生

心和氣平則能言。朱子

韓魏公説到小人忘恩背義，欲傾己處，詞氣和平，如道尋常事。吴明卿

右第二十六章言貴和平

陳忠肅公與人議論，未嘗面折，惟微示意以警之，人多退省愧服。

大率言語須是含蓄而有餘味。程子

明道先生與門人講論，不合則曰：「更有商量。」伊川則直曰：❶「不然。」

❶「川」字原缺，據《諸儒學案》補。

辭婉必能動人。薛文清公

晉文公欲伐衛，公子鋤笑之，問其故，對曰：「臣笑臣隣人也。隣人有送其妻歸家，道見桑婦，悦而與之語，顧視其妻，已有人招之。」公乃引師還，未至，已有伐其北鄙者。

魏太祖欲易太子，問於賈詡，詡默然不對。太祖曰：「與卿言而不答，何也？」「詡有所思，故不即對。」❶太祖曰：「何思？」詡曰：「思袁本初、劉景升父子也。」太祖大笑，於是太子遂定。

唐文德皇后，既葬昭陵，太宗即苑中作層觀以望之，引魏徵同升。徵孰視曰：「臣昏眊不能見。」太宗因指示之。徵曰：「臣以爲陛下望獻陵，若昭陵，則臣因見之矣。」太宗惻然，遂毁觀。

唐肅宗即位，李輔與張后謀遷太上皇於西内。後山人李唐見肅宗方抱幼女，謂唐曰：「朕念之，卿勿怪也。」唐曰：「太上皇思見陛下，亦如陛下念公主也。」肅宗泫然泣下，然猶畏張后不敢詣西内。

右第二十七章言貴婉

陽貨謂孔子曰：「來，予與爾言。懷其寶而迷其邦，可謂仁乎？」曰：「不可。」「好從事而亟失時，可謂智乎？」曰：「不可。」「日月逝矣，歲不我與。」曰：「諾，吾將仕矣。」

孔子與惡人言，故遠詞以免禍。程子

遜非阿諛也，遠害而已。朱子

言遜者亦非失其正也。特少置委曲，如夫子之對陽貨、王孫賈云耳。吴明卿

---

❶「詡有所思，故不即對」，《三國志》卷十作「詡曰：『屬適有所思，故不即對耳。』」

言以應物，則或有當遜之時。慶源輔氏

言遜則易詘，惟聖人能遜言而無所詘。新安陳氏

陽貨以不仁不智刼聖人，聖人應得甚閑暇，他人則或以卑遜取辱，或以剛直取禍，或不能禦其勃然之勢，必不得停當。聖人則辭遜而不卑，道存而不亢。或曰：「孟子遭此如何？」曰：「必露精神。」魯齋許氏

李文靖公秉鈞日，有狂生叩馬獻書，歷詆其短。公遜謝曰：「俟歸家當得詳覽。」狂生隨馬後肆言曰：「居大位不能康濟天下，又不能引退，久妨賢路，寧不愧于心乎？」公但於馬上踧踖曰：「屢求退，主上未賜允。」終無忤也。

明道先生爲御史，嘗被旨赴都堂議事，荆公方怒言者，厲色待之。先生徐曰：「天下之事，非一家私議，願公平氣以聽。」荆公爲之愧屈。

明道爲鄠縣主簿，有監酒税者，以賄播聞。先生至，將與之同事，其人心不自安，輒爲言曰：「外人爲某自盜官錢，新主簿將發之，某勢窮必殺人。」言未訖先生笑曰：「人之爲言一至於此，足下食君之禄，詎肯爲盜，萬一有之，將救死不暇，安能殺人。」其人默不敢言，後亦私償其所盜。

司馬温公入相，盡變新法。東坡言變新法宜有漸。温公不然之色忿然。東坡曰：「昔韓魏公刺陝西義勇，公謁諫官，争之甚力，韓公不樂，公亦不顧。軾昔聞公道其詳，豈今日作相，不許軾盡言耶？」温公謝之。

右第二十八章言貴遜

凡爲人言者，理勝則事明。明道先生

言不妄發，發必當理。惟有德者能之。朱子

王沂公言天下利害事，多審而中理。韓魏公嘗言往時同列二三公，不相下語，嘗至相擊，待其氣定，每與平之以理。雖勝者，亦自然不争也。言之淺深詳畧，必當其理。平菴項氏

荆公在朝論事，多不循理，只是争氣。楊龜山

右第二十九章言貴當理

時然後言，人不厭其言。公明賈

侍於君子有三愆：言未及之而言謂之躁，言及之而不言謂之隱，未見顔色而言謂之瞽。孔子

言貴乎時中，躁者先時而過乎中，隱者後時而不及乎中，瞽者冥然而不知所謂中者也。雲峰胡氏

言不可不重，子不見鍾鼓乎？夫鍾鼓叩之然後鳴，鏗鎗鏜鎝，人不以爲異也。若不叩自鳴，人孰不謂之妖耶？可以言而不言，猶叩之而不鳴也，亦爲廢鍾鼓矣。司馬温公

言而當其可，非養之有素者不能也。張南軒

不問不言，有言，則必當其可。胡明仲

慎言非默，當其可則諫死不羡括囊。楊誠齊

當默而默，當語而語，惟其時。吴文正公

時然後言，惟有德者能之。薛文清公

右第三十章言貴時

易其心而后語，繫辭。心定者，其言重以舒；不定者，其言輕以疾。伊川先生

問：「出詞氣，莫是於言語上用工否？」程子曰：「須是養乎中，自然言語順理。」

即其言之失，知其心之病。○人之有言，皆出於心。其心明乎正理而無蔽，然後其言平正通達而無病。○大率説得容易的，便是他心放了。○心存則自是不敢胡亂説話。○心常存故事不苟，事不苟故其言自有不得而易者，非强閉之而不出也。朱子

言者心之聲，心正時言必不差。胡敬齋

言不謹者，心不存也。心存則言謹矣。薛文清公

右第三十一章言貴養心

氣，水也；言，浮物也。水大而物之浮者小大畢浮，氣之與言猶是也。氣盛則言之短長，與聲之高下者皆宜。韓文公

凡爲人言者，氣忿則招拂。明道先生

或曰人言緊急，莫是氣不定否？伊川曰：「此亦當習，習到言語自然緩時，便是氣質變也。」

心氣和，則言順理矣。朱子

凡人語及其所不平，則氣必動，色必變，詞必厲，惟韓魏公則不然。吴明卿

與人言宜和氣從容，❶氣忿則不平。薛文清公

❶「宜和氣從容」原作「和直氣從容」，據《薛文清公要言》卷上改。

右第三十二章言貴養氣

一言可以興邦。古語

國有道，其言足以興。中庸

仁人之言，其利博哉。左傳

齊桓公片言勤王，則九合諸侯，一匡天下。顏魯公

昔者不求有言，不得已而言出，則天下以爲口寔。蘇老泉

與居官者言，當使有益於其身，有惠及於人。薛文清公

狄仁傑一言而全人之社稷，穎考叔一言而全人之母子，❶晏子一言而省刑。晁氏客語

右第三十三章言貴有用

❶「全人之母子」原缺「人」字，據《晁氏客語》補。

# 大雅堂訂正養生醍醐　辛集

東坡云：「養生之方，以胎息爲本。」此固不刊之語，更無可議。但以氣若不閉，任其出入，則渺綿滉漭，無卓然近効，待其兀然自住，恐終無此期。若閉而留之，不過三五十息，奔突而出，雖有微暖養下丹田，此一於迂，決非延世之術。近日沉思，似有所得，蓋因看孫真人養生門中《調氣》第五篇，反覆尋究，恐是如此。其畧曰：「和神之道，當得密室，閉户安牀暖席，枕高二寸半，正體偃仆，瞑目閉氣於胸膈間，以鴻毛着鼻上而不動。經三百息，耳無所聞，目無所見，心無所思，則寒暑不能侵，蜂蠆不能毒，壽三百六十歲，此隣於真人也。」❶此一段要訣，且静心細意，字字研究看，既云閉氣於胸膈中，今鼻端鴻毛不動，初學之人，安能持三百息之久哉？恐是元不閉鼻中氣，只是意堅守此氣於胸膈中，令出入息似動不動，氤氲縹緲，如香爐蓋上煙，湯瓶嘴上氣，自在出入，無呼吸之重煩。則鴻毛可以不動，若心不起念，雖過三百息可也。仍須一切依

❶「人」字原缺，據《癸辛雜識·前集·胎息》補。

此本訣，卧而爲之，仍須真以鴻毛粘着鼻端，以意守氣於胸中，遇欲吸時，不免微吸，及其呼時，不免微呼。但任其氤氲縹緲，微微自出，出盡氣平，則又吸入。如此出入元不斷，而鴻毛自不動，動亦極微，覺其極微動，則又加意，則勒之，以不動爲度。雖云則勒，然終不閉。至數百息，出者多，❶則内守充盛，血脉流通，上下相灌輸，❷而生理備矣。余悟此玄意，甚以爲奇。又記張安道養生訣云：此法比之服藥，其力百倍。非言語所能形容，其訣大畧，具于右。以子時後，三更三四點至五更以來。披衣坐，牀上擁被坐亦可。面東或南，盤足坐，叩齒三十六通，握固兩母指掐第三指手文或以四指都握母指，兩手拄腰腹間可。閉息，閉息最是道家要妙，❸先須閉目静慮，除滅妄想，使心源湛然，諸念不起，自覺出入調均，微細，即閉口并鼻，不令出氣，方是工夫也。内視五臟，肺白、肝青、脾黄、心赤、腎黑。當先求五臟圖，或烟蘿子之類常掛壁上，使日常熟識五臟六腑之形狀也。次想心爲炎火，❹光明洞徹，入下丹田。丹田在臍下三寸是。時腹滿氣極，❺則徐徐出氣。不得令耳聞聲。候出息均調，即以舌攪唇齒，内外漱煉津液。若有鼻涕，亦須漱煉，不可嫌其鹹。漱煉良久，自然甘美，此即真氣也。❻未得嚥下，復前法閉息内觀，❼納心丹田，調息漱津，皆依前法。如此者三，津液滿口，即低頭嚥下丹田中。須用意精猛，令津與氣谷谷然有聲，徑入丹田中，又依前法爲之，凡九閉息，三嚥津而止，然後以左右手熱摩兩脚心。此湧泉空徹，頂門氣訣之妙。及臍下腰

---

❶「然終……者多」，《道樞》卷三十五作「然不閉也。其息至于數百，則其出者加少，其不出者加多」。
❷「上」字原缺，據《癸辛雜識·前集·胎息》補。
❸「家」字原缺，據《癸辛雜識·前集·胎息》補。
❹「炎火」原缺，據《癸辛雜識·前集·胎息》補。
❺「時」，《癸辛雜識·前集·胎息》作「待」。
❻「此即」原作「即此」，據《癸辛雜識·前集·胎息》改。
❼「内」字原缺，據《癸辛雜識·前集·胎息》補。

脊間，皆令熱徹。徐徐摩手，微汗出不妨，不可喘。❶次以兩手摩熨眼面耳頂，皆令極熱，仍按捏鼻左右五七次。梳頭百餘梳，散髮而卧，熟寢分明。

右其法至簡易，惟在常久不廢。即有深功，且試行二十日，精神便自不同，覺臍下實熱，脚力輕快，面目有光，久之不已，去仙不遠。但當存閉息，使漸能持久，以脉候之，五至一息，某近來閉漸久。每一閉一百二十至而開，蓋已閉得二十餘息也。又不可强閉多時，使氣錯亂，或奔突而出，則反爲害也。慎之，慎之。又須常節晚食，令腹中寬虚，氣得回轉。晝日無事，亦得閉目内觀，漱煉津液嚥之。摩熨耳目，以助真氣，但清静爲法專一，易見功夫。神仙至術，不可學者三，一忿躁，二陰險，三貪慾。

道家胎息之法，以玄牝爲鼻。鼻者氣之所由出入，以爲息也。佛藏中有《安般守意經》，云：「其法始於調身簡息，以謂凡出入鼻中而有聲者，風也。雖無聲，而結滯猶粗悍而不細者，氣也。去是二者，乃謂之息。然後自鼻端至臍下，一二數之，至於十，周而復始。則有所繫而趨於定，則又數以心隨息，聽其出入，如是反覆調和，一定而不可亂。則生滅道斷一切三昧無不見前。」道士陳彦真常教人令常寄其心，納之臍中，想心火烈烈，下注丹田，如是坐卧起居不廢。行之既久，覺臍腹間如火，則舊疾盡去矣。

天道布順，人事取予，多藏不用，是謂怨府。無以淫佚棄業，無以貧賤自輕，無以所好害身。無以嗜欲傷生，無以奢侈爲名，無以貴富驕盈。冥冥之中，獨見曉焉，尸居而龍見也；無聲之中，獨聞和焉，淵默而雷聲也。修行之正，❷孰能外此。

---

❶「微汗出不妨，不可喘」原作「微汗不出妨，不可揣」，據《癸辛雜識・前集・胎息》改。

❷「正」，《脉望》卷三作「工」。

衣食足，知榮辱，倉稟實，知禮節。江河之溢，不過三日，飄風暴雨，須臾而畢。

福生于微，禍生于忽，日夜恐懼，唯恐不卒。

君子行德以全其身，小人行貪以亡其身，相勸以禮，相强以仁，得道于身，得譽于人。

老子曰：「人生大期，百年爲限。節護之者，可至千歲。如膏之小炷與大耳。❶衆人大言我小語，衆人多煩我少記。衆人悖怖我不怒，不以人事累，淡然無爲，神氣日滿，以爲長生不死之藥。」

《莊子》曰：「能遵生者，雖富貴不以養傷身，雖貧賤不以利累形。今世之人，居高年尊爵者，皆重失之。」

《福壽論》曰：「貧者多壽，富者多促。貧者多壽，以貧窮自困，而常不足，無欲以勞其形伐其性，故多壽。富者奢侈有餘，賊心害性，所以折其壽也。乃天損有餘以補不足，然有貧而促者，必德不足，是以殀耳。故世人當安其分，若今官爵之非分，車馬之非分，妻妾之非分，屋宇之非分，貨易之非分，神能記之，使之災焉，病焉，殀焉，人不知也。」

《陰符經》曰：「淫聲美色，破骨之斧鋸也。」世云：「人不能秉靈燭，以照迷情；持慧劍，以割愛慾。則流浪生死之海，是害先於恩也。」

《參贊書》曰：「年高之時，陽氣既弱，覺陽事輒盛，必慎而抑之，不可縱心竭意。一度不泄，一度火滅；一度火滅，一度添油。若不制而縱情，則是膏火將滅，更去其油，故《黄庭經》云：急守精室勿妄泄，閉而寶之，可長活。」

---

❶「炷」原作「注」，據《雲笈七籤》卷三十二改。

黃帝曰：「外不勞形於事，内無思想之患，以恬愉爲務，以自得爲功，形體不敝，精神不散，可壽百歲。」

彭祖曰：「凡人不可無息，當漸除之，人身虚無，但有游氣，氣息得理，而病不生。」又曰：「道不在煩，但能不思衣，不思食，不思聲色，不思勝負，不思得失，不思榮辱，心不勞，神不極，可壽千歲。」

《吕覽》曰：「年壽得長者，非短而續之也，畢其數也。畢數之務，在乎去害。何謂去害？大甘、大酸、大苦、大辛、大鹹，五者充形，則生害矣。大喜、大怒、大憂、大恐、大哀，五者接神，則生害矣。大寒、大熱、大躁、大濕、大風、大霖、大霧，七者動精，則生害矣。」

仲長統《昌言》曰：「屈者以夫伸，蓄者以夫虚，内者以夫外也。氣宜宣而遏之，體宜調而養之。神宜平而抑之，必有次和者矣。❶夫善養性者，得其和。隣臍二寸謂之關，關者所以關藏呼吸之氣，禀授四體也。故氣長以關息，氣短者其氣稍升，其脉稍促，其神稍越，至于以肩息而舒，❷其神稍專，至于以關息而氣衍矣。故養壽者當致氣於關，是爲要術。」

崔瑊《箴》曰：「動不肆勤，静不燕逸。有疾歸天，醫不能恤。太上防疾，其次萌芽。腠理不蠲，骨髓奈何。」

黃帝問岐伯曰：「余聞上古之人，春秋皆度百歲，而動作不衰。今人年至半百，而動作衰敝，時世異也。人將失之耶？」對曰：「上古之人，其知道者，法於陰陽，和於術數，飲食有節，起居有常，不妄作勞，故能形與神俱，故盡終其天年，度百歲。今人不然也，以酒爲漿，以妄爲常，醉以入房，以欲竭精，耗散其真。不知

❶「次」，《申鑒·嫌俗》卷三作「失」。
❷「而舒」，《申鑒·嫌俗》作「而氣舒」。

持滿，不知御神，務快其心，逆於生樂，起居無節，故半百而衰。」

亢倉子曰：「道筋骨則形全，剪情慾則神全，靖言語則福全。」

《唐書》有云：「多記損心，多語耗氣，心氣内損，形神外散。初雖無覺，久則爲弊。」

《續博物志》曰：「眼者，身之鏡；耳者，體之牖。視多則鏡昏，聽衆則牖閉。面者，神之庭；髮者，腦之華。心悲則面焦，腦減則髮素。精者，體之神；明者，身之寶。勞多則精散，營竟則明消。」❶

應璩詩曰：「昔有行道人，陌上見三叟。年各百餘歲，相與鋤禾莠。往拜問三叟，何以得此壽？上叟前致詞，室内姬麄醜。二叟前致詞，量腹接所受。下叟前致詞，暮卧不覆首。要哉三叟言，所以壽長久。」

柳公度年八十九，或問之，曰：「吾不以脾胃煖冷物，熟生物；不以元氣佐喜怒。氣海常温耳。」

温公解禪六偈曰：「忿怒如烈火，利欲如銛鋒，終朝長戚戚，是名阿鼻獄。顔回甘陋巷，孟軻安自然，富貴如浮雲，是名極樂國。孝悌通神明，忠信行蠻貊。積善來百祥，是名作因果。仁人之安宅，義人之正路。行之誠且久，是名不壞身。道德脩一身，功德被萬物，爲賢爲大聖，是名佛菩薩。言爲百世師，行爲天下法，久久不不可掩，是名光明藏。」茅季偉詩云：「欺誑得錢君莫羡，得了却是輸他便，來往報答甚分明，只是換頭不識面。多置田庄廣修宅，四隣買盡猶嫌窄，雕牆峻宇無歇時，幾日能爲宅中客。造爲田庄猶未已，堂上哭聲身已死。哭人盡是分錢人，口哭元來心裏喜。」「衆生心兀兀，常住無明窟。心裏爲欺謾，口中佯念佛。」是皆真實不虛話也。聞此則少者當戒，况老人乎？

薛子曰：「養得胸中無一物，其大浩然無涯，有欲則邪得而入之，無欲則邪無自而入。且無慾則所行自

❶「營」原作「榮」，據《續博物志》卷七改。

簡，又覺胸中寬平快樂，静中有無限妙理。」

又曰：「常沉則静，則含蓄，義理深而應事有力，故厚重静定寬緩乃進德之基。」亦爲老人養壽之要。

一念之非即遏之，一動之妄即改之，一毫念慮雜妄，便當克去。志固難持，氣固難養，主敬可以持志，少慾可以養氣。

人若不以理制心，其失無涯，故一念之刻，即非仁；一念之貪，即非義；一念之慢，即非禮；一念之詐，即非智。此君子不可一念起差，至大之惡，由一念之不善，而遂至滔矣。❶

脩德行義，守道養真，當不言而躬行，不露而潛脩，外此一聽于天。若計較成仙作祖，邀名延譽，則日夕憂思，况未必遂。徒自勞擾，是爲不知天命。

纔舒放即當收斂，纔言語便思簡默。不可乘喜而多言，不可乘快而多事，須有包含，則有餘味，露發太盡，恐亦難繼。故慎言語，養德之大；節飲食，養生之大。

積德種善，不知其善，有時而得用；棄禮背義，不知其惡，有時而蒙害。故莊敬日强，輕肆日偷。

聖人不怨天，不尤人，心地多少洒落自在，常人纔與人不合，即尤人，纔不得於事，即怨天，其心忿忮勞擾，無一時之寧泰，是豈安命順時之道。

心誠色温，氣和詞婉，必能動人。若人未己知，不可急求其知；人未己合，不可急求其合。覺人之詐，不形於言，有無限餘味。

佛言苦樂逆順，道在其中。夫素富貴行乎富貴，素貧賤行乎貧賤，素患難行乎患難，素夷狄行乎夷狄。

❶「矣」，《遵生八牋》卷一作「天」。

隨寓而安，聖賢也，何有苦樂逆順之異哉！苦樂逆順固外也，以吾道處之，則無不可。

世人所以不達道者，正以浮幻相纏，役役無了時也。苟能具天眼勘破世故，則虛名薄利，皆爲吾累。古之人所以適其適，而不適人之所適者，爲己重也。

世間陷穽在在有之，要人醒醒耳。眼一少昧，足一少偏，心一少惑，則墮落穽中，安能出哉！身在穽中，心悔前日之非晚矣。此君子貴乎知微。

敬者德之聚也。敬則衆善畢集，不敬則怠隋放僻隨至，而德敗矣。持敬而無間斷，則誠矣。未能誠者，由敬而入，敬以存心。其體湛然，自無雜慮，況莊敬亦是保養身心元氣的工夫。

衣垢不湔，器缺不補，對人猶有慚色。行垢不湔，德缺不補，對天豈無愧心？

君子對青天而懼，聞雷震而不驚，履平地而恐，涉風波而不懼。

破爪傷膚，壞梳摘髮，色爲之變。聚珍瘞身，列艷靡骨，心爲之安。

倚富者貧，倚貴者賤，倚强者弱，倚巧者拙，倚仁義道德者，不貧、不賤、不弱、不拙。

心本自静，事觸則動。動之吉爲君子，動之凶爲小人。孟子曰：「我四十不動心，是不爲外物動也。」

易損而難復者，精也。易噪而難静者，神也。惟養元氣充滿，則精神融和。遇損遇躁，常有主以制之矣。

造道者可謂之富，失學者可謂之貧，聽天者可謂之達，無耻者可謂之窮。

《書》曰：「必有容德乃大，必有忍乃濟。」君子立心，未有不成於容忍，而敗於不容忍也。容則能恕人，忍則能耐事。一毫之咈，即勃然而怒；一事之違，即憤然而發。是無涵養之力，薄福之人也。是故大丈夫當容人，不可爲人容；當制欲，不可爲欲制。

東坡曰：「蝸涎不滿殼，聊足以自濡。升高不知疲，竟作粘壁枯。」此言深可爲不知進退者戒也。夫人事之役役，計謀之敝敝，人皆以人事可以致富貴，計謀可以立功名，殊不知一作一輟，有造物以宰之，爲之而成者，非其能也，命之至也，適與造物侔也。況爲之而不成者多乎？造物無言也，人不可以惑其聽；造物無形也，人不可以瀆其公。世之役役敝敝於百年之間，無頃刻之自安者，不亦深可哀也。不足爲造物撓，深足爲造物笑。

心上有刃，君子以含容成德。川下有火，小人以忿怒殞身。

惟心與天一，故理之所得者獨明，而能開人心之迷。心與地一，故水之所汲者獨靈，而能滌人心之陋。故以一杯之水，而能療醫所不治之疾，罔不瘳者，豈由水之靈哉！實資於道之用也，不知者爲妄誕。

人心思火則體熱，思水則體寒，怒則髮豎，驚則汗滴，懼則肉顫，愧則面赤，悲則淚出，慌則心跳，氣則麻痺，言酸則垂涎，言臭則吐唾，言喜則笑，言哀則哭。笑則貌妍，哭則貌媸。又若日有所見，夜必夢擾；日有所思，夜必譫語。夢交則泄精，氣怒則發狂。此皆因心而生者也。人可於靈君，使令若一刻不在絳宮，則無以統百屬乎？❶

神農曰：「上藥養命，中藥養性。」誠知性命之理，因輔養以通也。而世人不察。惟五穀是見，聲色是耽。目惑玄黄，耳務淫哇。滋味煎其臟腑，醴醪煮其腸胃，馨香腐其骨髓，喜怒悖其正氣，思慮消其精神，哀樂殃其平粹。夫以蕞爾之軀，攻之者非一途，易竭之身，而内外受敵，身非水石，何能久乎？

又曰：「善養生者，清虚静泰，少思寡慾。知名位之傷德，故忽而不營，非慾而强禁也。識厚味之害性，

❶「乎」字原缺，據《遵生八牋》卷一補。

故棄而不顧，非貪而後抑也。外物以累心不存，神氣以守白獨著，曠然無憂患，寧然無憂慮，又守之以一，養之以和，和理自濟，同乎大順。然蒸以靈芝，潤以醴泉，晞以朝陽，和以五絃，無爲自得，體妙心玄。亡歡而後樂足，遺生而後身存。若此以往，庶可與羨門比壽，王喬爭年。」

貞白書曰：「質像所結，不過形神，形神合，則是人是物；形神若離，則是靈是鬼。非離非合，佛法所攝；亦離亦合，仙道所依。何以能致爲仙，是脩鑄鍊之事極，感變之理通也。譬之爲陶，當埏埴爲器之時，是土而異於土，雖燥未燒，遇濕即敗，燒而未熟，不久尚壞。火力既足，表裏堅固。河山有盡，此形無滅。假令爲仙者以藥石鍊其形，以精靈瑩其神，以和氣濯其質，以善德解其纏，萬法皆通，無礙無滯。欲合則乘雲駕霧，欲離則尸解質化，不離不合，則或存或亡。各隨所業，脩道進學。以躋仙路，永保長年。」

夫人只知養形，不知養神；只知愛身，不知愛神。殊不知形者載神之車也，神去人即死，車敗馬即奔也。

《太上日用經》曰：「飲食餐完，禁口端坐，莫起邪念，世事俱忘，存神定意，眼不視物，耳不聽聲，息心內守，調息綿綿。呼吸自在，似有如無，心火下降，腎水上升，口中津生，靈真附體，得至長生，與天齊壽。」

《關尹子》曰：「困天下之智者，不在智而在愚。窮天下之辨者，不在辨而在訥。服天下之勇者，不在勇而在怯。少言者不爲人所忌，少行者不爲人所短，少智者不爲人所勞，少能者不爲人所役。」壯者當知三在四少，以遵吾生。矧高年之人，於此可不更加珍重，以保天年？

長生之法，保身之道，因氣養精，因精養神，神不離身，乃得常健。

養生大要：一曰嗇神，二曰愛氣，三曰養形，四曰導引，五曰言語，六曰飲食，七曰房室，八曰反俗，九曰醫藥，十曰禁忌。又曰：無勞你形，無搖你精，歸心靜默，可以長生。

天地以生成爲德，有生所甚重者，身也，身以安樂爲本。安樂所可致者，以保養爲本。先其本則本固，本既固，疾病何由而生，壽豈不永？故攝生有三：曰養神，曰惜氣，曰防疾。忘情去智，恬澹虛無，離事全真，內外清浄。如是則神不內耗，境不外惑，真一不雜，神自寧矣。是曰養神。抱一元之本根，固歸真之精氣，三焦定位，六賊亡形。識界既空，參同斯契，虛實相通，曰大通，則氣自定矣。是曰惜氣。飲食適時，温涼合度，出處無犯於八邪，動作不可爲勉强，則身自安矣。是曰防疾。

又曰：「善養生者養內，不善養生者養外。外貪快樂，恣情好尚，務外則虛內矣。所謂養內者，使五臟安和，三焦守位，飲食得宜，世務不涉，是可不壽。」❶

《莊子》曰：「人之可畏者，衽席飲食之間爲最。而不知預爲之戒者，過也。」若能常自謹畏，病疾何由而起，壽考焉得不長？賢者造形而悟，愚者臨病不知，誠可畏也。

勞者勞於神氣，傷者傷於形容。饑飽過度則傷脾，思慮過度則傷心，色慾過度則傷腎，喜怒過度則傷肝，悲愁過度則傷肺。又如風寒暑濕則傷於外，饑飽勞役則傷於內；晝感則傷于榮，夜感則傷於衛。經行內外，勞一而二，由二而十，真氣外散，五邪入內，使人肌肉內消，神氣短少，飲食漸減，行步無力。雖欲久生，恐無能矣。

《道院集》曰：「游心虛静，結志玄微。委慮無欲，歸計無爲。凝神滅想，氣和體舒。達延生命，壽與天齊。」

又云：「檢情攝念，息業養神，悟妄歸真，觀空見性，常習静明。不爲魔動，心我兩忘，神氣自滿。」

❶「不」，《遵生八牋》卷一作「長」。

又云：「止念令静，觀理令明，念静理明，不死可能。導氣令和，引體令柔，氣和體柔，長生可求，此皆至妙要論。」

一人之身，一國之象也。胸臆之設，猶宫室焉。肢體之位，猶郊境焉。骨節之分，猶百川焉。腠理之間，猶四衢焉。神猶君也，血猶臣也，氣猶民也，故人能理其身，亦猶明君能治其國。愛民安國，愛氣全身，民弊國亡，氣衰身謝。故上士施醫於未病之先，防守於未敗之日，故攝生者，先除六害：一曰薄名利，二曰嚴聲色，三曰廉貨財，四曰損滋味，五曰屏虚妄，六曰除疾妬。六者存，真經空念，不能挽其衰朽矣。

又曰：「冬則朝勿饑，夏則夜勿飽。早起不在鷄鳴前，晚起不過日出後。心内澄，則真人守其位；氣内定，則邪穢去其身。行欺詐則神悲，好争競則神沮，輕侮於人則减算，殺害於物必傷年。行一善則神魂歡，作一惡則心氣亂。人能寬泰自居，恬淡自守，則神形安静，災病不生，仙録注名，鬼簿落籍。受福安寧，❶猶此兆始。」

《上古天真論》曰：女子之數七，丈夫之數八。女子過七七四十九數，則任脉虚衝脉衰，天癸竭，地道不通，以漸枯槁，華色失榮。丈夫過八八六十四數，則五臟皆衰，筋骨解弛，血脉短促，精氣耗散，天道閉塞，日就憔悴，肌肉無華。故上壽之人，年過常數，皆由衣食充足，藥餌扶護，孝子賢孫，承歡愛養，調其朝夕，適其寒温，上順天心，下契人理，順天之道，壽命無疆。

岱翁曰：「常見世人治高年之人疾患，竟同少年，亂投湯藥，妄行針灸，以攻其病，務欲速愈。殊不知上壽之人，血氣已衰，精神耗散，至于視聽聰明不及，手足舉動肢體不隨。心志沉昏，頭目眩暈。氣脉妄行，則

❶「受」，《遵生八牋》卷一作「壽」。

宿疾時發。或秘或泄，或冷或熱，此皆老人常態。不慎治之，急投峻藥取効，或吐或汗，或解或利，老弱之人不能禁架，汗則陽氣泄，吐則胃氣逆，瀉則元氣立脱，致不虞，此老病大忌。更不可用市中買藥人并他聞説病源，不知藥味，逆來服餌，及虎狼之藥切宜仔細。若身有宿疾，或時發動，則隨其疾狀，用温平、順氣、開胃、補虚、中和湯藥，調停飲食，或隨食物變饌治之，最爲要法。」

養壽之道，與仙佛二教最是捷徑。故「清浄明了」四字最好，内覺身心空，外覺萬物空，破諸妄想，無可執著，是曰「清浄明了」。

故説心法曰：「前不接滅，後不引起，前後斷絶，中間自孤。當體不顧，應時消滅，知體已滅，豁然如空。古事過去空，今事眼前空，未來决定空，一切塵勞是大虚妄。不可執而爲有，自障吾心，結成煩惱。」

金經大乘法云：「身便是幻，幻時所化，又是幻中之幻。世即是夢，夢時所見，又是夢中之夢。展轉虚妄，如聲外有響，形外有影，形聲影響，起於一真。影外影爲三等妄，夢中夢是兩重虚。」

一切諸有，如夢如幻，一切煩惱，是魔是賊，人生一世中，其夢無數。夢中一一稱我，夢中之我，豈非空乎？要知夢既是空，身亦如夢，何以迷著？

諦思身之未生，有象乎？有名乎？有我乎？身之既化，有象乎？有名乎？有我乎？身前身後，兩不可知。安得於中偏執，爲我愛戀憂怖，終日戚戚。

物之生成謂之造，物之變滅謂之化，性之分别謂之識，一切含識謂之相。相續有情，名隨因報。流轉無窮，有能遺物離人，超出造化之外，卓然獨存，其惟大覺聖人乎？

萬物自萬物，二儀中，虚空自無礙。萬念自萬念，一心中，虚空自無礙。

無數之形，自古生化而不停。無數之情，自古差别而不平。無數之事，自古煩惱而不定。無數之有，自古成壞而不久。往者無跡，來者無極，若悟一一皆空，即當心如太虛，洞然無礙，有何介懷，更生色相。

天地萬物，因妄相和合而生。人世萬事，因妄情交結而成。念起念止皆自心，念起則一切煩惱起，念止則一切煩惱止。何不見心以息此念，念起即覺，如川欲泄，簣土可塞，襄陵勢絶，如火欲燃，杯水可沃，燎原勢滅。覺念止念，宜速而切。

晁文元曰：「脩行之法，兩熟居先。智斷之理，熟則事事皆空，豈容留礙。力制之功，熟則念念不起，自然安閑。智斷即觀，力制即止也。」

萬漚起而復破，水性常存，千燈明而復滅，火性原在。妄情之心，不住於相。如湯消冰，冰湯俱盡。無可分別。觸境之心，未能不動。如谷應聲，即應即止，無復有餘。

不茹葷飲酒，是祭祀齋，非心齋也。汝能一志，不以耳聽以心聽，無以心聽以氣聽。疏淪汝心，除嗜欲也。澡雪汝精，去穢累也。掊擊其志，絶思慮也。無思無慮，則心專於道。無嗜無欲，則樂於道。無穢無累，則合於道。心無二想，名曰一志。

不止之心，妄心也。不動之心，真心也。歸心不動，方是自心。此是止息之義，故其文以自心爲息。又曰：息者氣也，自者從也，氣從心起，故心住則息住，心行則息行，所以禪道二宗，以息心爲最切要。《楞嚴圓覺注》曰：「心息相依，息調心静，入勝定地，似尤簡徑。念起即覺，覺之即無。人三菩提，此最權輿。神氣相合，氣和神清，清和久久，自然長生。」

晁公曰：「垢漸去而鑑漸明，魄漸銷而月漸滿。攻竹木，先節幹，則枝葉易去，迎刃而解。日捐妄念，❶

❶「捐」，《道院集要》卷二作「損」。

先去其胸中尤甚者。懲忿窒欲，老人最要一事。」十魔軍最要隄防。一欲，二憂愁，三饑渴，四觸愛，五睡眠，六怖畏，七疑悔，八瞋恚，九利養虛稱，十自高慢人。

圭峰曰：「隨時隨處，息業養神。」曇倫云：「行住坐卧，離念静心。」人可以利濟通達者，常力行之。患難困苦者，力救之，皆如己身之事。此外功德也，修此勿責人報。勿希天祐，天若有靈，人若有知，理合何如哉？清心釋累，懲忿窒慾，求自然智，住無礙行。此内功德，脩此勿期道勝，勿思瑞應，經若不誣，教若不虛，理合何如哉！

齋戒沐浴，此外清浄也。息心玄妙，此内清浄也。所見有是、不是，此世間妄眼也。無是無不是，方爲出世真眼也。所知有可有不可，此爲世間妄心也。無可無不可，方爲出世真心。高一步者，眼界常不分别，心界常得安和。

《造化因心偈》曰：「賦象各由心，影響無欺詐，原無造化工，羣生自造化。」

貫休曰：「舉世遭心使，吾師獨使心。萬緣隨日盡，一句不言深。」

見彼如意極快之事，不當羨慕。世事皆有倚伏，如意處常有大不如意之變，事難縷述，理可盡思。以此對治，自然甘處。

顔回如愚，王湛如痴。士有隱德，人何由知。權要之門，喧煩會合。道義之宅，闃寂荒凉。

齊己詩云：「心清鑑底瀟湘月，骨冷禪中太華秋。」陳陶詩云：「高僧示我真隱心，月在中峰葛洪井。」二詩讀之，令人氣格爽拔。

陰澹語索襲曰：「先生棄衆人之所收，收衆人之所棄。宅不彌畝而志忽九州，形居塵俗而棲心天外。」

孔旻曰：「怒氣劇炎火，焚燒徒自傷。觸來勿與競，事過心清涼。」

譚子《化書》曰：「爪髮者我之形，何爪可割而無害，髮可截而無痛，榮衛所不至也，則知我本無害，而觔骨爲之害，我本無痛，而血肉爲之痛。所以喜怒非我作，哀樂非我動，我爲形所昧，形爲我所愛。達此理者，可以出生死之外。」

又曰：「動而不知其動者，超乎動者也。靜而不知其靜者，超乎靜者也。超乎動，陽不可得而推；出乎靜，陰不可得而移。陰陽不能變，而况萬物乎？故不爲物所誘者，謂之至靜。」

心上一毫不留，若有心求樂，則有所着，功名富貴，固無可樂，道德性命，亦無可樂。莊子所謂至樂無樂，可以進道。

《老子》曰：「持而盈之，不如其已。揣而鋭之，不可長保。金玉滿堂，莫之能守。富貴而驕，自遺其咎。功成名遂身退，天之道。」

「名與身孰親？身與貨孰多？得與亡孰病？甚愛必大費，多藏必厚亡。知足不辱，知耻不殆，可以長久。」

《四十二章經》云：「斷欲去愛，識自心源。内無所得，外無所求。心不繫道，❶亦不結業，是亦爲道。」

有罵佛者，罵止，問：「子以禮從人，其人不納。禮歸子乎？」「今子罵我我亦不納。子自持禍歸子身矣，猶響應聲，影之追形，終無免離，慎勿爲惡。」

惡人害賢。猶如仰天吐唾，唾不至天，還墮自身。

❶「不」字原缺，據《遵生八牋》卷一補。

行道守真者善，志與道合者大。色慾之患，甚於牢獄，牢獄有解脱之時，色交無合魂之理。情慾所愛，豈憚馳驅？雖有虎口之禍，心存甘伏，投泥自溺，故曰：「凡夫透得此門，出塵羅漢。」

《仙經》云：「覺與陽合，寐與陰合，覺多則魂强，寐久則魄壯。魂强者生之人，魄壯者死之徒也。若餐元和徹滋味，使神清氣爽，至于晝夜常醒，是得長壽。」

又曰：「性本至凝，物感而動。習動既久，胡能遽寧？既習動而播遷，可習静而恬宴。故善習者寂而有裕，不善習者煩而無功。是以將躁而制之以寧，將邪而閑之以正，將求而抑之以捨，❶將濁而澄之以清。於此習久，則物冥于外，神鑒于内，不思静而心自静矣。」

重陽師曰：「老人於十二時中，行住坐卧，一切動中，要把心似泰山，不摇不動，謹守四門。眼耳鼻口，不令内入外出，此名養壽緊要。」

又曰：「斷緣者，斷塵俗事也。棄事則形不勞，無爲則心自足。恬簡自安，塵累日遠。《經》云：『塞其兑，閉其門』，『終身不勤』。或顯德露能，或求人扶己，或遺問慶弔以事往還，或假修隱逸以希譽望。或酒食結朋，以圖厚報。此皆巧蘊心機，以干時和。既非順道，更防養壽，凡此之類，悉令遠去。」

《收心論》曰：「煩邪亂想，隨覺即除。毁譽善惡，聞即撥去。莫將心受，心受則滿，心滿則道無所居，要令聞見是非不入於心，是心不外受，名曰虚心，使心不逐外，是名安心。心安而虚，道自來居。」

《真觀論》曰：「真觀者智士之先覺，能人之善察也。一餐一味，俱爲損益之源。一行一言，乃係禍福之

❶「抑之」原缺「之」字，據《遵生八牋》卷一補。

本。雖則巧持其末，不如拙戒其人，觀本知末，又非躁競之情。是故收心簡事，日損有爲，體静心閑，方可觀妙。」

人居塵世，難免營求，雖有營求之事，而無得失之心。即有得無得，心常安泰，與物同求而不同貪，與物同得而不同積。不貪即少憂，不積則無失，迹雖同人，心常異俗。

又曰：「若色病重者，當知染色都由是想之一字上來，想若不生，終無色事，色想外空，色心内忘，❶妄想心空，誰爲色主？經云：『色者，想爾。』想悉是空，何關于色。」

心如眼也，纖塵入眼，則不安。小事關心，心必亂動。既有動病，難入定門，養性静心。急除此病。❷

《西昇經》曰：「形神合同，故能長久。」《生神經》曰：「身神並一，則爲真身。」入道之人，力有淺深，深則兼被于形，淺則惟及于心。被形者，神人也。及心者，但得慧覺，不免凋謝。何者？慧是心用，用多則心勞，初得少慧，悦而多辨，神氣漏泄，無靈光潤身，遂致早終。若大人舍光藏輝，以期全備，凝神寶氣，神與道合。故山有玉，草木以之不凋；人懷道，形骸以之永久。

《坐忘樞要》曰：「人心當先去邪僻之行，外事多絶，無以干心。然後内觀正覺，覺一念起，即須除滅，隨起隨滅，務令安静。惟滅動心，不滅照心；但宜虚心，不宜有心。不依一法，而心常住，此法玄妙，利益甚深。」

又曰：「道之人，心身有五時七候。心有五時者：一動多静少；二動静相半；三静多動少；四無事則

❶「忘」，《坐忘論·真觀》作「妄」。
❷「除」原字殘，據《遵生八牋》卷一補。

靜，事觸還動；五心與道合，觸而不動。進至此地，罪垢滅盡，無復煩惱，始得安樂。七候者：一舉動順時，容色和悦；二宿疾並消，身心輕爽；三填補夭傷，還元復命；四延數千歲，名曰仙人；五鍊形爲氣，名曰真人；六鍊氣神成，名曰神人；七鍊神合道，名曰至人。雖久學定，心身無五時七候者，促齡穢質，色謝歸空。」

《坐忘銘》曰：「默元氣不傷，少思慧燭内光。不怒百神和暢，不惱心地清涼。不求無諂無媚，不執可圓可方。不貪便是富貴，不苟何懼公堂。味絶靈泉自降，氣定真息自長。觸則形弊神逸，想則夢離尸殭。氣漏形歸厚土，念漏神趨死鄉。心死方得神活，魄滅然後魂昌。轉物難窮妙理，應化不離真常。至精潛于恍惚，大象混于渺茫。造化不知規準，鬼神莫測行藏。不飲不食不寐，是謂真人坐忘。」

文逸《曹仙姑歌》云：「我爲諸君説真的，命蔕從來在真息。照體長存空不空，靈鑑涵天容萬物。太極布妙人得一，得一須教謹防失。宫室虚閑神自居，靈腑煎熬枯血液。」又曰：「朝喪暮損人不知，氣亂精神無所據。細細消磨漸漸衰，用竭元和神乃去。無心心即是真心，動靜兩忘爲離欲。神是性兮氣是命，神不外馳氣自定。本來二物在相親，失却將何爲本柄。混合爲一復忘一，可與元化同出没。」又曰：「念中景象須除滅，夢裏精神牢執持。元氣不住神不安，蠹木無根枝葉乾。休論涕唾與精血，達本窮源總一般。此物何曾有定位，隨時變化因心意。❶在體感熱即爲汗，在眼感悲即爲淚，在腎感合即爲精，在鼻感風即爲涕。縱横流轉潤一身，到頭總是神水潰。神水難言識者稀，資生一切由真氣。但知恬淡無思慮，齋戒寧心節言語。一味醍醐甘露漿，饑渴消除見真素。」又云：「不去奪名與遂利，絶了人情總無事，自然決烈滯何人，在我更

❶「因」原字殘，據《遵生八牋》卷一補。

教誰制御。掀天聲價又何如，倚馬文章何足貴。榮華衣食總無心，積玉堆金成何濟。」又曰：「名與身兮果孰親，半生歲月太因循。比來修鍊賴神氣，神氣不全空苦辛。可憐一箇好基址，金屋玉堂無主人。」

譚景昇曰：「忘形以養氣，忘氣以養神，忘神以養虚。」只此忘之一字，是無物也。六祖曰：「本來無一物，何處惹塵埃。」其斯之謂歟？

白玉蟾曰：「薄滋味以養氣，去嗔怒以養性，處卑下以養德，❶守清浄以養道。名不係簿籍，心不在勢利。此所以出人之彀，與天爲徒。」

又曰：「大道以無心爲體，忘言爲用，柔弱爲本，清浄爲基，若施於身，必節飲食，絶思慮静，坐以調息。安寢以養氣，心不馳則性定，形不勞則精全，神不拔則丹結，然後滅性于虚，寧神于極。可謂不出户庭，而妙道得矣。」歲月其有窮乎？

郝太古曰：「道不負人，人自負道。日月不速，人算自速，勇猛剛强，不如低心下氣。遊歷高遠，不如安静養素。圖名逐利，不如窮居自適。飽飫珍羞，不如粗糲充腹。羅綺盈箱，不如布袍遮體。説古談今，不如緘口忘言。逞伎誇能，不如抱元守一，趨炎附勢，不如貧窮自樂。懷怨記讐，不如洗心悔過。較長量短，不如安心自怡。道氣綿綿，行之得仙。得意忘言，自超太玄。」

永嘉曰：❷「六般神用空不空，一顆圓明色非色，人爲六根貪使，不能自神其神。人能眼不貪視美色，耳不貪聽淫聲，鼻不貪聞香馥，舌不貪嗜珍羞，身不貪戀色慾，意不貪妄思慮，一心不動，六門嚴守，物物頭頭，

❶「卑」原字殘，據《遵生八牋》卷一補。

❷「永嘉」，《遵生八牋》卷一作「釋興」。

左右護持，不傷真性，神聚氣全，與天長年。」

栖雲先生曰：「心隨境轉，境逐心生。若要心定，世人愛的我不愛，世人做的我不做。紅塵萬緣，勾引不動。自然心清意静，陰陽不能陶鑄。」

書曰：「喜樂無極則傷心，心傷則意不存而皮革焦枯。怒忿炎爍則傷肝，肝傷則血不榮而觔萎破陰。臨食更忌暴嗔，令人神驚夢逸。」

心之神發于目，久視則傷心。腎之精發於耳，久聽則傷腎。

書云：「唾者溢爲醴泉，聚流爲華池府，散爲津液，降爲甘露。溉臟潤身，宣通百脉，化養萬神，肢節毛髮，華采堅固。故曰：遠唾不如近唾，近唾不如不唾。」

又曰：「息心以養氣，息機以死心。」

經曰：精氣神爲内三寶，耳目口爲外三寶。常使内三寶不逐物而流，外三寶不誘中而擾。

《天隱子》曰：「潔身虚心，深居静室，收心復性，遺形忘我，萬法通靈，是爲五漸之門。」

孫真人《衛生歌》曰：「天地之間人爲貴，頭象天兮足象地，父母遺體能寶之，洪範五福壽爲最。衛生切要知三戒：大怒、大慾、并大醉。三者若還有一焉，須防損失真元氣。欲求長生須戒性，火不出兮心自定。木還去火不成灰，人能戒性還延命。貪欲無窮忘却精，用心不已失元神。勞形散盡中和氣，更仗何因保此身？心若太費費則勞，形若太勞勞則怯，神若太傷傷則虚，氣若太損損則絶，世人欲識衛生道，喜樂有常嗔怒少，心誠意正思慮除，順理脩身去煩惱。春噓明目夏呵心，秋呬冬吹肺腎寧。四季常呼脾化食，三焦嘻出熱難停。髮宜多梳氣宜鍊，齒宜數叩津宜嚥。子欲不死脩崑崙，註曰：崑崙，即人之頭面也，當如下句修之。雙手揩摩常在面。註曰：以雙手扯揖兩耳，抱頭摇擺，以兩手一呵十搓、擦面四圍，以合骨摩拂雙眼，以雙手抱腦後，以中食二指互擊天鼓，皆修崑崙法也。春月少酸宜食甘，冬月宜苦不宜鹹。夏日增辛聊減苦，秋來辛減少加酸。季月太鹹甘略戒，自然五臟保平安。若能全減身康健，滋味能調少病難。春寒莫着綿衣薄，夏月汗多須換着。秋冬覺冷漸加添，莫待病生纔服藥。惟有夏月難調理，伏陰在内忌冰水。瓜桃生冷宜少飡，免至秋冬成瘧痢。心旺腎衰色宜避，養腎固精當節制。常令腎實不空虛，日食須知忌油膩，太飽傷神饑傷胃。太渴傷血多傷氣，饑飡渴飲莫太過，免致膨脝損心肺。醉後强飲飽强食，去此二者不生疾。人資飲食以養生，去其甚者自安逸。食後徐行百步多，手摩臍腹食消磨。夜半靈根灌清水，丹田濁氣切須呵。飲酒可以陶情性，劇飲過多防百病。肺爲華蓋倘受傷，咳嗽勞神能損命。慎勿將鹽去點茶，分明引賊入人家。下焦虛冷令人瘦，傷腎傷脾防病加。坐卧防風吹腦後，腦内受風人不壽。更兼醉飽卧風中，風入五内成灾咎。鴈有序兮犬有義，黑鯉朝北知臣禮。人無禮義反食之，天地鬼神俱不喜。養體須當節五辛，五辛不節反傷身，莫教引動虛陽發，精竭容枯百病侵。不問在家併在外，若遇迅雷風雨大，急宜端肅畏天威，静坐澄心須謹戒。恩愛牽纏不自由，利名縈絆幾時休。❶放寬些子留餘福，免致中年早白頭。頂天立地非容易，飽食煖衣寧不愧。思量難報罔極恩，朝夕焚香拜天地。身安壽永事如何，胸次平夷積善多。惜命惜身兼惜氣，請君熟玩《衛生歌》。」

《西昇經》曰：「凡人見人之死亡而哀之，何不哀自身。哀身不如愛神，愛神不如會神，❷會神不如守身。守身長久長存也。神生形，形成于神，形不得神不能自生，神不得形不能自成。形神合同，相生相成，神常愛人，人不愛形。故絶去聖智，歸無爲也。」

---

❶「縈」原作「縈」，據《遵生八牋》卷一改。

❷「會」，《道藏輯要》本《西昇經·哀人章》作「舍」。下「會」字同。

《大有經》曰：「形生愚智，天也。强弱壽夭，人也。天道自然，人道自已。始而胎氣充實，生而乳哺有方，長而滋味不偏，壯而聲色有節，强而壽。始而胎氣虚耗，生而乳哺不足，長而滋味過多，壯而聲色恣放者，弱而夭。生長而合度，加之以道養，壽年未可量也。」

胡孔明曰：「常人不得無慾，又復不得無事，但當和心約念，静身損物，先去亂神犯性者，此亦嗇神之一術耳。」

《黄帝中經》曰：「静者壽，躁者夭。静而不能養，減壽；躁而能養，延年。然静易御，躁難持，盡慎養之宜者，静亦可養，躁亦可養也。凡重貴勢者，雖不中邪，精神内傷，亦多死亡。」

又曰：「養性者，要使習以成性。性自爲善，外病不得而侵。能治病于未病之先，不特餌藥餐霞。其于平居，五常俱全，百行周備，雖無藥餌，亦可長年。德行不足，縱有金丹，壽亦不永。」

嵇中散曰養生有五難：名利不去爲一難；喜怒不除爲二難；聲色不去爲三難；滋味不薄爲四難；神蕩精散爲五難。五者不去，心雖希壽，❶口誦至言，咀嚼英華，呼吸太陽，不能挽其夭且病也。五者能絶，則信順日濟，道德日全，不祈生而有神，不求壽而延年矣。

扁鵲論曰：「食能排邪而安臟腑，神能爽志以資血氣，攝生者氣正則味順，味順則神氣清，神氣清則合真之靈全。靈全則五邪百病不能干也。故曰：『水濁魚瘦，氣昏人病。』夫神者生之本，本者生之真。大用則神勞，大勞則神疲也。」

《彭祖攝生論》曰：「目不視不正之色，耳不聽不正之聲，口不嘗不正之味，心不起不正之念，四者忘魂

❶「希」字原缺，據《遵生八牋》卷一補。

喪精，減折壽算者也。」

《黄帝内傳》曰：「食風者靈而延壽算，食穀者多智而勞形神，食草者愚痴而足力，食肉者鄙勇而多嗔，服氣者常存而得道。」

《小有經》曰：「才所不勝，而强思之，傷也。力所不任，而强舉之，傷也。深憂而不解，重喜而不釋，皆傷也。」

太上曰：「天之道，利而不害；聖人之道，爲而不争。」故與時争之者昌，與人争之者凶。夫不祥者人之所不争，垢辱者人之所不欲。能受人所不欲，則足矣；得人所不争，則寧矣。

《妙真經》曰：「視過其目者，明不居；聽過其身者，精不守；愛過其心者，神不居。牽過于利者，動即懼。」

道言：「吉凶禍福，窈冥中來。」其災禍也，非富貴者可請而避；其榮盛也，非貧賤者可欲而得。❶惟脩福則善應，爲惡則禍來。

又曰：「神者，魂也，降之於天；鬼者，魄也，經之于地。是以神能服氣，形能食味，氣清則魂爽，形勞則魄濁。服氣者綿綿而不死，❷身騰于天。食味者混混而殂，形歸于地。理自然也。」

《上仙經》曰：「有者因無而生，形者須神而立。故有乃無之宫，形乃神之宅也。莫不全宅以安主，修身以養神。若氣散歸空，遊神爲變，猶火之於燭，燭靡則火不居，水之於堤，堤壞則水不住。魂勞神散，何以

❶「者」字原缺，據《遵生八牋》卷一補。

❷「者」字原缺，據《遵生八牋》卷一補。

長年。」

《定觀經》曰：「有事無事，常若無心；處静處喧，其志惟一。制而不著，放而不動，處喧無惡，❶涉事無惱者，此是真定。以無事爲真定，有事爲應跡。」

《群仙語録》曰：「專精養神，不爲物雜，謂之清。反神服氣，安而不動，謂之静。制念以定志，静心以安神，保氣而存精，思慮兼忘，冥想内視，則身神併一，以近於道。」

《理論要記》曰：「性躭玄虚，情寡嗜好，不知榮華之可貴，非强身以自高，不見淫僻之可欲，非閑防以自正，體至仁，含至静，超跡塵滓，棲真物表。想道結襟以無爲爲事，近於仙道，一也。其次，希高敦古，尅意尚行，知榮華爲浮寄，忽之而勿顧。知聲色能伐性，捐之而勿取。剪陰賊，樹陰德，懲忿慾，齊毀譽，處山林，脩清真，近於仙道，二也。其次，身居禄位之場，心遊道德之鄉，奉上以忠，臨下以義，於己薄，於人厚，仁慈和易，博愛弘施，外混囂塵，内舍澄寂。潛跡蜜脩，好生惡死。近於仙道，三也。其次，瀟灑蓽門，樂貧甘賤，抱經濟之才，泛然若無；洞古今之事，曠然若虚。爵之不動，禄之不受，確乎以方外爲尚，恬乎以攝生爲務。近于仙道，四也。其次，禀明穎之資，懷秀拔之節，奮志機之旅，當鋭巧之師。所攻無敵，一戰而勝，然後静以安身，和以保神，精以致真。近于仙道，五也。其次，追悔既往，洗心自新，雖失之于壯齒，冀之于晚年。以功補過，過落而功全；以正易邪，邪忘而正在。轗軻不能易其操，喧譁不能亂其性，惟精惟一，積以誠著，近于仙道，六也。其次，至忠至孝，至貞至廉，按《真誥》之言，不待修學而自得。比干剖心而不死，惠風溺水而復生。伯夷、叔齊之高風，曾參、閔子之大孝。人見其殁，而道見其存。如此善行，充塞天地，謂之隱景潛

❶「處喧」原作「喧處」，據《遵生八牋》卷一改。

化，死而不忘，此亦自然。人品超越，近乎仙道，七也。人能得此七近，謂之拔陷區，出溺塗，舍禍車，登福輿，可涉養生之玄，神仙之津矣。」

《陰陽論》曰：「陰陽交泰，萬物化生。故陰陽自少至老，化爲五行。少陽成木，老陽成火，少陰成金，老陰成水。參土而和之，以成夫婦。故木以發之，火以化之，水以滋之，土以和之，金以勁之。故得品物成焉。五勝者，皆以生我爲利，尅我爲用。利用相乘，故有成敗動静者，終始之道。聚散者化生之門也。陽其動乎，陰其静乎，動以生之，静以息之。」

髮宜多櫛，齒宜多叩，液宜常嚥，氣宜清鍊，手宜在面，此爲修崑崙之法。五者爲不死之道。」

《太玄經》曰：「喜怒傷性，安樂傷神，傷性則害生，傷神則侵命，故養性以全氣，保神以安心。氣完則體平，心安則逸神。此全生至要訣也。」

寒山子曰：「脩生之道，除嗜去慾，嗇神保和，所以無累也。内抑其心，外檢其身，所以無過也。先人後己，知柔守謙，所以安身也。義歸于人，不善歸己，所以積德也。功不在大，過不在小，去而不二，所以積功也。然後内行充而外丹至，可以冀道于彷彿耳。」

益州老父曰：「凡欲身之無病，必須先正其心。使心不亂求，心不狂思，不貪嗜慾，不着迷惑，則心先無病矣。心君無病，則五臟六腑雖有病不難療矣。」

真西山先生《衛生歌》曰：「萬物惟人爲最貴，百歲光陰如旅寄。自非留意脩養中，未免病苦爲心累。何必餐霞餌大藥，妄意延齡等龜鶴。但於飲食嗜慾間，去其甚者即安樂。食後徐徐行百步，兩手摩脇并腹肚。須臾轉手摩腎堂，謂之運動水與土。仰面仍呵三四呵，自然食毒氣消磨。醉眠飽卧俱無益，渴飲饑餐猶戒多。食不欲粗并欲速，寧可少餐相接續。若教一飽頓充腸，損氣損脾非是福。生食粘膩筋韌物，自死禽獸勿可食。饅頭閉氣不相和，生冷偏招脾胃疾。鮓醬胎卵兼油膩，陳臭醃藏皆陰類。老年切莫喜食之，是借寇兵無以異。炙煿之物須冷喫，不然損齒傷血脉。晚食常宜申酉前，向夜須防滯胞膈。飲食莫教飲大醉，大醉傷神損心志。酒渴飲水并喫茶，腰脚自兹成重墜。嘗聞避風如避箭，坐卧須教預防患。况因飲後毛孔開，風纔一入成癱瘓。不問四時俱煖酒，大熱又須難向口。五味偏多不益人，恐隨肺腑成殃咎。視聽行藏不必久，五勞七傷從此有。四肢亦欲常小勞，譬如户樞終不朽。卧不厭縮覺貴舒，飽則入浴饑則梳，梳多浴少益心目，默寢暗眠神晏如。四時惟夏難將攝，伏陰在内腹冷滑，補腎湯藥不可無，食肉稍冷休哺啜。心旺腎衰何所忌，特忌疏通泄精氣。卧處尤宜綿蜜間，宴居静慮和心意。沐浴盥嗽皆煖水，卧冷枕凉皆勿喜。瓜茄生菜不宜食，豈獨秋來多瘧痢。伏陰在内三冬月，切忌汗多陽氣泄。陰霧之中毋遠行，暴雨震雷宜遠避。道家更有頤生旨，第一令人少嗔恚。秋冬日出始求衣，春夏雞鳴宜早起。夜後晝前睡覺來，瞑目叩齒二七回。吸新吐故無令緩，咽嗽玉泉還養胎。摩熱手心熨兩眼，仍更揩擦額與面。中指時將摩鼻頻，左右耳眼摩數遍。更能乾浴遍身間，按胜暗須紐兩肩。縱有風勞諸冷氣，何憂腰背復拘攣。噓呵呼吸吹及呬，行氣之人分六字，果能依用力其間，斷然百病皆可治。❶情欲雖云屬少年，稍知節養無自慾。固精莫妄傷神氣，莫使苞羽火中燃。有能操履長方正，於名無貪利無競。縱向邪魔路上行，百氣周身自無病。」

軒冕不足爲吾高，而塵埃在我或有所不得避。昔人謂居軒冕之間，當有山林之氣，然則處塵埃之内，不可有市井之習。

涪翁《食時五觀》：一曰，計功多少，量彼來處。此食墾植收穫，春磨淘汰，炊煮乃成，用功甚多，何况殺

❶「斷」字原缺，據《遵生八牋》卷一補。

害生靈，爲己滋味。一人之食，十人作勞。家居則食父母心力所營，縱是己財，亦承餘蔭。仕宦則食民之膏血，大不可言。二曰忖己德行，全缺應供。始于事親，中于事君，終于立身。全此三者，應受供養無愧。缺則已否當愧耻，❶不敢盡味。三曰防心爲過貪等爲宗。於上味食，務遠物而求難得，是之謂貪。於下味食，起恚怒，以口腹之故，鞭朴人，是之謂嗔。食不過充饑，而求食前方丈，是之謂痴。君子食無求飽，離此過也。四曰正事良藥，爲療形苦。五穀五蔬以養人，魚肉以養老，形苦者饑渴爲主病，四百四病爲客病，故須食爲醫藥以自扶持。是故知足者，舉箸常如服藥。五曰爲成道業，方受此食。君子無終食之間違仁，先結款狀，然後受食。既食，不可怠于道業。

《達莊論》曰：「恬于生，而静于死。恬生則不惑死，静死則神不離生。故能與陰陽化而不易，從天地變而不移，生究其壽，死終其宜。心氣平治，消息不虧。故求得者喪，争明者失，無欲者自足，空虛者受實。是以作智巧者害于物，明是考非者危其身，修飾顯潔者惑於生，畏死而崇生者失其貞。」

庾闡《神論》曰：「天地者陰陽之形魄，變化者萬物之遊魂。神籟與無窮并吹，大冶與造運齊根。生資聚氣之跡，死寄玄牝之門。視榮辱其猶塵埃。邈高尚而不顧，故能外安恬逸，内體平和。」

北宫子曰：「衣其短褐，有狐狢之温。進其茙菽，有稻粱之味。庇其蓬室，若廣廈之蔭。乘其蓽輅，若文軒之飾。終身怡然，不知其爲貧也。」

《象山要語》曰：「此道非争競，務進者能知，惟静退者可入。」

又曰：「君子役物，小人役於物。夫權皆在我，若在物，則爲物役矣。」

---

❶「缺則已否當愧耻」，《山谷外集·士大夫食時五觀》作「缺則當知愧耻」。

學者不可用心太緊，深山有寶，無心於寶者得之。

利害毁譽，稱譏苦樂，能動摇人，釋氏爲之八風。

冰雪德和尚曰：「借逆境爲鍊心火候，以急迫爲養性源頭。」

又曰：「口談道德者，稽實行不啻豬狗，心存修養者，縱老年不殊童稚。」

《神仙可惜歌》曰：「可惜許，可惜許，可惜元陽宫無主。一點既隨濃色枯，百神泣送精光去。三尸喜，七魄怒，血敗氣衰將何補。尺宅寸田屬前人，玉爐丹竈阿誰處。勸世人，休戀色。戀色貪淫有何益。一神去後百神隨，百神去後人不知。幾待要説説不得，臨時出口泄天機。」

# 大雅堂訂正理譚　壬集

古今避諱之事，雜見諸書。今謾集數條于此，以備考覽。非直入理之譚抑且博聞廣識大有議論。蓋殷以前，尚質不歸名，至周始諱，然猶不盡諱。如穆王名滿，定王時有王孫滿之類。至秦始皇諱政，乃呼正月爲征月。《史記·年表》作端月。盧生曰：「不敢端言其過。」秦頌端正法度曰「端直」。❶皆避政字。漢高祖諱邦，舊史以邦爲國。惠帝諱盈，《史記》以萬盈數作滿數。文帝諱恒，以恒山爲常山。景帝諱啓，《史記》載微子啓作微子開。《漢書》啓母石作開母石。武帝諱徹，以徹侯爲通侯，蒯徹爲蒯通。宣帝諱詢，以荀卿爲孫卿。元帝諱奭，以奭氏爲盛氏。光武諱秀，以秀才爲茂才。明帝諱莊，以老莊爲老嚴，莊助爲嚴助，卞莊爲卞嚴。殤帝諱隆，以隆慮爲林慮。安帝父諱慶，以慶氏爲賀氏。魏武帝諱操，以杜操爲杜度。蜀後主諱宗，以孟宗爲孟仁。晉景帝諱師，以師保爲保傅，京師爲京都。文帝諱昭，以昭穆爲韶穆，昭君爲明君，《三

❶「頌」，《齊東野語》卷四作「頒」。

國志》韋昭爲韋耀。愍帝諱業，以建業爲建康。康帝諱岳，以鄧岳爲鄧岱，山岳爲山岱。齊太祖諱道成，師道淵但言師淵。梁武帝小名阿練，子孫皆呼練爲絹。隋祖諱忠，❶凡郎中皆去中字，侍中爲侍内，中書爲内史，殿中侍御爲殿内侍御，置侍郎不置侍中，置御史大夫不置中丞，以侍書御史代之，中廬爲次廬。至唐又避太子諱，亦以中郎爲旅賁郎將，中舍人爲内舍人。煬帝諱廣，以廣樂爲長樂，廣陵爲江都。唐世祖諱丙，故以景字代之，如景科、景令、❷景子之數是也。唐祖諱虎，凡言虎，率改爲猛獸，或爲武，如武賁、武林之類。李延壽作《南北史》，易石虎爲石季龍，韓擒虎爲韓擒武。❸高祖諱淵，趙文淵盡改爲泉，❹劉淵爲元海，戴淵爲戴若思。❺太宗諱世民，《唐史》凡言世皆曰代，民皆曰人，如蒸人、治人、生人、富人侯之類。民部曰户部。高宗諱治，❻凡言治皆曰理，如「至理之主不代出」者，章懷避當時諱也。陸贄曰：「與理同道罔不興」，「脅從罔理」。韓文《策問》：「堯舜垂衣裳而天下理」，又「無爲而理者，其舜也歟」。睿帝諱旦，張仁亶改仁願。玄帝諱隆基，太一君基、臣基並改爲其字。❼隆州爲閬中，隆康爲普康，隆龕爲崇龕，隆山郡爲仁壽郡。代宗諱豫，以豫章爲鍾陵，蘇預改名源明，以薯預爲薯及山藥。❽德宗諱适，改括州爲處州。憲宗諱



❶「隋」原作「惰」，《齊東野語》卷四作「隋文帝父」，據改。
❷「令」原作「合」，據《齊東野語》卷四改。
❸「韓擒虎」原缺「韓」字，據《齊東野語》卷四補。
❹「趙文淵盡改爲泉」，《齊東野語》卷四作「以趙文淵爲文深，凡淵字盡改爲泉」。
❺「戴淵爲」原缺，據《齊東野語》卷四補。
❻「宗」原作「祖」，據《齊東野語》卷四改。
❼「改爲其字」原作「改爲崇」，據《齊東野語》卷四改。
❽「及」字原缺，據《齊東野語》卷四補。

淳，淳州改爲巒州，❶韋純改名貫之，韋淳改名處厚，❷王純改名紹，陸純改名質，❸柳純改名濯，嚴純改名休復，李行純改名行諶，崔純亮改名行範，程純改名弘，馮純改名約。敬宗諱弘，徐弘敏改名有功。鄭涵避文宗舊諱，改名澣。武宗諱炎，賈炎改名嵩。宣宗諱忱，韋諶改名損，穆諶改裕。梁太祖父烈祖名誠，遂改誠曰牆。晉高祖諱敬塘，析敬字爲文氏、苟氏，至漢乃復舊。至宋朝避翼祖諱，復析爲文、爲苟。宋朝高宗諱構，避嫌名者，仍其字更其音，曰勾是也；❹加金字，鉤光祖是也；❺加絲字，絢紡是也；加草頭者，苟諶是也；改爲句者，句思是也；❻增勾龍者，如淵是也；勾龍去上一字者，大淵是也。已上皆臣避君諱也。吴太子和，以嘉禾爲嘉興。唐高宗太子弘，爲武后所酖，追尊爲孝敬帝，廟曰義宗，弘文舘改爲昭文，弘農縣爲恒農，韋弘機但爲機。李含光本姓弘，易爲李。曲阿弘氏易爲洪，❼温彦弘遂以大雅字行。晉以毘陵❽封東海王世子之諱也。❾呂后諱雉，《封禪書》謂「野鷄夜雊」。武后諱曌，音照。以詔書爲制書，鮑照爲鮑昭。改懿德太子重照爲重潤，劉思照爲思昭。簡文鄭后諱阿春，以春秋爲陽秋，富春爲富陽，蘄春爲蘄陽，此避后諱

---

❶「巒」原作「蠻」，據《文獻通考》卷三百二十三改。《元和郡縣志》卷三十七、《通典》卷一百八十四、《舊唐書》卷四十一皆作「巒」。

❷「韋淳」原作「之純」，據《齊東野語》卷九改。

❸「陸純」，《舊唐書》卷一百四十八、《唐會要》卷二十三皆作「陸淳」。

❹「曰勾」，《齊東野語》卷四作「勾涛」。

❺「光」原作「高」，據《齊東野語》卷四改。

❻「句思」原缺「句」字，據《齊東野語》卷四補。

❼「洪」字原缺，據《齊東野語》卷四補。

❽「毘陵」原作「昆陵」，《晉書》卷十五：「以毗陵郡封東海王世子毗」，據改。

❾「封東海王世子之諱也」，《齊東野語》作「封東海王世子毘，以毘陵爲晉陵」。

也。元后父諱禁，以禁中爲省中。武后父諱華，以華州爲太州。韋仁約避武后家諱，改名元忠。竇懷貞避韋后家諱，而以字行。劉穆之避王諱，以憲祖字行，後復避桓温母諱，遂稱小字武生。虞茂避穆后母諱，改名預。本朝章憲太后父諱通，嘗改通直郎爲同直郎，通州爲崇州，通判爲同判，通進司爲承進司，通奉爲中奉，通事舍人爲宣事舍人。至明道間，遂復舊。此則避后家諱也。錢王鏐以石榴爲金櫻，改劉氏爲金氏。楊行密據楊州，州人呼蜜爲蜂糖。趙避石勒諱，以羅勒爲蘭香。高祖父名誠，以武成王爲武明王，武成縣爲武義縣。羊祜爲荆州，州呼户曹爲辭曹之類。皆避國主諸侯諱也。《詩》、《書》則不諱。若文王諱昌，而箕子陳洪範曰：「使羞其行，而邦其昌。」厲王諱胡，而宣王時，詩曰「胡不相畏」、「胡爲虺蜴」、「胡然厲矣」。《周禮》有「昌本之俎」，《詩》有「霸發之詠」。《大誥》「弗棄基」，不諱后稷「棄」字。孔子父叔梁紇，而《春秋》書臧孫紇。成王諱誦，而「吉甫作誦」之句，正其時是也。廟中則不諱。《周頌》祝文武之樂歌，曰「克昌厥後」，《噫嘻》曰「駿發爾私」，是也。臨文則不諱。魯莊公名同，而《春秋》書同盟。襄公名午，而書陳侯午卒。僖公名申，書戊申。定公名宋，書宋人、宋仲幾。《漢書紀》，❶元封詔書有「啓母石」之言。《刑法志》：「建三典以刑邦國」與「萬邦作孚」。韋孟詩：「總齊群邦」，❷皆不諱避高祖諱。魏太祖名操，而陳思王有操日之句。❸曹志，植之子，奏議云❹「幹植不强」。三國吴時，有言「功以權成」，蓋斥孫權之名。《南史》有「寧逢五虎」及「虎視」之語，則虎字亦不盡避。韓文《潮州上表》云：「朝廷治平日久。」曰：「政治少懈。」曰：「巍巍治

❶「紀」原作「祀」，詔書見《漢書》卷六《武帝紀》元封元年，據改。
❷「邦」字原缺，據《齊東野語》卷四補。
❸「操」，《齊東野語》卷四作「造」。
❹「奏議云」原作「奏議」，據《齊東野語》卷四改。

功。」曰：「君臣相戒，以致至治。」舉張行素曰：「文學治行衆所推。」亦不避高宗之諱。又袁州上表曰：「顯榮頻煩。」舉韋顗曰：「顯嗼班序。」柳文樂曲曰：「羲和顯耀乘清芬。」皆不盡避中宗之諱。韓《賀即位表》曰：「以和萬民。」亦不諱民字，如此類甚多。胡翼之侍講延英日，講乾卦元、亨、利、貞，上爲動色，徐曰：「臨文不諱」。伊川講南容三復白圭，内侍告曰：「容字，上舊名也。」不聽。講畢曰：「昔仁宗時，宫嬪謂正月爲初月，餅之蒸者爲炊，天下以爲非。❶嫌名、舊名，請勿諱。」邦、國有不諱者。襄王名鄭，而鄭不改封。至于出居其國，使者告于秦、晉曰：「鄙在鄭地。」受晉文公朝而鄭伯傳。漢和帝名肇，而郡有京兆是也。嫌名則有避有不避者。韓退之辯諱：桓公名白，傳有五皓之稱；厲王名長，琴有脩短之目。不聞謂布白爲布皓，腎腸爲腎脩。漢武名徹，不聞諱轍之轍。然《史記·天官書》謂之「車通」，此非諱車轍之轍乎？若晉康帝名岳，鄧岳改名爲嶽，此則不諱嫌名也。二名不偏諱。唐太宗名世民，在位日戴胄、唐儉爲民部尚書，虞世南、李世勣皆不避。至高宗時，始改民部爲户部，世南已卒，世勣去世字，或云：「卒哭乃諱。」避諱而易字者。按《東觀漢記》云：惠帝諱盈，之字曰滿；文帝諱恒，之字曰常；光武諱秀，之字曰茂云云。蓋當時避諱，改爲某字，之者變也。❷如卦變爻曰之也。宋朝真宗諱恒，音胡登切。若闕其下畫，則爲恒，又犯徽宗旁諱。後并恒字不用，而易爲常，正用前例也。淮南王安，避父諱長，故《淮南》書凡言長，悉曰脩。王羲之父諱正，故每書正月爲初月，或作一月，餘則以政字代之。王舒除會稽内史，以祖諱會，以會稽爲鄶稽。司馬遷以父諱談，《史記》中趙談爲趙同子，張孟談爲孟同。范曄父名泰，《後漢書》郭泰爲郭太。李翱祖父名

❶「非」字原缺，據《齊東野語》卷四補。
❷「之」字原缺，據《齊東野語》卷四補。

楚今，故爲文皆以今爲兹。杜甫父名閑，故杜詩無閑字。蘇子瞻祖名序，故以序爲叙，或改作引。曾魯公父名會，故避之者，以勘會爲勘當。蔡京父名準，改平準務爲平貨務，此皆士大夫自避家諱也。《史記·李斯傳》言：「宦者韓談」，則談字不能盡避。《漢書·袁盎傳》有「上益莊」之文，《鄭當時傳》有「鄭莊千里不齎糧」之類。此不能盡避也。至有君臣同名者。襄王名鄭，衛成公與之同，亦名鄭。衛侯諱惡，甚臣有石惡。宋武帝名裕，褚叔度、王敬弘皆名裕之，謝景仁、張茂度皆名裕。宋明帝名彧，王景文亦名彧。唐玄宗名隆基，劉子玄名知機。又有父子祖孫同名者。周康王名釗，生子瑕，是爲昭王。宋明帝彧，其子後廢帝亦名昱。魏獻文名弘，其子孝文名宏。聲雖相近而字猶異也。若周厲王名胡，而僖王亦名胡齊。蔡文侯、昭侯相去五世，皆名中。魏安同父名屈，同之子亦名屈。襄陽有處士羅君墓誌曰：「君諱靖，父靖，學優不仕。」此猶爲可罪也。若桓玄呼人温酒，此不足責。若愈不避仲卿，又何邪？朱温之父名誠，以其類戊字，司天鑑上言，請改戊己之戊爲武字，此全無義理。如揚都士人名審，沈氏與名而不姓，皆謏之者過耳。未如梁謝舉聞家諱必哭，❶近世如趙南仲亦然，此亦不失爲孝。若唐裴德融父諱皐，高鍇爲禮部侍郎，典貢舉。德融入試，鍇曰：「伊父諱皐，而某下就試與及第，困一生事。」後除屯田員外郎，與同除一人參右丞盧簡。盧先屈前一人，使驅使官傳語曰：「員外是何人下及第？偶有事，不得奉見。」裴倉遽而去。李賀以父名晉肅，終身不赴進士舉，抑又甚焉。崔殷夢知舉，吏部尚書歸仁晦託弟仁澤，殷夢唯唯，至于三四。殷夢斂色端笏曰：「某見進表，讓此官矣。」仁晦始悟己姓乃殷夢家諱龜從故也。後唐天成中，盧文紀爲工部尚書，❷郎中

❶「未」字原缺，據《齊東野語》卷四補。

❷「部」字原缺，據《齊東野語》卷四補。

于鄴參，文紀以父名嗣業與同音，竟不見。鄴憂畏太過，一夕雉經而死。揚行密父名怤，与夫同音，改文散諸大夫爲大卿，御史大夫爲御史大卿。至有《興唐寺鍾題誌》云：「金紫光禄大，兼御史大，及銀青光禄大。」皆直去「夫」字，猶爲可怪。至如劉温叟父名樂，終身不聽絲竹，不遊嵩岱。徐積父名石，平生不用石器，遇石不踐，遇橋只令人負之而過。此皆避諱不近人情者也。至如唐憲宗時，❶戎昱有詩名，京兆李鑾擬以女嫁之，令其改姓，昱辭焉。五代有石昂者，讀書好學，不求仕進，節度使符習高其行，召爲臨緇令。習入朝，監軍楊彦朗知留後。昂以公事上謁，贊者以彦朗家諱石，遂更其姓曰右昂。昂趍于庭，責彦朗曰：「内侍奈何以私害公？昂姓石非姓右也。」彦朗大怒，昂即解官去，詰其子曰：「吾本不欲仕亂世，果爲刑人所辱。」宣和中，徐申幹臣自諱其名，知常州，一邑宰白事，言巳三狀申府，未施行。徐怒形于色，責之曰：「君爲縣宰，豈不知長吏名，乃作意相侮？」宰亦好犯上者，即大聲曰：「今此事申府不報，便當申監司，否則申户部、申臺，申省，申來申去，直待身死即休。」語罷，長揖而去。徐雖怒，然無以罪之。三人者，皆不肯避權貴之諱以自係其姓名。若北齊熊安生者，將通名，見徐之才、和士開二人相對。以之才諱雄，士開諱安，乃稱觸觸生，群公哂之。蔡京在相位日，權勢甚盛，内外官司公移皆避其名。如京東、京西，並改爲畿右之類。蔡門下昂避之尤謹，併禁其家人，犯者有笞責。昂嘗自誤及之，家人以爲言，乃舉手自擊其口。蔡經國閩音稱京爲經，❷乃奏乞改名純臣，此尤可笑。紹聖間，安惇爲從官，章惇爲相，安見之，但稱享而已。近世方巨山名岳，或謗其爲南仲丞相幕賓，趙父名万，乃改姓名万。既而又爲丘山甫端明屬，丘名岳，于是復改名爲巨山，

❶「時」字原缺，據《齊東野語》卷四補。

❷「閩」上《齊東野語》卷四有「聞」字。

遂指以爲過焉。善乎胡康侯之論曰：「後世不明《春秋》之義，有以諱易人姓者，易人名者。愚者迷禮以爲孝，諂者獻佞以爲忠，忌諱繁，名實亂，而《春秋》之法不行矣。」

## 批下學上達語

「學以求達」，此語甚不當。既説離下學無上達，則即學即達，即下即上，更無求達之理矣，而復曰「求達」，何耶？此下學自是下學，上達自是上達，若即下學便以爲上達，亦不可也。而乃曰「學以求達」，是果即下學以求達邪，抑別有求達之學邪？若即學以求，當如前詰；若別有求達之學，則剜肉作瘡，尤爲揠苗之甚矣。故程伯子曰：「洒掃應對，便是精義入神。」曰「便是」，則是即學即達也。然又曰：「人須是識其真心。」夫真心不可以識識，而可以學求乎？不可以學求，則又是離學而後有達也。故謂學以求達者非也。離學者亦非，即學者亦非，然則夫子何自而上達乎，此顔子所以終身苦孔之達矣。不曰「即學即達」，不曰「離學而達」，亦不曰「學以求達」，而但曰「下學而上達」，何其意圓語圓，令人心領神會而自默識于言意之中也。今觀洒掃應對，雖下愚之人亦能之，惟不能達乎其上，是以謂之下學也，是以謂之百姓也，是以謂之鄙夫也，是以謂之凡民也，是以謂之但可使由也。❶至于精義入神，則自然上達矣。上達，則爲聰明聖智，達天德之人矣。是以謂之曰「形而上」也，謂之曰「可矣語上」也，謂之曰「君子上達」也。雖顔子大賢，猶曰「未達一間」，曰「其殆庶幾」，况他人哉！則夫子之自謂莫我知，自謂惟天知者，信痛悼之極矣。蓋世之學者，不是日用而不知，則便是見之爲仁智，而能上達者其誰也？夫學至上達，雖聖人有所不知，而凡民又可使

❶「可」下原衍「謂之」二字，據《焚書》卷四删。

知之乎？故曰：「吾有知乎哉。」雖聖人有所不能，而凡民又可使能之乎？故曰：「民鮮能久矣。」民之所以鮮能者，以中庸之不可能也，非棄之也。然則下學者，聖凡之所同。夫凡民既與聖人同其學矣，則謂滿街皆是聖人，何不可也？上達者，聖人之所獨，則凡見之爲仁智，與日用而不知者，總是不達，則總是凡民明矣。然則自顔子而下，皆凡民也。可畏也夫！先聖雖欲不慨嘆于由、賜之前，可得邪？

范文正公《岳陽樓記》有云：「先天下之憂而憂，後天下之樂而樂。」其後東坡行忠宣公辭免批答，❶徑用此語云：「吾聞之乃烈考曰：『君子先天下之憂而憂，後天下之樂而樂。』雖聖人復起，不易斯言。卿將書之紳，銘之盤盂，以爲一言而可以終身行之者歟！則今兹爰立之命，乃以委重投艱而已，又何辭乎？」其後忠宣上遺表亦用之云：「蓋嘗先天下憂，期不負聖人之學。此先臣所以教子，而微臣所以事君。」此又述批答之意，亦前所未見也。

劉貢父《詠史》詩云：「自古邊功緣底事，多因嬖倖欲封侯。不如直與黄金印，惜取沙場萬髑髏。」其意蓋指當時王韶、李憲輩耳。而其説則出于温公論李廣利，曰：「武帝欲侯寵姬李氏，而使廣利將兵伐宛。其意以爲非有功不侯，不欲負高帝之約也。夫軍旅大事，國之安危，民之生死繫焉。苟爲不擇賢愚，欲徼倖咫尺之功，藉以爲名而私其所愛，不若無功而侯之爲愈也。然則武帝有見于封國，無見于置將，謂之能守先帝之約，臣曰過矣。」蓋全用之。然胡明仲論留侯則云：「善乎，子房之能納説也。不先事而强聒，不後事而失機。不問則不言，有言則必當其可。故聽之易，而用不難也。評者曰：『漢業存亡在俯仰間，而留侯于此每從容焉。諸侯失固陵之期，始分信、越之地；複道見沙中之聚，始言雍齒之侯。』善言子房矣。」論用荆公

❶「答」字原缺，據《齊東野語》卷一補。

詩：「漢業存亡俯仰中，留侯于此每從容。固陵始議韓彭地，複道方圖雍齒封。」則此史論用詩也。近世劉潛夫詩云：「身屬嫖姚性命輕，君看一蟻尚貪生。無因喚取談兵者，來此橋邊聽哭聲。」而坡翁《諫用兵》之疏云：「且夫戰勝之後，陛下可得而知，凱旋捷奏，拜稱賀，赫然耳目之觀耳。至于遠方之民，肝膽塗于白刃，筋骨絶于餽餉，流離破産，鬻賣男女，薰眼折臂，自經之狀，陛下必不得而見也。慈父孝子，孤臣寡婦之哭聲，陛下必不得而聞也。」其意亦出此。馮必大詩云：「亭長何曾識帝王，入關便解約三章。只消一勺清凉水，冷却秦鍋百沸湯。」亦用黄公度《漢高祖論》，曰：「傷弓之鳥驚曲木，挽萬石之弓以射之，寧無所懼；奔渴之牛急泥濁，飲以清冷水，寧無所喜。項驚天下以弓，帝飲天下以水。」葉紹翁詩云：「殿號長秋花寂寂，臺名思子草茫茫。尚無人世團欒樂，枉認蓬萊作帝鄉。」亦出于林少穎《武帝論》，云：「武帝好長生不死之術，聚方士于京師，由是禱祠之俗興，以成巫蠱之禍。陽邑、朱昌二公主俱以此誅，而皇后、太子亦不免。其始也，欲求長生不死之術而不可得，徒挾敗亡之禍横及骨肉，可笑也。」錢舜選詩云：「項羽天姿自不仁，那堪亞父作謀臣。鴻門若遂樽前計，又一商君又一秦。」亦祖陳傅良之論，云：「羽之戮子嬰、弑義帝、斬彭生，坑秦二十萬衆，亞父獨不當試曉之耶？使楚果亡漢，則羽又一秦，增又一商鞅也。」此類甚多，不暇枚舉，豈所謂脱胎者耶？

崔趙公嘗問徑山曰：「弟子出家得否？」徑山曰：「出家是丈夫事，非將相所爲。」聞善言則拜，告有過則喜，有聖賢之氣象。

坐密室如通衢，馭寸心如六馬，可以免過。

心不清則無以見道，志不確則無以立功。

天下有甚于饑渴飲食之道，而世或以名稱己，或以爲能事。哀哉！臣之忠，子之孝，弟之悌是也。孔子以文學爲孝悌之餘事，孟子謂良知良能不出于學，是非聖人强人以甚難，蓋以愛欲汩其心，而妻子爵禄爲賊忠孝之具。間有得臣子之道者，宜乎表出于世。苟以孔孟之道求諸己，則知捨孝悌不足以爲人，移孝悌爲忠順，則立身行己之道當然。世何稱己，何能之有？

事親孝者，事君必忠，何以知之？良知故存，雖妻子不能移其愛，推此以盡爲臣之道，則爵禄安可易其守？❶子惟知有親，焉得不孝；臣惟知有君，安得不忠？所謂良知者，其可忘乎？父慈子孝，兄友弟恭，相須之理也。然子不可待父慈而後孝，弟不可待兄友而後恭，譬猶責人以信然後報之以誠。夫盡己之當，爲乃君子所以立身之道，非求備于人也。

器滿則溢，人滿則喪。士大夫若以一官之廪禄計，則不知其爲素餐。請以驅役之卒、奉承之吏，供帳居處，詳陳悉算，則凛然如履冰、岌然如臨淵，有愧于方寸者多矣。若于奉公治民之道不加思，則竊人之財不足爲盜矣。

自信者人亦信之，胡越猶弟兄；自疑者人亦疑之，身外皆敵國。至于推誠則不欺，守信則不疑，非但六合之内可行。動天地，感鬼神，非誠信不可。

爲善如負重登山，志雖已確，而力猶恐不及；爲惡如乘駿走坂，雖不加鞭策，而足亦不能制。

功名官爵，貨財聲色，皆謂之欲，俱可以殺身。或問之曰：「欲可去乎？」曰：「不可。」饑者欲食，寒者欲衣，無後者欲子孫。反是，甘于自殺也。然知足而不貪，知節而不淫，無沽名之心而不求功，亦庶幾乎欲可窒也。

---

❶「禄」字原缺，據《省心雜言》補。

知不足者好學，耻下問者自滿，一爲君子，一爲小人，自取如何耳。人之有過失，猶身之有疾病，攻之以藥石，誨之以廉耻，雖過失不害爲賢者，雖疾病不失爲全人。

好名則立異，立異則身危，故聖人以名爲戒。

爲善者不云利，逐利者不見善，舜跖之徒自此分。捨生取義，固不可得；見利思義，聖人亦取之。殆哉！利不可言，况可爲乎？孟子答梁惠王之言至矣。

有過知悔者，不失爲君子；知過遂非者，其小人歟。

官爵富貴，在人謂之儻來；道德仁義，在己謂之自得。儻來者足以驕妻妾，自得者可以藐公卿，君子所以脩天爵，而人爵從之。

静吉動凶，德休僞拙，聖人戒告甚切至。反身而誠，樂莫大焉，知此爲君子，昧此爲小人。

木有所養，則根本固枝葉茂，棟梁之材成；水有所養，則志氣大而識見明，忠義之志出。可不養哉！故孟子所謂苟得其養，無物不長也。

晝之所爲，夜必思之，有善則樂，有過則懼，君子哉！

私心勝者，可以滅公；爲己重者，不知利物。

人之所以異于禽獸草木者，以其有爲耳。皮毛齒角，禽獸以用而名；香味補瀉，草木以功而著。人之生也，無德以表俗，無功以及物，禽獸草木之不若也，哀哉！

利心專，則背道；私意確，則滅公。

歲月已往者不可復，未來者不可期，見在者不可失。爲善則善應，爲惡則惡報，所以成名滅身，惟自取如何耳。

仁義禮智本自脩，人必欽崇之；放僻邪侈本自賊，人必輕鄙之。得天地之至和者爲君子，故温良慈儉；稟陰陽之繆戾者爲小人，故兇詐姦邪。

善惡之性不能易，如水之不能燥，火之不能濕。形色語默之間，善惡自見。古之人孝弟力田，行著于鄉州黨族，名聞于朝，故命之以官，其臨民也，安得不愷悌？其從事也，安得不服勞？其處己也，安得不廉？其事上也，安得不忠？後之人强記多識，專于緝綴，有不知父子兄弟之倫者，有不知稼穡之艱難者，盜經典子史爲取富貴之筌蹄，故忠義日薄，名節日衰，惟賢者則不然。此無他，去古既遠，無成周賓之法耳。

禮義廉恥，可以律己，不可以繩人。律己則寡過，繩人則寡合，寡合則非涉世之道。故君子責己，小人責人。

德有餘而爲不足者謙，財有餘而爲不足者鄙。愛身者所以孝于親，愛民者所以忠于君。

高不可欺者天也，尊不可欺者君也，内不可欺者親也，外不可欺者人也。四者既不可欺，心其可欺乎？心不欺，人其欺我乎？

爲善易，避爲善之名難；不犯人易，犯而不校難。

涉世應物，有以横逆加我者，譬猶行草莽中，荆棘之在衣，徐行緩解而已，所謂荆棘者，亦何心哉！如是則方寸不勞，而怨可釋。

恐懼者脩身之本，事前而恐懼則畏，畏可以免禍；事後而恐懼則悔，悔可以改過。夫知者以畏消悔，愚者無所畏而不知悔。故知者保身，愚者殺身，大哉，所謂恐懼也。

羌貊不可以力勝，而可以信服；鬼神不可以欺詐，而可以誠達。况夫涉世與人爲徒者，誠信其可捨諸！

古人畏四知者，謂天地彼我必有一知者，不得不畏，况處八達之衢，爲萬目所視，慎乎所當畏，行乎所無畏，可也。

誠無悔，恕無怨，和無讎，忍無辱。

巧辨者與道多悖，拙訥者涉世必疎。寧疎于世，勿悖于道。

華藻見于外者謂之文，古今積于中者謂之學。苟見道不明，用心不正，適足以文過飾非，文學所以在德行、政事之下。

不欺闇室者，肯欺心乎；不愧屋漏者，肯愧于人乎。不欺其心，無愧于人，庶幾君子矣。

外重者内輕，故保富貴而喪名節；内重者外輕，故守道義而樂貧賤。愛親者保其身，愛君者輕其位。

窮不易操，達不患失，非見善明，用心剛者不能也。

人有過失，己必知之；己有過失，豈不自知？昧是非者檢人，❶思憂患者檢身。强辯者飾非，謙恭者無争，知其善之可遷。善惡在自爲，父子不相授，堯爲父而有丹朱，舜爲子而有瞽瞍。❷堯與賢易，舜克諧以孝難。

人之制性，當如隄防之制水，常恐其漏壞之易，若不顧其泛濫一傾而不可復也。

綺語背道，雜學亂性。

富貴以道得，伊尹是也，貧賤以道守，顔淵是也。俱爲聖賢，負鼎于湯與簞瓢陋巷，勞逸憂樂不可同日

❶「昧」，《省心録》作「明」；《省心雜言》作「喜」。
❷「爲」字原缺，據《省心雜言》補。

而語也。

聖賢師心不師跡，雖百世而道同；後世師跡不師心，雖時同而術異。求師問友，急于教子弟者，始于章句，中于文采，終于科第，所謂入孝出弟，汎愛親仁，則懵如冥行，豈不違吾聖人之言乎？知之非艱，行之爲艱。誠能踐履，雖非聖賢，其亦聖賢之徒歟！

和以處衆，寬以接下，恕以待人，君子人也。

讒言巧，佞言甘，忠言直，信言寡。

多言則悖道，多欲則傷生。

知足則樂，務貪必憂。

内睦者，家道昌。外睦者，人事濟。不護人短，不周人急，非仁義也。

結怨于人謂之種禍，捨善不爲謂之自賤，輕諾者信必寡，面譽者背必非。孝于親則子孝，欽于人則衆欽。聲色者敗德之具，思慮者殘生之本。

爲善不如捨惡，救過不如省非。欲不匱則博施，欲長樂則守分。廣積不如教子，避禍不如省非，勉强爲善，勝于因循爲惡。

責人者不全交，自恕者不改過。自滿者敗，自矜者愚，自賊者害。多言獲利，不如默而無言。

寡言省謗，寡欲保身。

行坦途者肆而忽，故疾走則蹶；行險途者畏而慎，故徐步則不跌。然後知安樂有致死之道，憂患爲養生之本，可不省諸！

廣積聚者，遺子孫以禍害；多聲色者，殘性命以斤斧。

務名者害其身，多財者禍其後。善惡報緩非天網疎，是欲成君子而滅小人也。禍福者天地所以愛人也，如雷雨雪霜，皆欲生成萬物。故君子恐懼而畏，小人僥倖而忽。畏其禍則福生，忽其福則禍至，傳所謂「禍福無門，惟人所召」也。

胡來胡現，漢來漢現，不來不現，而鏡之體常明也；大扣大鳴，小扣小鳴，不扣不鳴，而鍾之聲常存也；鐘響聞鍾，杵響聞杵，不響不聞，而耳之性常在也。

未生已前，無相有覺，爲性；有生之後，息、暖、識三和合，爲命。

以忠沽名者訐，以信沽名者詐，以廉沽名者貪，以潔沽名者污。忠信廉潔，立身之本，非釣名之具也，有一于此，鄉願之徒，何足取哉！

爲己重者不仁，好廣積者不義，足恭者無禮，貪名者無智。

立身之道，內剛外柔；肥家之道，上遜下順。不和不可以接物，不嚴不可以馭下。

前輩論醫云：「閉門看古方三年，知天下人無病不可治，及其出而用藥療疾，知今古無方可用。」此無他，聞見力極則止，至于應變，則無有窮盡。噫！豈但論醫也，士之學問，其失正在是。苟以是心反之，孳孳旦夜，自不知爲有餘，縱未能盡愈天下之疾，亦庶幾乎十失二三也。

不自重者取辱，不自畏者招禍，不自滿者受益，不自是者博聞。吉凶悔吝非天然，無有不由己者。

壽夭在天，安危在人。知天理者夭或可壽，忽人事者雖安必危。

口腹不節，致疾之由；念慮不正，殺身之本。

驕富貴者戚戚，安貧賤者休休。所以景公千駟，不及顏子之一瓢也。

外事無大小，中慾無淺深，有斷則生，無斷則死，大丈夫以斷爲先。

人皆有好生惡死之心，人皆爲捨生取死之道，何也？見善不明耳。

欲去病則正本，本固則病可攻，藥石可以效；欲齊家則脩身，身端則家可理，號令可以行。固其本，端其身，非一朝一夕之事也。

以禮義爲交際之道，以廉耻爲律己之法，游息于是，朋友見欽而不敢欺，妻子取法而不敢侮，盡思患預防之理，所以譬之四維，其可廢而不張乎？

心可逸，形不可不勞；道可樂，身不可不憂。形不勞則怠惰易弊，身不憂則荒淫不立，故逸生于勞而常休；樂生于憂而無厭，是逸樂也，❶憂勞其可忘乎？

古之人脩身以避名，今之人餙己以要譽。所以古人臨大節而不奪，今人見小利而易守。君子則不然，無古無今，無治無亂，出則忠，入則孝，用則知，舍則愚。

仁言不如仁心之誠，利近不如利遠之博。仁言或失于口惠，利近或失于姑息。

智大心勞者，狂。力小任重者，踣。

攫金于市者，欲心勝而不知有羞惡。求珠于淵者，利心專而不顧其沉溺。

不欺、不吝、不隘、不强者，可與人爲徒。

塊土不能障狂瀾，匹夫不能正頽俗。

知足者，貧賤亦樂。不知足者，富貴亦憂。

夙興夜寐，無非忠孝者，人不知天必知之。飽食暖衣，恬然自衛者，身雖安，其如子孫何？

---

❶「逸樂」下原衍「樂」字，據《省心雜言》刪。

以忠孝遺子孫者，昌。以智術遺子孫者，亡。以謙接物者，彊。以善自衛者，良。

爾謀不臧，悔之何及，爾見不長，教之何益。

子之事親，不能承顔養志，則必不能忠于君上；弟之事兄，不能致恭盡禮，則必不能遜于長上。

家不和，然後見孝子。國不亂，無以見忠臣。如是則孝子忠臣不容見于治世也。僕窃疑之，有人能克諧六親，欽順父母家，不使不和，莫大之孝也。有人能引君當道，將順正救國，不使之亂，莫大之忠也。

風俗不淳儉，則財用無豐足。

以德遺後者，昌。以禍遺後者，亡。謙柔卑退者，德之餘。强暴姦詐者，禍之始。

舜之所以爲孝者，有頑父嚚母傲弟，人不幸而有此，當克諧如舜，不爲甚難。顔淵曰：「舜何人也，予何人也，有爲者亦若是。」

屈己者能處衆，好勝者必遇敵。欲常勝者不争，欲常樂者自足。有限之器，投之滿盈則溢，太虚之室，物物自容。静躁寛猛，視量之如何耳。

勝于己者必師，拙于己者可役。愛于己者，知善而不知惡；憎于己者，見惡而不見善。

火之炎上，水之就下。順其性，則烹飪之功成，灌溉之利博。

越鳥巢南，胡馬嘶北，物之真情尚耳，而况于人乎？

食能止饑，飲能止渴，畏能止禍，足能止貪。

父之教子必以孝，君之責臣必以忠，子不子，臣不臣，安可爲之？以仁爲宅，以禮爲門，以義爲路，居處于是，出入于是，踐履于是，安得不謂之君子！

内不溺于妻子者，事親必孝。外不欺于朋友者，事君必忠。人性如水，水一傾則不可復，性一縱則不可反。制水者必以隄防，制性者必以禮法。

保生者寡欲，保身者避名。無欲易，無名難。

善人種德降祥于天，惡人種禍貽殃于後。

溺愛者受制于妻子，患失者屈己于富貴。大丈夫見善明，則重名節如泰山；用心剛，則輕死生如鴻毛。

父善教子者，教于孩提；君善責臣者，責于冗賤。蓋嗜欲可以奪孝，富貴可以奪忠。

以言傷人者，利于刀斧。以術害人者，毒于虎狼。言不可不慎，術不可不慎也。

爲子孫作富貴計者，十敗其九。爲人作善方便者，其後受惠。

耳不聞人之非，目不視人之短，口不言人之過，庶幾爲君子。

以愛妻子之心事親，則無往而不孝。以保富貴之心事君，則無往而不忠。以責人之心責己則寡過，以恕己之心恕人則全交。

夫寡言擇交，可以無悔吝，可以免憂辱。

飽藜藿者鄙膏粱，樂貧賤者薄富貴。安義命者輕死生，遠是非者忘臧否。

少不勤苦，老必艱辛；少能服勞，老必安逸。

與善人交，有終身了無所得者；與不善人交，動静語默之間，亦從而似之，何耶？人性如水，爲不善如就下，故易。安可不擇交？

近世士大夫多爲子弟所累，是溺于愛而甘受其謗，殊不知父當不義，聖人猶許争子。子弟不肖而不能正，是納于邪而不知義方之訓也，父兄之罪大矣！

不臨難，不見忠臣之心；不臨財，不見義士之節。大則治亂邪正，小則晝夜生死，皆反手耳。反邪則正，反亂則治，反夜則晝，反死則生，豈可猶豫苟且而爲之！

耳雖聞，目不親見者，不可從而言之。流言可以惑衆，若文其言，而貽後世，恐是非邪正失實。

憂國者不顧其身，愛民者不罔其上。

憂天下國家者，其慮深，其志大，其利博，其言似迂，其合亦寡，其遇亦難，孔孟是也。

梁棟朽則屋傾，賢不肖分則國治。上節下儉者，財用足。本重末輕者，天下平。

輕財足以聚人，律己足以服人，量寬足以得人，身先足以率人。

憂患疾痛，皆養生善知識；放逐閒廢，皆士宦善知識。不有憂，安知樂可爲哉？

情相親者，禮必寡。道相悖者，術不同。禮簡者誠，術異者疎。

人不可無識，識暗者，小人。無識者，禽獸。小人捨正而趨邪，假善而爲惡。識明者果如是乎？禽獸不知父子之親，君臣之分，爲無識故也。

沽虛譽于小人，不若聽之于天。遺貨財于子孫，不若周人之急。

君容而斷，臣恪而忠，父嚴而慈，子孝而敬，兄愛而訓，弟恭而勞，夫和睦而莊，婦守正而順，人倫之道盡矣。

處内以睦，處外以義，檢身以正，交際以誠，行己之道至矣。

無瑕之玉，可以爲國器。孝悌之子，可以爲家瑞。爲政之要，曰公與清。成家之道，曰儉與勤。

寶貨用之有盡，忠孝享之無窮。

語人之短不曰直，濟人之惡不曰義。

好勝者必爭，貪榮者必辱。

大廟之犧，被文繡而悔，不及鷦鷯深林一枝之樂也。

以己資衆者，心逸而事濟；以己禦衆者，心勞而怨聚。

薄于所親，而責人重者，不可與言交好。名欲速者，不可與共謀。貪而喜詐者，不可與同利害。忍而好勝者，不可與同逸樂。

千斤之石置之立坂之上，一力可以落九仞。萬斛之舟遡于急流之中，片帆可以去千里。孰使然也。若馳群馬于平陸，集多士于大庭，非駿足奇才，不得先。

事親有隱而無犯，事君有犯而無隱，事師無犯無隱，聖人不易之論也。古之所謂犯者，以己所見陳于君，不以犯上爲犯也。後世所謂犯者，處卑位而言非其職，徒以沽名之心，務行其説，直前抵訐，無益于世。愚以爲若能以事師之道事君，無隱則不敢逢君之惡，無犯則不忍暴君之失，諫可行，言可聽，膏澤可下于民，不亦美歟！

畋獵聲色之娱，易入而難返；車服口體之奉，相尚而不厭。皆非逸豫安樂之道也。

毁譽雜至，觀其事，則毁譽明；善惡混淆，公其心，則善惡判，此在上之職也。若智效一職，行其所當爲，而不問毁譽，立乎其中道，則善惡自黑白也。

事親孝，則專其愛，而妻子不能移。事君忠，則盡其職，而爵禄不足動。竭力于親者，不必須士類。致身于君者，不必問品秩。

黼藻太平，勘定禍亂，❶可以謂之忠乎？苟有隱于君，不若愚下不欺之忠也。列侯而封，擊鮮而食，可以謂之孝乎？苟有違于親，不若貧賤養志之孝也。

❶「禍」字原缺，據《省心雜言》補。

有至賢之君，無忠直之臣，則聰明不能達遠，雖賢聖或可欺。大哉！所謂爲君難。

財用足以富國家，一夫可以爲。風俗所以繫治亂，非有大君子不能變。必欲弭禍亂，❶致太平，非風俗淳儉不可。

愛君切者，不知有富貴。爲己重者，不知立功名。財不難聚也，取予當，則富足。國不難治也，邪正辨，則丕平。風不難化也，自上及下，而風行。俗不難革也，自邇及遠，而俗變。

富貴者奢侈相尚，奉養之外，棄廢寶貨，窮極土木，惟務相勝，貧賤者專于工巧伎藝，古所未見。一日之直，可以盡農夫終歲之利，故棄本逐末，耕桑者少而衣食者多，求其盈餘儲積，不亦難哉！

甲胄之士責以禦侮，州縣之吏委以簿書，事聖君而變薄俗，病在不爲耳。

蘇張通六國，而皆合。孔孟走天下，而不遇。易進難入，王覇之道，豈止如霄壤。

陶淵明無功德以及人，而名節與功臣義士等，何耶？蓋顔子以退爲進，甯武子愚不可及之徒歟！

婦人悍者必淫，醜者必妬。士大夫繆者忌，險者疑，必然之理也。

費千金爲一瞬之樂，孰若散而活凍餒幾千百人？處眇軀以廣厦，何如庇寒士于一廛之地乎？

堂下遠于千里，況于九重之深，雖堯舜不能知比屋。有人能以所聞所見，上體仁君愛民求治之意，委曲詳陳之，則不待用召山甫而宣王自能致太平也。

能自遂者，未必能成人。自敗者，必罔人。能自儉者，未必能周人。自恣者，必害人。然此無他，爲善難，爲惡易。

❶「亂」字原缺，據《省心雜言》補。

韓非作《説難》，而卒斃于説，豈非所謂多言數窮之戒耳。

張飽帆于大江，驟駿馬于平陸，天下之至快，反思則憂，處不争之地，乘獨後之馬，人或我嗤，樂莫大焉。

利可共，而不可獨謀；可寡，而不可衆。獨利則敗，衆謀則泄。

蓋棺始能定士之賢愚，臨事始能見人之操守。猛虎能食人，不幸而遇之，必疾走以避。小人能媚人，人喜與之親，不幸而同利害，必巧爲中傷，毒人而人不知，然機穽之設，未若天網之不漏也。

必尊于事君，必嚴于事親，必達于天地鬼神，必踈于禽獸之屬，一于誠，則交際之道無不至矣。

重名節者，識有餘而巧不足。保富貴者，知不足而財有餘。知識明者，君子。才巧勝者，小人。

用心專者，不聞雷霆之震驚，寒暑之切肌。爲己重者，不知富貴可以殺身，功名可以致顯禍。行通衢大道者不迷，心至公無私者不惑。

責越人以鞍馬，强胡人以舟楫，其猶詢民瘼于貴遊，索珍玩于寒士，艱哉！

用不節，財何以豐？民不蘇，國何以安？

飽肥甘、衣輕煖，不知節者損福。廣積聚、驕富貴，不知止者殺身。

人以巧勝天，天以直勝人

小人詐而巧，似是而非，故人悦之者衆。君子誠而拙，似迂而直，故人知之者寡。

舜耕于歷山，伊尹耕于莘野，聖賢力田見于經傳。後世以文學明道，其弊至于菽麥不分，豈止不知稼穡艱難哉！

人以麟鳳比君子，以豺狼比小人，徒論其表耳。麟鳳爲世瑞，而不能移風易俗，君子能厚風俗，❶致太平，以來麟鳳。豺狼能害人，其狀易别，人得以避之。小人深情厚貌，毒人不可防閑，殆有甚于豺狼。

邪正者，治亂之本。賞罰者，治亂之具。舉正錯邪，賞善罰惡，未有不治者。邪正相雜，賞罰不當，求治難矣！

天下有正道，邪不可干。以邪干正者，國不治。天下有公議，私不可奪，以私奪公者，人不服。

以是爲非，以非爲是者，强辨足以惑衆；以無爲有，以有爲無者，便僻足以媚人。心可欺，天可欺乎？

女相妬于室，士相妬于朝，古今通患也。若無貪榮擅寵之心，何嫉妬之有？

無恒德者不可以作醫，人命死生之繫，庸人假醫以自誣，其初則要厚利，虚實補瀉，未必適當，幸而不死，則呼需百出，病者甘心以足其欲；不幸而斃，則曰飲食不知禁，嗜欲有所違，非藥之過也。厚載而出，死者何辜焉？世無扁鵲望而知死生，無華佗滌腸以愈疾，輕以性命託庸醫，何如謹致疾之因，固養生之本，以全天年也耶？嗚呼悲夫！

❶「君子能厚風俗」原缺，據《省心録》補。

# 大雅堂訂正騷壇千金訣　癸集

## 詩辨嚴羽

禪家者流，乘有小大，宗有南北，道有邪正，學者須識最上乘，具正法眼，悟第一義。若小乘禪，聲聞辟支果，皆非大乘也。論詩如論禪，漢魏晉與盛唐之詩，則第一義也。大曆已還之詩，則小乘禪也，已落第二義矣。晚唐之詩，則聲聞辟支果也。學漢魏晉與盛唐詩者，臨濟下也。學大曆已還之詩者，曹洞下也。大抵禪道惟在妙悟，❶詩道亦在妙悟。且孟襄陽學力下韓退之遠甚，而其詩獨出退之之上者，一味妙悟而已。惟悟乃爲當行，乃爲本色。然悟有深淺，有分限：有透徹之悟，有但得一知半解之悟。漢魏尚矣，不假悟

❶「大」字原缺，據《滄浪詩話》補。

也。謝靈運至盛唐諸公，透徹之悟也。他雖有悟者，皆非第一義也。吾評之非僭也，辨之非妄也。天下有可廢之人，無可廢之言。詩道如是也。若以爲不然，則是見詩之不廣，參詩之不熟耳。試取漢魏之詩而熟參之，次取晉宋之詩而熟參之，次取南北朝之詩而熟參之，次取沈宋王楊盧駱陳拾遺之詩而熟參之，次取開元天寶諸家之詩而熟參之，次取李杜二公之詩而熟參之，又盡取諸晚唐之詩而熟參之，又取本朝蘇黄以下諸家之詩而熟參之，其真是非自有不能隱者。儻猶于此而無見焉，則是野狐外道，蒙蔽其真識，不可救藥，終不悟也。夫學詩者以識爲主，入門須正，立志須高，以漢魏晉盛唐爲師，不作開元天寶以下人物。若自退屈，即有下劣詩魔入其肺腑之間，由立志之不高也。行有未至，可加功名，❶路頭一差，愈騖愈遠，由入門之不正。故曰：學其上，僅得其中；學其中，斯爲下矣。又曰：見過于師，僅堪傳授；見與師齊，減師半德。工夫須從上做下，不可從下做上。先須熟讀楚辭，朝夕諷詠，以爲之本，及讀古詩十九首，樂府四篇，李陵蘇武漢魏五言，皆須熟讀。即以李杜二集枕籍觀之，如今之治經，然後博取盛唐名家，醞釀胸中，久之自然悟入。雖學之不至，亦不失正路，此乃是從頂𩕳上做來，謂之向上一路，謂之直截根原，謂之頓門，謂之單刀直入。詩之法有五：曰體製，❷曰格力，曰氣象，曰興趣，曰音節。詩之品有九：曰高，曰古，曰深，曰遠，曰長，曰雄渾，曰飄逸，曰悲壯，曰凄婉。其用工有三：曰起結，曰句法，曰字眼。其大概有二：曰優遊不迫，曰沈着痛快。詩之極致有一，曰入神。詩而入神，至矣盡矣，蔑以加矣！惟李杜得之，他人得之蓋寡也。夫詩有別才，非關書也。詩有別趣，非關理也。然非多讀書，多窮理，則不能極其至。所謂不涉理路，不落言筌，

❶「功名」，《滄浪詩話》作「工力」。

❷「曰」字原缺，據《滄浪詩話》補。

上者也。詩者吟詠情性也。盛唐諸人，惟在興趣。羚羊掛角，無跡可求。故其妙處，透徹玲瓏，不可湊泊，如空中之音，相中之色，水中之月，鏡中之象，言有盡而意無窮。近代諸公，乃作奇特解會，遂以文字爲詩，以才學爲詩，以議論爲詩。夫豈不工，終非古人之詩也。蓋于一唱三嘆之音，有所歉焉。且其作務使事，不問興致。用字必有來歷，押韻必有出處，讀之反覆終篇，不知着到何處。其末流甚者，叫噪怒張，殊乖忠厚之風，殆以駡詈爲詩。詩而至此，可謂厄也！然則近代之詩無取乎？曰有之，吾取其合于古人者而已。宋初之詩，尚沿襲唐人。王黄州學白樂天，❶楊文公劉中山學李商隱，盛文肅學韋蘇州，歐陽公學韓退之古詩，❷梅聖俞學唐人平澹處。至東坡山谷始自出己意以爲詩，唐人之風變矣。山谷用工，猶爲深刻。其後法席盛行，海内稱爲江西宗派。近世趙紫芝翁靈舒輩，獨喜賈島姚合之詩，稍稍復就清苦之風。江湖詩人，多效其體，一時自謂之唐宗，不知止入聲聞辟支之果，豈盛唐諸公之大乘正法眼者乎！嗟乎！正法眼之無傳久矣！唐詩之説未唱，唐詩之道或有時而明也。今既唱其體曰唐詩矣，則學者謂唐詩誠止于是耳，得非詩道之重不幸邪！故予不自量度，輒定詩之宗旨，且借禪以爲喻，推原漢魏以來，而截然謂當以盛唐爲法，後捨漢魏而獨言盛唐者，古律之體備也。雖獲罪于世之君子，不辭也。

## 詩體

風雅頌已亡，一變而爲《離騷》，再變而爲西漢五言，三變而爲歌行雜體，四變而爲沈宋律詩。五言起于

❶「黄州」原缺，據《滄浪詩話》補。

❷「學」字原缺，據《滄浪詩話》補。

李陵蘇武，或云枚乘。七言起于漢武柏梁，四言起于漢楚王傅韋孟，六言起于漢司農谷永，三言起于晉夏侯湛，九言起于高貴鄉公。以時而論，則有建安體、漢末年號，❶曹子建父子及鄴中七子之詩。黄初體、魏年號，與建安相接，其體一也。正始體、魏年號，嵇阮諸公之詩。太康體、晉年號，左思潘岳二張二陸諸公之詩。元嘉體、宋年號，顔鮑謝諸公之詩。永明體、齊年號，齊諸公之詩。齊梁體、通兩朝而言之。南北朝體、通魏周而言之，與齊梁體一也。唐初體、唐初猶襲陳隋之體。盛唐體、景雲以後，開元天寶諸公之詩。❷元和體、元白諸公。晚唐體、宋朝體、通前後而言之。元佑體、蘇黄陳諸公。江西宗派體。山谷爲之宗。以人而論則有蘇李體、蘇武李陵也。曹劉體、子建公幹也。陶體、淵明也。謝體、靈運也。徐庾體、徐陵庾信也。沈宋體、佺期之問也。陳拾遺體、陳子昂也。王楊盧駱體、王勃楊炯盧照鄰駱賓王唐四才子。張曲江體、始興文獻公九齡也。少陵體、太白體、高達夫體、高常侍適也。孟浩然體、岑嘉州體、岑參也。王右丞體、王維也。韋蘇州體、韋應物也。韓昌黎體、柳子厚體、韋柳體、蘇州與儀曹合言之。李長吉體、李商隱體、即西昆體也。盧仝體、白樂天體、元白體。微之、樂天，其體一也。杜牧之體、張藉王建體、謂樂府之體同也。賈浪仙體、孟東野體、杜荀鶴體、東坡體、山谷體、后山體、后山本學杜，其語似之但數篇。或他似而不全，又其他則本其自體耳。王荆公體、公絶句最高，其得意處，高出蘇黄陳之上，而與唐人尚隔一關。邵康節體、陳簡齋體。陳去非與義也，亦江西之派而小異。楊誠齋體。其初學半山、后山，最後亦學絶句于唐人。已而盡棄諸家之體，而别出機杼，蓋其自序如此也。又有所謂《選》體。《選》詩時代不同，體製隨異，今人例謂五言古詩爲《選》體，非也。柏梁體、漢武帝與群臣共賦七言，每句用韻，後人謂此體爲栢梁體。《玉臺》體、《玉臺集》乃今徐陵所序，漢魏六朝之詩皆有之。或者但謂纖艷者爲《玉臺》體，其實則不然。西昆體、即李商隱體，然兼温庭

❶「號」字原缺，據《滄浪詩話》補。
❷「諸公之詩」下《滄浪詩話》有「大曆体、大曆十才子之詩。」一句。

筠及宋朝楊劉諸公而名之也。香奩體、韓偓之詩，皆裾裙脂粉之語，有《香奩集》。宮體。梁簡文傷于輕靡，時號宮體。其它體製，尚或不一，❶然大概不出此耳。有古詩，有近體，即律詩也。有絶句，有雜言。有三五七言，自三言而終以七言，隋鄭世翼有此詩：「秋風清，秋月明，落葉聚還散，寒鴉棲復驚。相思相見知何日，此日此夜難爲情。」有半五六言，晉傅玄《鴻雁生塞北》之篇是也。有一字至七字。唐張南史雪月花草等是也。又隋人應詔有三十字，凡三句七言，一句九言，不足爲法，故不列于此也。有三句之歌，高祖《大風歌》是也。古《華山畿》二十五首，多三句之詞。其他古人之詩，多如此者。有四句之歌，❷荆卿《易水歌》是也。又古詩有青驄白馬共戲樂、女兒子之類，皆四句之詞也。有一句之歌。《漢書》「枹鼓不鳴董少年」，❸一句之歌。❹又漢童謡「千乘萬騎上北邙」，梁童謡「青絲白馬壽陽來」，皆一句也。有口號，或四句，或八句。有歌行，古有鞠歌行、放歌行、長歌行、短歌行，❺又有單以歌名、行名者，不可枚述。有樂府，漢成帝定郊祀，立樂府，採齊楚趙魏之聲，以入樂府。以其音詞可被于絃歌也。樂府俱被衆體，兼統衆也。有楚詞，屈原巳下倣楚詞者皆謂之楚歌。有琴操，古有《水仙操》，辛德源所作。❻《别鶴操》，商陵牧子所作。❼有謡，沈炯有《獨酌謡》。王昌齡有《空篌謡》。穆天子之傳有《白雲謡》也。曰吟，古詞有《隴頭吟》。孔明有《梁父吟》。相如有《白頭吟》。曰詞，《選》有漢武《秋風詞》，樂府有《木蘭詞》。曰引，古曲有《霹靂引》、《走馬引》、《飛龍引》。曰詠，《選》有《五君詠》、唐儲光羲有《群鴻詠》。曰曲，古有《大堤曲》、梁簡文有《烏棲曲》。曰篇，《選》有《名都篇》、《京洛篇》、《白馬篇》。曰唱，魏武

❶「一」字原缺，據《滄浪詩話》補。
❷「四句之歌」，《滄浪詩話》作「兩句之歌」，下小字「四句之詞」作「兩句之詞」。
❸「年」，《後漢書》卷七十七《董宣傳》作「平」。宣字少平。
❹「歌」下《滄浪詩話》有「也」字。
❺「短歌行」原缺「行」字，據《滄浪詩話》補。
❻「作」字原缺，據《滄浪詩話》補。
❼「商」原作「高」，據《滄浪詩話》改。

帝有《氣出唱》。曰弄，古樂府有《江南弄》。曰長調、短調。四聲，八病。❶四聲設于周顒，八病嚴于沈約。八病謂平頭、上尾、蜂腰、鶴膝、大韻、小韻、旁紐、正紐之辨。❷作詩正不必拘此，❸蔽法不足據也。又有以嘆名者，古詞有《楚妃嘆》、《明君嘆》。❹以愁名者，《文選》有《四愁》，樂府有《獨處愁》。以哀名者，《選》有《七哀》，少陵有《八哀》。以怨名者，古詞有《寒夜怨》、《玉階怨》。以思名者，太白有《静夜思》。以樂名者，齊武帝有《估客樂》，宋臧質有《石城樂》。以别名者。子美有《無家别》、《垂老别》、《新婚别》。有全篇雙聲疊韻者，東坡「經字韻」詩是也。有全篇字皆平聲者。天隨子《夏日詩》四十字皆是平，又有一句全平，一句全仄者。有全篇字皆仄聲者。梅聖俞《酌酒與婦飲》之詩是也。有律詩上下句雙用韻，第一句、第三五七句押一仄韻。第二句，第四六八句押一平韻者。唐章碣有此體。不足爲法，謾列于此，以備其體耳。又有四句平入之體、四句仄入之體，無關詩體，今皆不取。有轆轤韻者，雙出雙入。有進有退韻者，一進一退。有古詩一韻兩用者，《文選》曹子建《美女篇》有兩「難」字，謝康樂《述祖德詩》有兩「人」字，後多有之。有古詩一韻三用者，《文選》任彦昇《哭范僕射》，三用「情」字也。有古詩三韻六七用者，古《焦仲卿妻詩》是也。有古詩重用二十許韻者，《焦仲卿妻詩》是也。有古詩旁取六七許韻者，韓退之「此日足可惜」篇是也。凡雜用東冬江陽庚清六韻。歐陽公謂退之遇寬韻則故旁入他韻，非也。此乃用古韻耳，于《集韻》自見之。有古詩全不押韻者，古《採蓮曲》是也。有律詩至百五十韻者，❺少陵有古韻律詩，白樂天亦有之，而宋朝王黄州有百五十韻五言韻。有律詩止三韻者。唐人有六句五言律，如李益詩「漢家今上郡，秦塞古長城。有日雲常慘，無風沙自驚。當今天子聖，不戰四方平」是也。

❶「四聲，八病」，《滄浪詩話》作「有四聲，有八病」。
❷「正」上原衍「韻旁紐」三字，據《滄浪詩話》删。
❸「不必拘」原缺，據《滄浪詩話》補。
❹「明君」下原衍「有」字，據《滄浪詩話》删。
❺「律詩」原缺「詩」字，據《滄浪詩話》補。

有律詩徹首尾對者，少陵多此體，不可概舉。有律詩徹首尾不對者。盛唐諸公有此體，如孟浩然詩：「挂席東南望，青山水國遥。舳艫争利涉，往來接風潮。問我今何適，天台訪石橋。坐看霞色晚，疑是石城標。」又「水國無邊際」之篇，又太白「牛渚西江夜」之篇，❶皆文從字順，音韻鏗鏘，八句皆無對偶。有後章字接前章者，曹子建《贈白馬王彪》之詩是也。有四句通義者。如少陵「神女峰娟妙，昭君宅有無。曲留明怨惜，夢盡失歡娱」是也。有絶句折腰者，有八句折腰者。有擬古，有連句，有集句，有分題。古人分題，或各賦一物，如云送某人分題得某物也，或曰探題。有分韻，有用韻，有和韻，有借韻，如押七支韻，可借八微，或十二齊韻是也。有協韻，《楚詞》及《選》詩多用協韻。有今韻，有古韻。如退之《此日足可惜》詩，用古韻也，蓋《選》詩多如此。有古律，陳子昂及盛唐諸公多此體。有今律。有頷聯，有頸聯，有發端，有落句。結句也。有十字對，劉眘虚「滄浪千五里，日夜一孤舟」。有十字句，常建「一徑通幽處，禪房花木深」等是也。有十四字對，劉長卿「江客不堪頻北望，塞鴻何事又南飛」是也。有十四字句。崔顥「黄鶴一去不復返，白雲千載空悠悠」，又太白「鸚鵡西飛隴山去，芳州之樹何青青」是也。有扇對，又謂之隔句對。如鄭都官「昔年共照松溪影，松折碑荒僧已無。今日還思錦城事，雪消花謝夢何如」。蓋以第一句對第三句也，❷第二句對第四句也。有借對，孟浩然「厨人具雞黍，稚子摘楊梅」，太白「水春云母碓，風掃石楠花」，少陵「竹葉于人既無分，菊花從此不須開」是也。有就句對。又曰當句有對，如少陵「小院迴廊春寂寂，浴凫飛鷺晚悠悠」，李嘉祐「孤雲獨鳥川光暮，萬里千山海氣秋」是也。前輩于文，亦多此體。如王勃「龍光射斗牛之墟，徐孺下陳蕃之榻」，乃就對也。論雜體則風人，上句述其語，下句釋其義。如古《子夜歌》、《續曲歌》之類，則多用此體。藁砧，古樂府「藁砧今何在，山上復安山。何當大刀頭，破鏡飛上天」，僻辭隱語也。古雜俎，見樂府。兩頭纖纖，亦見樂府。盤中，《玉臺集》有此詩，蘇伯玉妻作，寫之盤中，屈曲成文也。迴文，起于竇滔之妻，織

❶「西江」原作「江西」，據《滄浪詩話》改。

❷「蓋」上原衍「是」字，據《滄浪詩話》删。

錦以寄其夫也。反覆，舉一字而誦，皆成句，無不押韻，反復成文也。李公《詩格》有此二十字詩。離合。字相析合成文，孔融「魚父屈節」之詩是也。雖不關詩之重輕，其體製亦古。建除，鮑明遠有《建除詩》，每句首冠以「建除平定」等字，其詩雖佳，蓋鮑本工詩，非因建除之體而佳也。字謎，人名，卦名，數名，藥名，州名。如此語只成戲謔，不足法也。又有六甲十屬之類，及藏頭歇後等體。今皆削之，近世有李公《詩格》，泛而不備，惠洪《天厨禁臠》，最爲誤人。❶今此卷有旁參二書者，蓋其是處不可易也。

## 詩法

學詩先除五俗。一曰俗體，二曰俗意，三曰俗句，四曰俗字，五曰俗韻。有語忌，有語病。語病易除，語忌難除。語病古人亦有之，惟語忌則不可有。須是本色，須是當行。對句好可得，結句好難得，發句好猶難得。發端忌作舉止，收拾貴在出場。不必太著題，不必多使事。押韻不必有出處，用事不必拘來歷。下字貴響，造語貴圓。意貴透徹，不可隔靴搔痒。語貴脱洒，不可拖泥帶水。最忌骨董，最忌趁貼。語忌直，意忌淺，脉忌露，味忌短，音韻忌散緩，亦忌迫促。詩難處在結果，譬如番刀，須用北人結裹，若南人便非本色。須參活句，勿參死句。詞氣可頡頏，不可乖戾。律詩難于古詩，絶句難于八句，七言律難于五言律，五言絶句難于七言絶句。學詩有三節：其初不識好惡，連篇累牘，肆筆而成；既識羞愧，始生畏縮，成之極難；及其透，則七縱八横，信手拈來，頭頭皆是道矣。看詩須着金剛眼睛，庶不眩于旁門小法。辨家數如辨蒼白，方可言詩。荆公評文章，先體製而後文之工拙。❷詩之是非不必争，試以己詩置之古人詩中，與識者視之，而不能

❶「人」下原衍「本」字，據《滄浪詩話》刪。

❷「先」下原衍「生」字，據《滄浪詩話》刪。

辨，則真古人矣。

## 詩評

大曆已前，分明别是一副言語；晚唐，分明别是一副言語；宋朝諸公，分明别是一副言語；如此見方許具一雙眼。盛唐人有似粗而非粗處，有似拙而非拙處。五言絶句，衆唐人是一樣，少陵是一樣，韓退之是一樣，王荆公是一樣，宋朝諸公是一樣。盛唐人詩亦有一二濫觴晚唐者，晚唐人詩亦有一二可入盛唐者，要當論其大概耳。唐人與宋朝人詩未論工拙，直是氣象不同。唐人命題言語亦自不同，褾古人之集而觀之，不必見詩，望其題引，而知其爲唐人今人矣。大曆之詩，高者尚未失盛唐，下者漸入晚唐矣。晚唐之下者，亦墮野狐外道鬼窟中。或問唐詩何以勝宋朝，唐以詩取士，故多專門之學。宋朝之詩所以不及也。詩有詞理意興，南朝人尚詞而病于理，宋朝人尚理而病于意興，唐人尚意興而理在其中，漢魏之人，詞理意興無迹可求。漢魏古詩，氣象混沌，難以句摘。晉以還，方有佳句。如淵明「採菊東籬下，悠然見南山」，謝靈運「池塘生春草」之類。謝所以不及陶者，康樂之詩精工，淵明之詩質而自然耳。謝靈運之詩，無一篇不佳。黄初之後，惟阮籍《詠懷》之詩，極爲高古，有建安風骨。晉人舍淵明阮嗣宗外，惟左太冲高出一時，陸士衡獨在諸公之下。顔不如鮑，鮑不如謝，文中子獨取顔非也。建安之作，全在氣象，不可尋枝摘葉。靈運之詩，已是徹首徹尾成對句矣，是以不及建安也。謝朓之詩，已有全篇似唐人者，當觀其集方知之。戎昱在盛唐爲最下，已濫觴晚唐矣。戎昱之詩，有絶似晚唐者。權德輿之詩，却有絶似盛唐者。權德輿或有似韋蘇州劉長卿處。冷朝陽在大曆才子中爲最下。馬戴在晚唐諸人之上。劉滄吕温亦勝諸人。李涉不全是晚唐，間有似劉隨州處。陳陶之詩，在晚唐人中最無可觀。薛逢最淺俗。大曆以後，吾所深取者，李長吉柳子厚劉言史權德輿李涉李益耳。大曆後劉夢得之絶句，張籍王建之樂府，吾所深取耳。李杜二公，正不當優劣。太白有一二妙處，子美不能道。子美有一二妙處，太白不能作。子美不能爲太白之飄逸，太白不能爲子美之沉鬱。❶太白《夢遊天姥吟》、《遠離别》等，❷子美不能道，子美《北征》、《兵車行》、《垂老别》等，太白不能作。論詩以李杜爲準，挾天子以令諸侯也。少陵詩法如孫吴，太白詩法如李廣，少陵如節制之師。少陵詩憲章漢魏，而取材于六朝，至其自得之妙，則前輩所謂集大成者也。觀太白詩者，要識真太白處。太白天才豪逸，語多卒然而成者，學者于每篇中，要識其安身立命可也。太白發句，謂之開門見山。李杜數公，如金鳷擘海，香象渡河，下視郊島輩，直蟲吟草間爾。人言太白仙才，長吉鬼才，不然。太白天仙之詞，長吉鬼仙之詞爾。玉川之怪，長吉之瑰詭，天地間自欠此體不得。高岑之詩悲壯，讀之使人感慨。孟郊之詩刻苦，讀之使人不懽。《楚詞》惟屈宋諸篇當讀之，外惟賈誼《懷長沙》，淮南王《招隱》操，嚴夫子《哀時命》宜熟讀，此外亦不必也。《九章》不如《九歌》，《九歌》、《哀郢》尤妙。❸前輩謂《大招》勝《招魂》，不然。讀《騷》之久，方識真味。須歌之抑揚，涕洟滿襟，然後爲識《離騷》。否則如戛釜撞甕爾。唐人惟柳子厚深得《騷》學，退之李觀皆所不及，若皮日休《九諷》，不足爲騷。韓退之之《琴操》極高古，正是本色，非唐賢所及。釋皎然之詩，在唐諸僧之上。唐詩僧有法震、法照、無可、護國、靈一、清江、無本、齊己、貫休也。集句荆公最長。《胡笳十八拍》混然天成，絶無痕迹，如蔡文姬肺肝間流出。擬古惟江文通最長，擬淵明似淵明，❹擬康樂似康樂，

❶「不能爲子美之沉鬱」原缺「爲」字，據《滄浪詩話》補。

❷「遠離别」，《滄浪詩話》作「遠别離」。

❸《哀郢》屬《九章》，此處疑有舛誤。

❹「似淵明」原缺「明」字，據《滄浪詩話》補。

擬左思似左思，擬郭璞似郭璞，獨擬李都尉一首，不似西漢耳。惟謝康樂擬鄴中諸子之詩，亦氣象不類。至于劉玄休擬《行行重行行》等篇，鮑明遠《代君子有所思》之作，仍是其自體耳。和韻最害人詩，古人酬唱，不次韻，此風始盛于元白皮陸。宋朝諸賢，乃以此而鬥工，❶遂至往復有八九和者。孟郊之詩，憔悴枯槁，其氣局促不伸，退之許之可乎？詩道本正，大郊自爲之艱阻耳。❷孟浩然之詩，諷詠之久，有金石宫商之聲。唐人七言律詩，當以崔灝《黄鶴樓》爲第一。唐人好詩，多是征戍、遷謫、行旅、離别之作，往往能感動激發人意。蘇子卿詩：「幸有絃歌曲，可以喻中懷。請爲遊子吟，泠泠一何悲。絲竹厲清聲，慷慨有餘哀。長歌正激烈，中心愴以摧。欲展清商曲，念子不能歸。」今人觀之，必以爲一篇重復之甚。豈特如蘭亭「絲竹官絃」之語耶。古詩正不當以此論之也。任昉《哭范僕射》詩，一首中凡兩用「生」字韻，三用「情」字韻。「夫子值狂生」，「千齡萬恨生」，猶是兩義。「猶我故人情」，「生死一交情」，「欲以遣離情」，三情字皆用一意。《天厨禁臠》謂：平韻可重押，若或平或仄則不可。但彼以《八仙歌》言之耳，❸何見之陋耶！詩話謂東坡兩「耳」韻不同，故可重押，要之亦非也。劉公幹《贈五官中郎將》詩：「昔我從元后，整駕至南鄉。過彼豐沛都，與君共翱翔。」元后蓋指曹操也。至南鄉謂伐劉表之時，豐沛都喻操譙郡也。王仲宣《從軍》詩云：「籌策運帷幄，一由我聖君。」聖君亦指操也。又曰：「竊慕負鼎翁，願厲朽鈍姿。」是欲效伊尹負鼎于湯以伐桀也。是時漢帝尚存，而二子之言如此，一曰元后，二曰聖君，正與荀彧比曹操爲高光同科。或以公幹平視美人爲不

❶「鬥」原作「盡」，據《滄浪詩話》改。
❷「大」，《滄浪詩話》作「孟」。
❸「但彼」，《滄浪詩話》作「彼但」。

屈，是未爲知人之論，《春秋》誅心之法，二子其何逃？古人贈答多相勉之詞，蘇子卿云：「願君崇令德，❶隨時愛景光。」李少卿云：「努力崇明德，皓首以爲期。」劉公幹云：「勉哉脩令德，北面自寵珍。」杜子美云：「君若登台輔，臨危莫愛身。」往往是此意。有如高達夫《贈王徹》云：「吾知十年後，季子多黄金。」金多何足道，又甚于以名位期人者，此達夫偶然漏逗處也。

## 考證

少陵與太白，獨厚于諸公，詩中凡言太白十四處。至謂「世人皆欲殺，吾意獨憐才」；「醉眠秋共被，携手日同行」；「三夜頻夢君，情深見君意」，其情好可想。《遯齋閑覽》謂二人名既相逼，不能無相忌，是以庸俗之見而度賢哲之心也，予故不得不辨。

《古詩十九首》，非止一人之詩也。《行行重行行》，《樂府》以爲枚乘之作，則其他可知矣。《古詩十九首》、《行行重行行》，《玉臺》作兩首，自「越鳥巢南枝」以下别爲一首，當以《選》爲正。《文選》長歌行又有一首《青青園中葵》者，郭茂倩《樂府》有兩篇，次一首乃《仙人騎白鹿》之篇，予疑此詞「岧岧山上亭」以下，其義不同，當又别是一首，郭茂倩不能辨也。《文選·飲馬長城窟》古詞，無人名，《玉臺》以爲蔡邕作。古詞之不可讀者，莫如《巾舞歌》，文義漫不可解。又古《將進酒》、《芳樹》、《石留》、《豫章行》等篇，皆使人讀之茫然。又《朱鷺》、《稚子斑》、《艾如張》、《思悲翁》、《上之回》等只二三句可解，豈非歲久文字舛訛而然耶！《木蘭歌》「促織何唧唧」，《文苑英華》作「唧唧何切切」，又作「歷歷」，《樂府》作「唧唧復唧唧」，又作「促織何唧唧」，

❶「願君崇令德」原作「願崇修令德」，據《滄浪詩話》改。

當從《樂府》也。「顧馳千里足」，郭茂倩《樂府》作「顧借明駝千里足」，《酉陽雜俎》作「顧馳千里明駝足」，漁隱不考，妄爲之辨。《木蘭歌》最古，然「朔氣傳金柝，寒光照鐵衣」之類，已似太白。非漢魏人詩也。《木蘭歌》，《文苑英華》直作韋元韋名字，❶郭茂倩《樂府》有兩篇，其後篇乃元甫作也。班婕妤《怨歌行》，《文選》直作班姬之名，《樂府》以爲顏延年作。孔明《梁父吟》：「步出齊東門，遥望蕩陰里。」《樂府解題》作「遥望陰陽里」。青州有陰陽里。「田彊古冶子」，《解題》作「田彊固野子」。南北朝人，惟張正見詩最多，而最無足省發，所謂「雖多亦奚以爲」。《西清詩話》載晁文元家所藏陶詩，有《問陶使》一篇，❷云：「爾從山中來，早晚發天目；我屋南山下，今生幾叢菊？薔薇葉已抽，秋蘭氣當馥。歸去山中來，山中酒應熟。」予謂此篇誠佳，然其體製氣象，與淵明不類，得非太白逸詩，後人謾取以入陶集爾？《文苑英華》，有太白《代寄翁參樞先輩》七言律一首，乃晚唐之下者。又有五言律三首，其一《送客歸吴》，其二《送友生遊峽中》，其三《送袁明甫任長江》，集本皆無之。其家數在大曆貞元間，亦非太白之作。又有五言《雨後望月》一首，《對雨》一首，《望夫石》一首，《冬日歸舊山》一首，皆晚唐之語。又有「秦樓出佳麗」四句，亦不類太白，皆是後人假名也。《文苑英華》有《送史司馬赴崔相公幕》一首云：「崢嶸丞相府，清切鳳凰池。羨爾瑶臺鶴，高棲瓊樹枝。歸飛晴日好，吟弄惠風吹。正有乘軒樂，初當學舞時。珍禽在羅網，微命若遊絲。願托周周羽，相御漢水湄。」此或太白之逸詩也。不然亦是盛唐人之作。《太白集》中《少年行》只有數句類太白，其他皆淺近俗浮，決非太白所作，必誤入也。「迎旦東風騎蹇驢」絶句，決非盛唐人氣象，只似白樂天言語。今世俗圖畫以爲少陵詩，漁

❶「作韋元韋名字」，《滄浪詩話》作「作韋元甫名字」。

❷「問陶使」，《滄浪詩話》作「問來使」。

隱亦辨其非矣，而黃伯思編入《杜集》，非也。少陵有《避地》逸詩一首云：「避地歲時晚，竄身筋骨勞。詩書遂牆壁，奴僕且旌旄。行在僅聞信，此生隨所遭。神堯舊天下，會見出腥臊。」題下公自註云：「至德三年丁酉作」，此則真少陵語也。今書市集本並不見有。舊蜀本杜詩並無註釋，雖編年而不分古近二體，其間畧有公自註而已。今豫章庫本以爲翻鎮江蜀本，雖分雜註，又分古律，其編年亦且不同。近寶慶間，南海漕臺開《杜集》，亦以爲蜀本，雖刪去假坡之註，亦有王原叔以下九家，而趙註比他本最詳，皆非舊蜀本也。《杜集》註中「坡曰」者，皆是托名假爲。漁隱雖常辨之，而人尚疑者，蓋無至當之説以指其僞也。今舉一端，將不辨而自明矣。如「楚岫八峰翠」，註云：「景差《蘭亭春望》：『千峰楚岫碧，萬木郢城陰。』」且五言始于李陵蘇武，或云枚乘，漢以前五言古詩尚未有之，寧有戰國時已有五言律句耶？觀此可以一笑而悟矣。雖然，亦幸而有此漏逗也。杜註中「師曰」者亦「坡曰」之意。但其間半僞半真，尤爲殽亂惑人，此深可嘆。然具眼者自默識之耳。崔灝《渭城少年行》，《百家選》作兩首。自「秦川」以下別爲一首。郭茂倩《樂府》止作一首，《文苑英華》亦止作一首。當從《樂府》、《英華》爲是矣。玉川子「天下薄夫苦耽酒」之詩，荆公《百家詩選》止作一篇。本集自「天上白日悠然懸」以下別爲一首，當從荆公爲是。太白詩：「斗酒渭城邊，壚頭耐醉眠。」乃岑參之詩，誤入。太白《塞上曲》，「騮馬新誇紫玉鞍」者，乃王昌齡之詩，亦誤入。昌齡本有二篇，前集乃「秦時明月漢時關」也。孟浩然有《贈孟郊》一首，按東野乃貞元、元和間人，而浩然終于開元二十八年，時代懸遠，其詩亦不似浩然，必誤入。杜詩：「五雲高太甲，六月曠摶扶。」太甲之義殆不可曉。得非高太乙耶？乙爲甲蓋亦相近，以星對風，亦從其類也。至于「杳杳東山携漢妓」，亦無義理，疑是「携妓去」。蓋子美每于絶句喜對偶耳，臆度如此，更俟宏識。王荆公《百家詩選》，蓋本于唐人《英靈》、《間氣集》。其初，明皇、德宗、薛稷、劉希夷、韋述之詩，無少增減，次序亦同。孟浩然止增其數，儲光羲後，方是荆公自去取。前卷讀之盡佳，非其選擇之精，蓋盛唐詩無不可觀者。至于大曆已後，其去取深不滿人意，况唐人如沈、宋、王、楊、盧、駱、陳拾遺、張燕公、張曲江、賈至、王維、獨孤及、韋應物、孫逖、祖詠、劉眘虚、綦毋潛、劉長卿、李長吉諸公，皆大名家，李、杜、韓、柳以家有其集，故不載，而此集無之，荆公當時所選，當據宋次道之所有耳。其序乃言「觀唐詩者，觀此足矣」，豈不誣哉？今人但以荆公所選，斂衽而莫敢議，可嘆也！荆公有一家但取一二首而不可讀者，如曹唐二首。其一首云：「年少風流好丈夫，大家望拜漢金吾。閑眠曉日聽啼鳩，笑倚春風仗轆轤。深院吹笙從漢婢，静街調馬任夷奴。牡丹花下鈎簾畔，獨倚紅肌捋虎鬚。」此不足以書屏障，可以與閭巷小人文背之詞。又《買劍》一首云：「青天露拔雲霓泣，黑地潛驚鬼魅愁。」但可與師巫念誦也。予嘗見《方子通墓誌》：「唐詩有八百家，子通所藏有五百家。」今則世不見有，惜哉！

柳子厚「漁翁夜傍西巖宿」之詩，東坡删去後二句，使子厚復生，亦必心服。謝朓「洞庭張樂地，瀟湘帝子遊。雲去蒼梧野，水還江漢流。停驂我悵望，輟棹子夷猶。廣平聽方籍，茂陵將見求。心事俱已矣，江上徒離憂」。予謂「廣平聽方籍，茂陵將見求」一聯删去，只用八句，尤爲渾然，不知識者以爲何如？

## 詩議

明文成公劉基曰：「詩學亦難言矣，然大要不越三百篇之旨，或興或賦或比，而分途則美刺兩端耳。美不貴腴，腴近諂；刺不貴激，激近暴。諂者喪氣節，暴者干罪戾，安在其爲性情之正哉！故善宗三百篇者于詩義則思過半矣。」

又曰：「詩貴有節音，語不中宮商者，意雖工終滯人唇吻也，非盡善之道。」

明學士解縉曰：「作詩有一聯平淡，便要有一聯味參差，凑合而成。若一概平常，漫無意味可詠，殊令觀者厭目。」

又曰：「詩在相體，不可一律而論。有宜含蓄者，則意常厚；有宜豪放者，則意當發露；有宜莊重者，則語當痛快；有宜輕逸者，則語當流麗。」

明學士方孝孺曰：「作詩最重丰致，意欲圓，語欲活，氣欲流暢。藏深思于寓言之中，發天趣于模題之外可也。」

明學士楊士奇曰：「詩之氣勢最忌斷續，如領聯與起句不接，腹聯與領聯不接，結句又與前聯不相管攝，便非詩也。作者須一氣呵成，貫珠而下，不露痕迹方妙。」

明狀元林環曰：「詩重琢句，尚矣。然面君之詩不在字句間争奇，顛倒錯亂之語，怪僻不經之字，最宜剪削。惟平心和氣，婉語深思，委曲詳明，庶得人臣以正告君之義。」

又曰：「説主上字眼不可借物來對，恐致輕主之罪。廟號國諱不可輕犯，又或時事大謬爲臣子不忍明言者，不可直寫，以正直之心作忠厚之詞，庶不失風人之本意。」

明學士商輅曰：「詩在托物寓言，然最忌譏誚，必得微詞婉諷之意，使知之者不爲無益，即不知亦非所以取禍，則善矣。」

明文莊公丘濬曰：「作詩須先得意，意得則詞自達，韻自恊，篇自易成。若漫不立意，而徒致飾于字句之間，則不入于割裂，即入于補綴，未善也。」

明編脩唐順之曰：「《詩學大成》一書爲作者之入門。初學者于此書詳觀熟玩其事迹，接其成句，按其韻律，化而裁之，于詩無苦難矣。」

明宗伯瞿景淳曰：「作詩不過情景二字，情景兼者爲上，偏到者次之。」

明司寇王鳳州曰：「詩家最難得者氣象，而氣象則各以類殊，作者須折題而通之，又會題而通之。如翰苑題寫出翰苑氣象。此會題而通之乃人所難也，學者須默識焉。」

詩有三體

有竅、有骨、有髓。以聲律爲竅，以物象爲骨，以意格爲體。

詩有四格

十字句格。十四句格。五雙字句格。抝背字格。

詩有四鍊

鍊字、鍊句、鍊意、鍊格。鍊句不如鍊字；鍊字不如鍊意；鍊意不如鍊格。

詩有五忌

格弱、字俗、才浮、理短、意雜。

格弱則詩不老；字俗則詩不清；才浮則詩不雅；理短則詩不深；意雜則詩不純。

詩有八病

平頭、上尾、蜂腰、鶴膝、大韻、小韻、旁紐、正紐。

平頭者，第一字不得與第六字同聲，❶第二字不得與第七字同聲。❷如「今日良宴會，歡樂難具陳」，「今」、「歡」字同聲，「日」、「樂」字同聲。

上尾者，第五字不得與第十字同聲。如「西北有高樓，上與浮雲齊」，「樓」、「齊」字同聲。

蜂腰，第二字不得與第五字同聲，兩頭大、中心細，似蜂腰也。如「聞君愛我甘，切欲自脩飾」，「君」、「甘」平聲，「欲」、「飾」皆入聲。

鶴膝者，第五字不得與十五字同聲，所以兩頭細，中心麁，如鶴膝也。如「客從遠方來，遺我一書札，上言長相思，下言久離別」，「來」、「思」皆平聲也。若一句舉其法，首尾須避之，第三字不得與第五字相犯，第五字不得與第七字相犯。

大韻者，重疊相犯。如五言詩以「新」字爲韻者，九字内若用「津」、「人」字爲大韻。如「胡姬年十五，春日正當鑪」，同聲也。

小韻者，除本韻外九字中不得有兩字同韻。如「客子已乖離，那宜遠相送」即是大韻，「子」與「已」同聲，「離」與「宜」同聲。小韻五字内最急，九字内較緩。

正紐者，「壬」、「紝」、「任」、「入」一紐，一句内有「任」字，更不得犯「紝」、「任」、「入」字也。如「我本漢家女，來嫁單于庭」，「家」與「嫁」二字係正紐也。

旁紐者，五言詩一句中有「月」字，更不可用「元」、「阮」、「願」字，此是雙聲，即旁紐也。五字中急，十字

❶「第一字」原缺「字」字，據《詩法》卷四補。

❷「得」字原缺，據《詩法》卷四補。

稍緩。旁紐者緣聲而來相忤也。然字從連韻而紐，故相參也。若「今」、「錦」、「禁」、「急」與「陰」、「飲」、「蔭」、「邑」是連韻紐之也。若「今」與「飲」，「陰」與「錦」，此旁會與之相參。如「丈人且安坐，梁陳將欲起」，「丈」、「梁」二字係旁紐也。

已上八種惟上尾、鶴膝最忌，餘病亦皆通。

## 詩準繩

### 立意

要高古渾厚，有氣概。要沉着，忌卑弱淺陋。

### 鍊句

要雄偉清健，有金石聲。

### 琢對

要寧粗毋弱，寧拙無巧，寧朴無花，忌俗野。

### 寫景

景中含意，事中瞰景，要細密清淡，忌庸腐雕巧。

### 寫意

要意中帶景，議論發明。

### 書意

大而國事，小而家事，身事，心事。

用事

陳古諷今，因彼證此，不可着迹，只使影子可也。雖死事亦當活用。

下字

或在腰，或在膝，在足，最要精思，宜的當。

押韻

押韻穩健，則一句有精神，如柱礎欲其堅牢也。

五言古詩

五言古詩，或比起，或興起，或賦起。須要寓意深遠，託辭温厚，反覆優游，雍容不迫。或感古懷今，或懷人傷己，或瀟洒閑適。寫景要雅淡，推人心之至情，懷感慨之微意，悲歡含蓄而不傷，❶美刺婉曲而不露，要有三百篇之遺意方是。❷觀漢、魏古詩，藹然有感動人處，如《古詩十九首》，皆當熟讀玩味，自見其趣。

七言古詩

七言古詩，要鋪敘，要有開闔，有風度。要迢遞險怪，雄峻鏗鏘，忌庸俗軟腐。須是波瀾開合，如江海之波，一波未平，一波復起。又如兵家之陣，方以爲正，又復爲奇。方以爲奇，又復是正。出入變化，不可紀極。備此法者，惟李、杜也。開合燦然，音韻鏗然，法度森然，神思悠然，學問充然，議論超然。

❶「歡」原作「慨」，據《詩法》卷三改。

❷「遺意方是」原作「微意方見」，據《詩法》卷三改。

絶句

絶句之法，要婉曲回環，删蕪就簡，絶句而意不絶，多以第三句爲主，而第四句發之。有實接，有虚接，承接之間，開與合相關，反與正相依，順與逆相應，一呼一吸，宫商自諧。大抵起承二句固難，然不過平直叙起爲佳，從容承之爲是。至如宛轉變化工夫，全在第三句，若于此轉變得好，❶則第四句如順流之舟矣。

榮遇

榮遇之詩，要富貴尊嚴，❷典雅温厚。寫意宜閒雅，美麗清細。

諷諫

諷諫之詩，要感事陳辭，忠厚懇惻。諷諭甚切而不失性情之正，觸物傷感而無怨對之辭。雖美實刺，此方爲有益之言也。

登臨

登臨之詩，不過感今懷古，寫景嘆時，思國懷鄉，瀟灑遊適，或譏刺歸美，有一定之法律也。中間宜寫四面所見山川之景，庶幾移不動。❸第一聯指所題之處，宜叙説起。第二聯合用景物實説。第三聯合説人事，或感嘆古今，或議論，却不可用硬事。或前聯先説事感嘆，則此聯寫景亦可，但不可兩聯相同。第四聯就題生意發感慨，❹繳前二句，或説何時再來。

❶「此」字原缺，據《詩法》卷三補。
❷「尊」上原衍「貴」字，據《詩法》卷三删。
❸「移不動」，《詩評密諦》卷二作「移動不得」。
❹「生」，《詩法》卷三作「主」。

征行

征行之詩，要發出悽愴之意，哀而不傷，怨而不亂。要發興以感其事，觸物寓情方可。若傷亡悼屈，一切哀怨，吾無取焉。

贈別

贈別之詩，當寫不忍之情，方見襟懷之厚。然亦有數等，如別征戍，則寫死別，而勉之效忠。送人遠遊，則寫不忍別，而勉之及時早回。送人仕宦，則寫喜別，而勉之憂國恤民，或訴己窮居而望其薦拔，如杜公惟待吹噓送上天之説是也。

咏物

咏物之詩，要託物以伸意。要二句咏狀寫出，忌極雕巧。第一聯須合直説題目，明白物之出處方是。

讚美

讚美之詩，多以慶喜頌禱期望爲意，貴乎典雅渾厚，用事宜的當親切。

賡和

賡和之詩，當觀原詩之意如何。以其意和之，則更新奇。要造一兩句雄健壯麗之語，方能壓倒元、白。若又隨原詩脚下走，則光彩不足觀。其結句當歸著其人方得體。有就中聯歸着者，亦可。

哭挽

哭挽之詩，要情真事實。于其人情義深厚則哭之，無甚情分，則挽之而已矣。當隨行實作，要切題，使人開口讀之，便見哭挽某人方好。中間要隱然有傷感意。

總論

詩體三百篇，流爲《楚詞》，爲樂府，爲《古詩十九首》，爲蘇、李五言，爲建安、黄初，此詩之祖也。《文選》劉琨、阮籍、潘、陸、左、郭、鮑、謝諸詩，淵明全集，此詩之宗也。老杜全集，詩之大成也。

詩口訣

三不可

危稹逢吉曰：詩不可强作，不可徒作，不可苟作。强作則無意，徒作則無益，苟作則無功。驪唐文集

八句法

方回言，學詩于前輩，得八句法：平澹不流于淺俗；奇古不鄰于怪僻；題詠不窘于物象；叙事不病于聲律；比興深者通物理；用事工者如己出；格見于成篇，渾然不可鐫；氣出于言外，浩然不可屈。盡心于詩，守此勿失。王直方

四不下八條並釋皎然述

氣高而不怒，力勁而不犯，情多而不暗，才贍而不疎。

四深

氣象氛氲，由深于體執；意度盤薄，由深于作用；用律不滯，由深于聲對；用事不直，由深于義類。

二要

要力全而不苦澁，要氣足而不怒張。

二廢

雖欲廢巧尚直，而神思不得直；雖欲廢言尚意，而典麗不得遺。

四離

欲道情而離深僻，欲經史而離書生，欲高逸而離闊遠，欲飛動而離輕浮。❶

六迷

以虛大爲高古，以緩慢爲淡佇，以詭怪爲新奇，❷以錯用意爲獨善，以爛熟爲穩約，以氣劣弱爲容易。

七至

至險而不僻；至奇而不怪；至苦而無跡；至近而意遠；至放而不遷；至難而狀易；至麗而自然。

七德

識理、高古、典麗、風流、精神、質幹、體裁。

三多

歐公謂爲文有三多：看多、做多、商量多。僕于詩亦云。

三偷

詩有三偷：偷語最是鈍賊，如傅長虞「日月光太清」，陳主「日月光天德」是也。偷意事雖可罔，情不可原。如柳渾「太液微波起，長楊高樹秋」，沈佺期「小池殘暑退，高樹早涼歸」是也。偷執才巧意精，各無朕迹，蓋詩人偷狐白裘手也。如嵇康「目送歸鴻，手揮五絃」，王昌齡「手携雙鯉魚，目送千里雁」是也。李叔《詩

❶「而離輕浮」原缺，據《詩人玉屑》卷五補。

❷「怪」，《詩人玉屑》卷五作「差」，下「不怪」作「不差」。

苑類格》❶

十難下四條並陳永康《吟窗雜録序》❷

一曰識理難，二曰精神難，三曰高古難，四曰風流難，五曰典麗難，六曰質幹難，七曰體裁難，八曰勁健難，九曰耿介難，十曰悽切難。

十易

氣高而易怒，力勁而易露，情多而易暗，才贍而易疎，道情而易僻，思深而易澁，放逸而易迂，飛動而易浮，新奇而易怪，容易而易弱。

十戒

一戒乎生硬，二戒乎爛熟，三戒乎差錯，四戒乎直置，五戒乎妄誕，六戒乎綺靡，七戒乎蹈襲，八戒乎濁穢，九戒乎砌合，十戒乎俳諧。

十貴

一貴乎典重，二貴乎抛擲，三貴乎出塵，四貴乎瀏亮，五貴乎縝密，六貴乎雅淵，七貴乎温蔚，八貴乎宏麗，九貴乎純粹，十貴乎瑩净。

二十四名

❶「叔」，《詩人玉屑》卷五作「淑」。
❷「康」字原缺，據《詩人玉屑》卷五補。

詩訖于周，離騷訖于楚，是後詩人，流爲二十四名：賦、頌、銘、贊、文、誄、箴、詩、行、咏、❶吟、題、怨、嘆、篇、章、操、引、謡、謳、歌、曲、詞、調。自操而下八名，皆是起于郊祭、軍賓、吉凶、苦樂。由詩而下九名，皆屬事而作，雖題號不同而悉謂之詩。《元稹集》

## 唐人句法

### 朝會

閶闔開黄道，衣冠拜紫宸。杜甫

退朝花底散，歸院柳邊迷。杜甫《晚出左掖》

碧霄傳鳳吹，旭日在龍旗。楊巨源《春日聖壽》

爐煙深柳重，禁漏在花遲。同前

鈎陳霜騎肅，御道雨師清。皇甫冉《東郊迎氣》

御爐香焰煖，馳道玉聲寒。竇叔向《春日應制》

金闕曉鍾開萬户，玉階仙仗擁千官。岑參《早朝》

花明劍珮星初没，柳拂旌旗露未乾。同前

### 宮掖

春風開紫殿，天樂下珠樓。李太白《宮中行樂詞》

❶「咏」字原缺，據《詩人玉屑》卷五補。

鶯歌聞太液，鳳吹繞瀛洲。同前

鍾來宮轉漏，月過閣移陰。喻坦之《宿省中》

鶯歸漢宮柳，花隔杜陵烟。郎士元《春宴》

玉階聞墜葉，羅幌見飛螢。沈佺期《長門怨》

繡户香風煖，紗窗署色新。李白

夢裡君王近，宮中河漢高。劉方平《長信宮》

竹外仙亭出，花間輦路分。喬知之《應制》

一聲啼鳥禁門静，滿池落花春日長。王隨

長樂鍾聲花外盡，龍池柳色雨中深。錢起《闕下贈閻舍人》

懷古

粉牆猶竹色，虛閣自松聲。杜甫

野花留寶靨，蔓草見羅裙。杜甫《琴臺》

江山九秋後，風月六朝餘。杜牧《企望》

竹送清溪月，苔移玉座春。杜甫《玄元皇帝廟》

輦路江楓暗，宮朝野草春。司空曙《金陵懷古》

峴首羊公愛，長沙賈誼愁。孟浩然《送王昌齡之嶺南》

二女竹上淚，湘妃水底魂。韓愈《泊三江口》

碑已無文字，人猶敬子孫。任蒲《經墮淚碑》

野廟向江春寂寂，斷碑無字草芊芊。李群玉《黄陵廟》
晴川歷歷漢陽樹，春草萋萋鸚鵡州。崔灝《登黄鶴樓》

送別

人分千里外，興在一杯中。李白《別宋之悌》
飲中相顧色，送後獨歸情。韓愈
人由戀德泣，馬亦別群鳴。韓愈《寄王中丞》
九江春水闊，三峽暮雲深。陳陶《溢城贈別》
住接猿啼處，行逢雁過時。許渾《送客歸峽州》
塞草連天暮，邊風動地秋。張佢《送王相公赴幽州》❶
楊柳北歸路，兼葭南渡舟。許渾《泊松江渡》
落葉淮邊雨，孤山海上秋。錢起《送人》
長亭叫月新秋雁，官渡含風右樹蟬。武元衡《送韋秀才赴滑州》
蟬聲驛路秋山裏，草色河橋落照中。韓翊《送人歸青州》

地名

水落魚龍夜，山空鳥鼠秋。杜甫，魚龍、鳥鼠皆地名。

❶「張佢」，《詩人玉屑》卷三作「張佀」。此詩《中興閒氣集》卷上署張繼；《唐詩紀事》卷三十署韓翃；《文苑英華》卷二七二署張繼，注云「一作韓翊」。

弓抱關西月，旗翻渭北風。岑參《送李太保充渭北節度》
雲送關西雨，風傳渭北秋。岑參《客舍寄許嚴二山人》
秋草靈光殿，寒雲曲阜城。韓翃《送故人歸魯》
明月雙流水，清風八詠樓。嚴維《送人入金華》❶
樓看滄海日，門聽浙江潮。宋之問《靈隱寺》❷
人離京口日，潮送岳陽船。周賀《送楊岳歸巴陵》
江流嶓冢雨，帆入漢陰山。方干《金州客舍》
瓜步早朝吞建業，蒜山晴雪照楊州。朱文長《春眺》
樹隔五陵秋色早，水連三晉夕陽多。張喬《題鸛雀樓》

人名

草生元亮徑，花暗子雲居。王續《田家》
雲藏神女館，雨到楚王宫。皇甫冉《巫山高》
春山子敬宅，古木謝敷家。朱文長《贈别》
江山清謝朓，草木媚丘遲。張子容《贈張司勳》
去思今武子，餘教昔文翁。釋皎然《送李中丞入廟》

❶「人」字原缺，據《詩人玉屑》卷三補。
❷「靈隱寺」，《詩人玉屑》卷三作「天竺寺」。

暮雨楊雄宅，秋風向秀園。李郢《園居》
黄霸初臨郡，陶潛未去官。李嘉祐《江陰道中作》
阮籍生涯懶，嵇康意氣疎。王績《思家》
江邊武侯籌筆地，雨昏張載勒銘山。唐彦謙《興元沈氏庄》
劉琨坐嘯風清塞，謝脁裁詩月滿樓。武元衡《酬嚴司空見寄》

寫景

人烟寒橘柚，秋色老梧桐。李白
樹交花兩色，溪合水重流。蔣別《南溪別業》
鳥歸沙有跡，帆過浪無痕。賈島《江亭晚望》
江樹臨洲晚，沙禽對水寒。劉長卿《七里灘》
秋應爲紅葉，雨不厭蒼苔。李義山
霜空極天静，寒月帶江流。張説
風度蟬聲遠，雲開雁路長。隋王胄《雨晴》
草木窮秋後，山川落照時。杜牧《寄友人》
就煖風光偏着柳，辭寒雪影半藏梅。馬懷素《應制》
春融只恐乾坤醉，水闊深知世界浮。羅隱《春日湘中題岳麓寺》

詠物

白波吹粉壁，青嶂插雕梁。杜甫《嚴公廳事岷山沱江圖》

綠攢傷手刺，紅墮斷腸英。朱慶餘《薔薇》
影高群木外，香滿一輪中。張薦《月中桂》
氣蒙楊柳重，寒勒牡丹遲。劉得仁《春雨》
小葉風吹長，寒花露濯鮮。符子珪《芳樹》
千載白衣酒，一生青女霜。羅隱《詠氣》
雲疑巫峽夢，簾閉景陽粧。《牡丹》
誰憐一片影，相失萬里雲。杜甫《孤雁》
花間燕子棲鳷鵲，竹下鵷鶵繞鳳凰。蘇頲《寓直》
鶴盤遠埶投孤嶼，蟬曳殘聲過別枝。方干《字字有力》❶

造理

病知新事少，老别故交難。崔塗《别故人》
馬爲賒來貴，童因借得頑。姚合
雪晴山脊見，沙淺浪痕交。章八《元江行》
樓高驚雨闊，木落覺城空。李洞《聽白公話舊》
興因樽酒洽，愁爲故人輕。張繼《春夜皇甫冉宅飲酒》
徑轉危峰逼，橋斜鈌岸妨。杜審言《山池》

❶「力」，《詩人玉屑》卷三作「功」。

爲月窗從破，因詩壁重泥。項斯《題令孤處士溪居》
寺遠僧來少，危橋客過稀。許渾《題韋處士山居》
買栽池舘恐無地，看到子孫能幾家。羅鄴《牡丹》
自緣今日人心別，未必秋香一夜衰。鄭谷《十月菊》

入畫

碧知湖外草，紅見海東雲。杜甫
天晴一雁遠，海闊孤帆遲。李白《送張舍人》
松門天竺寺，花洞若耶溪。張籍《送盧處士遊吴越》
山昏函谷雨，木落洞庭波。許渾《送人南遊》
山遠疑無樹，湖平似不流。韋承慶《浮江》
曉烟平似水，高樹暗如山。雍陶《塞上》
桑柘晴川口，牛羊落照間。吕温《晏別》
驛道青楓外，人烟緑嶼間。孫逖《楊子江樓》
春潮帶雨晚來急，野渡無人舟自横。韋應物《滁州西澗》
緑樹遶村含細雨，寒潮背郭捲平沙。温庭筠《送人》

典重

上公周太保，副相漢司空。岑參《送李太保》
八荒開壽域，一氣轉洪鈞。杜甫

氣蒸雲夢澤，波撼岳陽城。孟浩然《洞庭》

黄閣開帷幄，丹墀拜冕旒。錢起

地控吴襟帶，才光漢縉紳。皇甫冉《送常君赴昇州》

聖藻垂寒露，仙杯落晚霞。沈佺期《應制》

星月懸秋漢，風霜入曙鍾。李嶠《餞駱四》

天勢園平野，河流入斷山。暢當《登鸛雀樓》

鑾輿迥出仙門柳，閣道遥連上苑花。王維《和御制》

簾捲青山巫峽曉，煙開碧樹渚宮秋。武元衡《酬嚴司空見奇》

清新

小桃初謝後，雙燕恰來時。鄭谷《杏花》

貞爲臺裹栢，芳作省中蘭。包何《寓直》

一宵猶幾刻，兩歲欲平分。曹松《除夜》

微月初三夜，新蟬第一聲。白居易《聞蟬》

野色寒來淺，人家亂後稀。羅隱《秋浦》

行到水窮處，坐看雲起時。王維《入山》

曉日尋花去，春風帶酒歸。李廓《少年行》

樹初黄葉日，人欲白頭時。白居易《途中感秋》

留連戲蝶時時舞，自在嬌鶯恰恰啼。杜甫

蝴蝶夢中家萬里，子規枝上月三更。崔塗

奇偉

戟枝迎日動，閣影助松寒。劉禹錫《春日退朝》

露蹄千里駿，風翮九霄鵬。杜甫

蟄龍三冬卧，老鶴萬里心。杜甫

風流峴首客，花艷大堤倡。韓愈《送李尚書赴襄陽》

水聲巫峽里，山色夜郎西。李嘉祐《送人》

秦地吹簫女，湘波鼓瑟妃。韓愈《梁國公主挽詩》

蓋海旗幢出，連天觀閣開。韓愈《送鄭尚書赴南海》

壁壘依寒草，旌旗動夕陽。郎士元《早春登城》

殘星數點雁橫塞，長笛一聲人倚樓。趙嘏

玉節在船清海怪，金函開詔拜夷王。姚合《送源中丞赴新羅》

綺麗

御鞍金騕褭，宫硯玉蟾蜍。杜甫《贈李祕書》

風箏吹玉柱，露井凍銀床。杜甫《謁玄元皇帝廟》

柳塘春水慢，花塢夕陽遲。嚴維

舞鬟金翡翠，歌頸玉蠐螬。白居易《獻裴令公》

錦帳郎官醉，羅衣舞女嬌。李白《寄王漢陽》

風煖鳥聲碎，日高花影重。杜荀鶴《春宫怨》

酒緑市橋春，漏閑宫殿午。李正封《清明日》

露曉紅蘭重，雲晴碧樹高。許渾《曉發寄李師晦》

急管書催平樂酒，春衣夜宿杜陵花。

歌繞夜梁珠宛轉，舞嬌春席雪朦朧。羅隱《商于驛東望有感》

刻琢

露菊班豐鎬，秋蔬影澗瀍。杜甫《夔府詠懷》

墜露清金閣，流螢點玉除。喬備《長門怨》

苦調琴先覺，愁容鏡獨知。王適《古離别》

道進愁還淺，年加睡却輕。盧得仁《秋夜寄友人》

雲蔽望鄉處，雨愁爲客心。戴戢《清溪館作》

杜魄呼名叫，巴江學字流。李遠《送友人入蜀》

雲迎出塞馬，風捲渡河旗。沈佺期《送人北征》

雀聲花外瞑，客思柳邊春。温庭筠《江岸》

五夜有心隨暮雨，百年無節待秋霜。無名氏《嘲失節婦》

三台位缺嚴陵卧，百戰功高范蠡歸。温庭筠《和友人題壁》❶

❶「温庭筠《和友人題壁》」原缺，據《詩人玉屑》卷三補。

自然

只應松上鶴，便是洞中人。杜荀鶴《訪道者不遇》

今宵一別後，何處更相逢。于武陵《與故人别》

飛來南浦水，半是華山雲。于武陵《贈王隱人》

忽聞哀痛詔，又下聖明朝。杜甫《收京》

承恩不在貌，教妾難爲容。杜荀鶴《春宫怨》

共看今夜月，獨作異鄉人。張謐《寄友人》

有僧飛錫到，留客話松間。冷朝陽《遊華嚴寺》

羞將新白髮，却對舊青山。于武陵《西歸》

却從城裏携琴去，許到山中寄藥來。賈島《送胡道士》

朝廷有道青春好，門館無私白日閑。薛能《獻僕射相公》

寒苦

與幽松雪見，心苦硯冰知。李洞《感知上李侍郎》

暮隨江鳥宿，寒共嶺猿愁。許渾《送客歸南溪》

夜蛩偏傍枕，寒鳥數移柯。劉長卿《月下呈章秀才》

澗冰妨鹿飲，山雪阻僧歸。張喬《山中冬夜》

水聲冰下咽，沙露雪中平。劉長卿

風冷衣裳脆，天寒筆硯清。姚合《秋月山中》

雪嶺無人迹，冰河足雁聲。盧綸《從軍行》
塞迥連天雪，河深徹底冰。馬戴《邊將》
冰橫曉渡胡兵合，雪滿窮沙漢騎迷。趙嘏《平戎》
夜長篝霤寒無寢，日晏厨煙冷未炊。
豪壯
山河扶繡户，日月共離梁。杜甫《玄元皇帝廟》
吴楚東南折，乾坤日夜浮。杜甫《洞庭湖》
黄山四十仞，三十二蓮峰。李白《送温處士》
天上白玉京，十二樓五城。李白
虹截半江雨，風馳大澤雲。王貞白《雨後登庾樓》
閶闔連雲起，巖廊拂霧開。沈佺期《元旦早朝》
楚闊天垂草，吴空月上波。張蠙《送人東歸》
大液天爲水，蓬萊雪作山。宗楚客《遇雪應制》
伯仲之間見伊佀，指揮若定失蕭曹。杜甫
帆飛楚國風濤闊，馬渡藍關雨雪多。杜荀鶴《辭鄭員外入關赴舉》
工巧
浦轉山初盡，虹斜雨半分。顧飛熊《住杭州》
木落山城出，潮生海棹歸。喻坦之《晚泊富春》

古樹老連石，急泉清露沙。温庭筠《處士盧岵山居》

露葉藏山徑，❶蘆花間渚田。岑參《晚泊五渡》

岩狖牽垂果，湍禽接迸魚。顧飛熊《天河閣到啼猿閣即事》

鳥歸花影動，魚没浪痕圓。悟清

樹埶連巴没，江聲入楚流。方干《送姚合赴金州》

水落金沙淺，雲高玉葉疎。沈君道《應令》

暗香惹步澗花落，晚影逼簾溪鳥回。羅鄴《滄浪峽》

野寺山邊斜有徑，漁家竹裏半開門。李嘉祐《送宋中書遊江東》

精絶

月明三峽曙，潮滿二江春。張循之《巫山高》

風清江上樹，霜洒月中砧。僧貫休

風兼殘雪起，河帶斷水流。于良史《冬月晚望》

客尋朝磬至，僧背夕陽歸。雀峒《崇福寺》

客帆和雁落，霜葉向人飛。羅隱《東歸途中作》

雪侵帆影落，風逼雁行斜。趙嘏《江行》

晚秋淮水上，新月楚人家。劉方平《淮上秋夜》

❶「露」，《詩人玉屑》卷三作「芋」。

晚色寒蕪遠，秋聲侯雁多。權德輿《送人》

楊柳風多潮未落，蒹葭霜在雁初飛。趙嘏《長安與友生話舊》

燕知杜日辭巢去，菊爲重陽冒雨開。皇甫冉《秋日東郊》❶

閑適

水春雲母碓，風掃石楠花。李白《送内尋廬山女道士》

硯和青靄凍，簾對白雲垂。喻坦之《寄姚少府》

潮聲蓮葉雨，野色稻花風。張籍《送人及弟歸越》

子能渠細石，吾亦沼清泉。杜甫

趁鍾開静户，帶葉捲殘書。周賀《酬吴處士》

浥露收新稼，迎寒葺舊廬。皇甫冉《送王山人歸别業》

竹引携琴入，花邀載酒過。孟浩然《山池》

地深新事少，官散故交疎。周賀《贈盧長史》

閑花半落猶邀蝶，白鳥雙飛不避人。方干《題睦州環溪亭》

蒼苔濁酒林中静，碧水春風野外昏。杜甫《漫興》

幽野

樹深時見鹿，溪午不聞鍾。李白《訪戴道士》

---

❶「秋」原作「人」，據《詩人玉屑》卷三改。

樹停沙島鶴，茶會石橋僧。周賀《贈朱慶餘》

簷前花覆地，竹外鳥窺人。祖詠《清川別業》

寺分一派水，僧鎖半房山。裴説《道林寺》

泉湧堦前地，雲生户外峰。僧靈一《宿天柱觀》

一徑野花落，孤村春水生。杜甫

竹徑通幽處，禪房花木深。常建《破山寺》

牕接停猿樹，嵒飛浴鶴泉。温庭筠《寄僧》

澄江月上見魚擲，荒徑葉乾聞犬行。周賀《江舘書事》

隔岸鷄鳴春耨去，鄰家犬吠夜魚歸。方干《山中言事》

羈旅

鷄聲荒戍曉，雁過石城秋。許渾《松江渡》

鷄聲茅店月，人跡板橋霜。温庭筠《早行》

寒樹鳥初動，霜橋人未行。劉禹錫《途中早發》

客淚題書落，鄉愁對酒寬。

對酒惜餘景，問程愁亂山。戴叔倫《逢董校書》

燈影秋江寺，篷聲夜雨船。温庭筠《送僧》

見鴈思鄉信，聞猿積淚痕。岑參《巴南舟中即事》

聚鳥已歸樹，旅人猶過山。任藩《旅次》

楚水晚凉催客早，杜陵秋思傍蟬多。周賀《遊南塘寄王知白》

鴈飛南浦砧初斷，月滿西林酒半醒。夏寶松《宿江城因號爲夏江城》

佳境

岩花點寒溜，石磴掃春雲。權德輿《宿栖岩》

山光悦鳥性，潭影空人心。常建《破山寺》

碧溪風澹態，芳樹雨餘姿。杜牧《途中作》

煙峰高下翠，日浪淺深明。唐太宗《春日登眺》

江村片雨外，野寺夕陽邊。岑參《曉發五渡》

溪中雲隔寺，夜半雪添泉。項斯《寄石橋僧》

露曉蒹葭重，霜晴橘柚垂。許渾《曉發寄人》

河漢秋生夜，杉桐露滴時。馬戴《宿僧房》

輕煙不入宫中樹，佳氣常薰仗外峰。錢起《從駕幸甘泉宫》

樹色漸分雙闕裏，漏聲遥在百花中。皇甫曾《早朝》

警策

竹陰行處密，僧臘别來高。張喬《僧房》

川迴吴岫失，寒闊楚雲低。皇甫冉《送人》

雁斷知風急，湖平得月多。白居易《松江高》

樹隔朝雲合，猿窺曉月啼。李嘉祐《送人》

草礙人行緩，花繁鳥度遲。盧照鄰《山行》
山帶新晴雨，溪留閏月花。戎昱《閏春宴溪庄》
客爲忙多去，僧因飯暫留。白居易《贈韋山人》
樹隔高關斷，天連大漠空。李頻《送人往塞北》
鴈行雲接參差翼，庭樹風開次第花。章孝標《贈劉侍御三子弟同時及第》
文章舊價留鸞掖，桃李新陰在鯉庭。楊汝士壓倒元白之句

引帶

春山和雪静，寒水帶冰流。趙嘏《送人歸覲》
飛花隨蝶舞，艷曲伴鶯嬌。李嶠《春日應制》
孤城向水閉，獨鳥背人飛。劉長卿《餘干旅舍》
疎簾看雪捲，深户映花關。韓翃《題僧房》
溪浪和星動，松陰帶鶴移。杜荀鶴《宿僧院因贈》
秋水牽沙落，寒藤抱樹疎。庾信《窮秋》
凍柳含風落，寒花照日鮮。劉孝標
巢鶴和鍾唳，詩僧倚錫吟。鄭谷《題興善寺》
月轉碧梧移鵲影，露低紅葉濕螢光。許渾《宿望亭驛寄蘇州同遊》
橋通小市家林近，山帶平湖野寺連。韓翃《送冷朝陽還上元》

連珠句中字相對

百年雙白鬢，一别五愁螢。元稹《題褒城驛》

四年三月半，新笋晚花時。

遠山芳草外，流水落花中。司空曙《秋園林夕陽》❶

千峰孤燭外，片雨一更中。韓翃《夜宴》

空城流水在，荒澤舊村稀。李嘉祐

萬水千山路，孤舟盡日程。賈島

窗燈寒几净，簷雨曉階愁。楊衡

五湖三畝宅，萬里一歸人。

疊嶂懸流平地起，危樓曲閣半天開。劉憲《山庄應制》

積水長天迷遠客，荒城極浦足寒雲。皇甫曾《送李録事》

合璧句中意相關

舟移城入樹，岸闊水浮村。岑參《泛渼陂》

沙平寒水落，葉脱晚枝空。褚亮《喜霽》

霧捲晴山出，風恬晚浪收。李喬《初霽》

徑滑苔黏履，潭深水没篙。白居易《獻裴令公》

砌冷蟲喧坐，簾疎月到床。岑參《送鄭侍御》

❶「秋園林夕陽」，《詩人玉屑》卷三作「鮮于秋林園」。

山曉雲和雪，汀寒月照霜。皇甫冉《送權驊》
海曙雲浮日，江遥水合天。劉滄《發浙江》
簷燕酬鶯語，庭花雜絮飄。姚合
風傳鼓角霜侵戟，雲捲笙歌月上樓。許渾《將南行陪崔尚書宴》
三春月照千山路，十日花開一夜風。温飛卿《寄苗紳》
實字粧句
日月低秦樹，乾坤繞漢宫。杜甫
樹翳樓臺月，帆飛鼓角風。周繇《送薛尚書》
沙岸江村近，松門山寺深。孟浩然《送人》
茶爐天姥客，碁席剡溪僧。温庭筠《宿僧寺》
銀龍銜燭燼，金鳳起爐烟。蕭放《冬夜對妓》
冰城朝浴鐵，地道夜銜枚。
殘藥沾鷄犬，靈香出鳳麟。顧況
玉檢茱萸匣，金泥蘇合香。吴均《秦王捲衣》
旌旗日煖龍蛇動，宫殿風微燕雀高。杜甫《早朝》
潮生水國蒹葭響，雨過山城橘柚疎。許渾
虚字粧句
長貧惟要健，漸老不禁愁。張籍《寄王中丞》

已行難避雪，何處合逢花。

身外惟須醉，人間半是愁。司空曙

飄飄搏擊便，容易往來遊。杜甫

未滿先求退，歸閑不厭貧。李嘉祐《送房明府》

乍見翻疑夢，相悲各問年。錢起

與世長疎索，惟僧得往還。朱慶餘

只憂連夜雨，又過一年春。李敬方《飲酒》

艷麗最宜新着雨，妖嬈全在欲開時。鄭谷《海棠》

漸老更思深處隱，多閑惟借上方眠。賈島

首用虛字

無風雲出塞，不夜月臨關。杜甫

無人花色慘，多雨鳥聲寒。李嘉祐《江陰道中》

以吾爲世舊，憐爾繼家風。李嘉祐《送張秀才》

出關逢落葉，傍水見寒花。李嘉祐《送韋九往濠州》

到江吴地盡，隔岸越山高。僧處默《吴越紀事》

似煖花消地，無聲玉滿堂。李景《春雪》

載酒尋山宿，思人帶雪過。司空曙《贈李端》

無邊落木蕭蕭下，不盡長江滚滚來。杜甫

但將酩酊酬佳節，不用風臨怨落暉。杜牧之《九日》

上三下二七言上五下二

野店寒無客，風巢動有禽。周繇《送宇文虞》

似梅花落地，如柳絮因風。本朝王淡交《雪詩》

送終時有雪，歸葬處無雲。任藩《哭友人》

永夜角聲愁自語，中天月色好誰看。杜甫《宿府》

輕重對意高則不覺

江流天地外，山色有無中。王維《江漢》

獨來成悵望，不去泥欄干。唐彦謙《惜花》

自當舟楫路，應濟往來人。張衆甫《三州渡》

桑麻深雨露，燕雀半生成。杜甫《屏跡》

三分割據紆籌策，萬古雲霄一羽毛。杜甫

門臨莽蒼經年閉，身遠嫖姚幾日歸。李嘉祐

宋朝警句

五言

野水無人渡，孤舟盡日横。寇萊公

山勢蜂腰斷，溪流燕尾分。夏英公

柳間黄鳥路，波底白鷗天。蔡天啓

井泉分地脉，砧杵共秋聲。徐鉉

峰多巧障日，江遠欲浮天。東坡

溪聲長在耳，山色不離門。李濤

手香橙熟後，髮脱草枯時。唐子西

一朝厭蝸角，萬里騎鵬背。洪龜父

新霜染楓葉，皓月借蘆花。楊徽之

驚蟬移古柳，鬬雀墮寒庭。惠崇

曙分林影外，春盡鳥聲中。蔡懋

雨勢宮城闊，秋聲禁樹多。劉筠《直禁中》

一鳩鳴午寂，雙燕語春愁。陳傳道

掃地樹留影，拂床琴有聲。李濤

片雲明外暗，❶斜日雨邊晴。唐子西❷

着衣輕有暈，入水淡無痕。徐昕

境閑僧渡水，雲静鶴歸松。惠崇

寒禽棲古柳，破月入微雲。惠崇

去路正黄葉，别君堪白頭。僧惟鳳《秋日送人》

七言

船中聞鴈洞庭夜，牀下有蛩長信秋。錢昭度

風前有恨梅千點，溪上無人月一痕。吴可

雲埋山麓藏秋雨，葉脱林稍帶晚風。陳知默

樹移午影重簾静，門對春風十日閑。吕居仁

鶴歸已改新城郭，牛卧重尋舊墓田。錢熙《送人拜掃》

千斗氣沉龍已化，置芻人去榻猶懸。晏元獻《送人知洪州》

❶「外」原作「月」，據《詩人玉屑》卷三改。

❷「唐子西」原缺，據《詩人玉屑》卷三補。

偶題巖石雲生筆，閑遶庭松露濕衣。楊徽之《僧舍》
遊魚顧景驚寒月，宿鷺迷群下夕陽。蔡九峰《白蓮》
静尋啄木藏身處，閑看遊絲到地時。
緑章封事緘初啓，青鳳求凰尾乍開。丁謂《芭蕉》
窺人烏唤悠颺夢，隔水山供宛轉愁。荆公《午枕》
細數落花因坐久，緩尋芳草得歸遲。荆公
一水護田將緑遶，兩山排闥送青來。荆公
隴雁半驚天在水，征人相顧月如霜。王君玉《聞角》
萬壑松聲山雨過，一川花氣水風生。
沙軟緑頭相並鴨，水深紅尾自跳魚。❶ 高子勉
客子光陰詩卷裏，杏花消息雨聲中。陳去非
負郭生涯千畝竹，長年心事四愁詩。石敏若
千里江山漁笛晚，十年燈火客氊寒。石敏若
桃李春風一杯酒，江湖夜雨十年燈。山谷
雪意未成雲着地，秋聲不斷鴈連天。錢惟演

❶「自」原作「似」，據《詩人玉屑》卷三改。

## 風騷句法

### 五言

萬象入壺上接下下連上

野曠天低樹，江清月近人。

石梁高瀉月，樵路細侵雲。

重輪倒影上下接連

落日下平楚，孤烟生洞庭。

波光接海月，星影入城樓。

斷月驚鼇上接下❶

金波麗鳷鵲，玉繩低建章。

曉雲僧衲潤，殘日客帆明。

衣衮乘龍下連上

卷幔來風遠，移牀得月多。

水涵天影闊，山拔地形高。

真人御風高步清虛

白露明河影，清風淡月華。

露彩方泛灧，月華始徘徊。

常娥奔月脱棄塵凡

看竹雲垂地，尋僧雪滿船。

鑿池寒月入，掃地白雲生。

❶「斷」，《詩人玉屑》卷四作「新」。

分明布卦推究物情❶

馬倦時啣草，人疲數望城。犬迎曾宿客，鴉護落巢兒。

東方占鵲精窮物理

芹泥隨燕觜，花粉上蜂鬚。魚爛緣吞餌，蛾焦爲撲燈。

陶壁飛梭雷電交馳

江聲秋入寺，雨氣夜侵樓。雪埋寒樹短，雲壓夜城低。

碧海求珠採摭故實

舜耕餘草木，禹鑿舊山川。鄉月升金掌，王春度玉墀。

華林擷芳搜捕事迹

山藏伯禹穴，城壓伍胥濤。甌眠陶合醉，鶴淚屈原醒。

閑雲惹碧人逐景

石縫銜枯草，查根漬古苔。林迸穿籬筍，籐飄落水花。

遊絲拖翠景逐人

石角鈎衣破，藤枝刺眼新。步壑風吹面，看松露滴身。

怪石籠雲物對景

春波何恨緑，白鳥自由飛。夕寒山翠重，秋静鴈行高。

❶「分」，《詩人玉屑》卷四作「公」。

晚山啣日景對物

寒禽栖古柳，破月入微雲。　曉來山鳥鬧，雨過杏花稀。

風轉斷蓬寄迹

高鳥黃雲暮，寒蟬碧樹秋。　十暑岷山葛，三霜楚户砧。

鱗處涸轍窮命

萬事已黃髮，殘生隨白鷗。　不爨井晨凍，無衣牀夜寒。

龍吟虎嘯飛動

野雲低度水，簷雨細隨風。　亂雲低薄暮，急雪舞回風。

鶴盤鳳翥變動

林花掃更落，徑草踏還生。　泉聲到池盡，山色上樓多。

枕石漱流抱道

貌將松共瘦，心與竹俱空。　雨中耕白水，雲外斸青山。

拂塵破暗脩真

觸風香損印，霑雨磬生衣。　蘿月掛明鏡，松風鳴夜絃。

月浸梨稍明白

瓶殘秦地水，錫入晉山雲。　小蓮娃欲語，幽笋稚相携。

泉飛雲竇清爽

露館濤驚枕，空庭月伴琴。　雪殘僧掃石，風動鶴歸松。

獨鳥投林幽居

門静眠山鹿，堦閑立水禽。

孤鴻出塞旅情

客愁連蟋蟀，亭古帶蒹葭。

曉粧呵鏡晦明

水暗蒹葭霧，月明楊柳風。

夜筵滅燭蔽覆

池光不受月，野氣欲沉山。

文豹隱霧安時

尋泉上山遠，看筍出林遲。

靈龜曳尾守分

風落收松子，天寒割蜜房。

絶壁垂藤攀仰

鳥道挂疎雨，人家殘夕陽。

佩印還鄉喜悦

罷扇風生竹，移牀月過庭。

秋草閑三徑，寒塘獨一家。

鳥聲非故國，春色是他山。

緑水明秋月，❶青山隔暮雲。

雪深迷郢露，雲暗失陽臺。

紙窗明覺曉，布被暖知春。

草閣平春水，柴門掩夕陽。

遠水静林色，微雲生夕陽。

乘舟泊山寺，着履到漁家。

❶「秋月」，《詩人玉屑》卷四作「秋日」。

江南芳信春

柳色煙中遠，鶯聲雨後新。風輕粉蝶喜，花煖蜜蜂喧。

河朔劇飲夏

乳燕並頭語，紅葵相對開。清風醒病骨，快雨破煩心。

宋玉生悲秋

晚花惟有菊，寒葉已無蟬。氣爽衣裳健，風疎砧杵鳴。

袁安高卧冬

凍餅黏柱礎，宿火陷爐灰。凍泉依細石，晴雪落長松。

啓明戒旦早

林殘數枝月，髮冷一梳風。路明殘月在，山静宿雲收。

長庚告昏晚

疎鍾吟落照，歸路指平蕪。牛羊歸徑隱，鳥雀聚枝深。

蜀錦舒空書

風煖鳥聲碎，日高花影重。窺魚光照鶴，洗鉢影摇僧。

承露擎虚夜

露竹偷燈影，烟松卧月明。❶微雲淡河漢，疎雨滴梧桐。

❶「卧」，《詩人玉屑》卷四作「護」。

珠樹敲風風

慢隨雲葉動，高逐桂枝生。幽澗迷松韻，閑窗動竹聲。

寶髻簪花花

紫蠟黏爲蔕，紅酥點作蕤。落時猶自舞，掃後更聞香。

寒梅欺雪雪

宿浦人迷徑，歸林鳥失巢。客帆迷古渡，蕃帳隱平沙。

澄江浸月月

影開金鏡滿，輪抱玉壺清。流處水花急，吐時雲葉鮮。

一氣飛灰

青門弄烟柳，紫閣舞雲松。白髮十莖雪，丹心一寸灰。

二劍凌空

池緑苔猶少，林黄柳尚疎。拔青松直上，鋪碧水平流。

三星共色

晚菓紅低樹，秋苔緑遍牆。古壇青草合，往事白雲空。

四瑞效靈

鴨頭新緑水，鴈齒少紅橋。❶柳庭垂緑穗，蓮浦落紅衣。

❶「少」，《詩人玉屑》卷四作「小」。

五色捧筆

石苔縈棹緑，山菓拂舟紅。　浪花吹更白，嵐色染還青。

麟角表端❶

虎嘯夜林動，鼉鳴秋澗寒。　燕静啣泥處，蜂喧抱蘂回。

老蚌含珠

宫鶯嬌欲醉，簷燕語還飛。　隨蜂收野蜜，尋麝採生香。

荆山鑄鼎

破海鯨波息，登山豹霧開。　杜穿蜂溜密，棧缺燕添巢。

商嶺採芝

小池兼鶴静，古木帶蟬秋。　將軍分虎竹，戰士卧龍沙。

連珠散彩

醉上山翁馬，寒歌甯戚牛。　寒草烟藏虎，高松月照鵰。

衆星環極 繼體守文

北斗承三獻，南風入五絃。　冕旒當翠殿，幢戟滿彤庭。

彗氣横天 除舊布新

業定商周鼎，功包天地爐。　風塵三尺劍，社稷一戎衣。

❶「端」，《詩人玉屑》卷四作「瑞」。

芟除荆棘

箭飛瓊羽合，旗動火雲張。鼎魚猶假息，穴蟻欲何逃。

蕩除腥羶禦戎

落日黄雲動，陰風白草翻。邊月隨弓影，胡霜拂劍花。

王民鼓腹謳歌

湛露浮堯酒，薰風起舜歌。漢典方寬律，周官正採詩。

白鶴棲松高尚

石壁藤爲路，山窗雲作扉。水痕侵岸柳，山翠借厨烟。

玄蟬飲露清潔

白石磨樵斧，青竿理釣絲。籬下黄花菊，丘中白雪琴。

鷦鷯巢林隨分

酒熟憑花勸，詩成倩鳥吟。無竹栽蘆看，思山疊石爲。

精衛填海辛苦

藻密行舟澁，灣多轉櫂頻。棧懸斜避石，橋斷却尋溪。

雷公拭劍晶

木落寒郊迥，烟開疊嶂明。沙明連浦月，帆白蒲船霜。

蓮女遺簪葉置

雄劍依塵席，陰符寄藥囊。雨拖金鏁甲，苔卧緑沉槍。

明鑑張空 追感

古殿吳花草，深宮晉綺羅。行人問宮殿，耕者得珠璣。

竹敲寒夢 悽愴

寶箏橫塞鴈，怨笛落江梅。風葉亂辭木，雪猿清叫山。

火浣重燒 始終

早鵰寒始急，天馬老能行。落日心猶壯，秋風病欲蘇。

隴水分流 向背

巢許山林志，夔龙廊廟珍。白日依山盡，黃河入海流。

揮毫梁素 入畫❶

鷺巢橫卧柳，猿飲倒垂藤。千峰隨雨暗，一徑入雲斜。

炫紫奪朱 逼真

拂黛月生指，理鬟雲滿梳。雙眸剪秋水，十指剥春葱。

麋鹿相親 山林

亂藤遮石壁，絶澗護雲林。籬落生孫竹，門庭上女蘿。

梟鸞同處 憎愛

惜化愁夜雨，病酒怨春鶯。慒蜂收蜜少，嫌蠹曝書頻。

❶「畫」原字殘，疑爲「畫」。

洞庭搖櫓雙句有聲

霜猿啼曉夢，巖鳥和秋吟。

秋風吹渭水，落葉滿長安。

蟬輪輾空雙句無聲❶

孤舟依岸靜，獨鳥向人閑。

流年川暗度，往事月空明。

天仙摇珮上句有聲

興闌啼鳥喚，坐久落花多。

山虛風落石，樓静月侵門。

阿香挽車下句有聲

音書秋鴈斷，機杼夜蛩催。

澄潭寫度鳥，空嶺應鳴猿。

鶯囀喬林先聞後見

海風吹不斷，江月照還空。

林晚鳥争樹，園春蝶護花。

鴈陣驚寒先見後聞

塔影挂青漢，鍾聲和白雲。

晴虹橋影出，秋鴈櫓聲來。

金鱗躍浪雙句俱動

浴凫含藻戲，驚鷺帶魚飛。

鏡好鸞空舞，簾疎燕誤飛。

秋水涵虛雙句俱静

竹裏紫扉掩，庭前鳥雀行。

簫散烟霞晚，淒涼天地秋。

❶「無」原作「有」，據《詩人玉屑》卷四改。

香斷金猊先動後静
笙歌歸院落，燈火下樓臺。
高僧出定先静後動
野花寒更發，山月暝還來。
竹影掃塵動中有静
聽錫樵停斧，窺禪鳥立槎。
潭底遊犀
古木花猶發，荒臺雨尚懸。
飛鳥度池動中有静静中有動
日出衆鳥散，山暝孤猿吟。
齊學楚語借聲
關河一栖旅，楊柳十東風。
句欲得健
壯節初題柱，生涯獨轉蓬。
字欲得清
月生初學扇，雲細不成衣。

衆鳥高飛盡，孤雲獨自閑。
秋盡蟲聲急，夜深山雨重。
雲穿搗藥屋，雪壓釣魚船。❶
庭閑花自落，門閉水空流。
風轉雲頭斂，烟消水面開。
卷簾黄葉下，鎖印子規啼。
獨鶴歸何晚，昏鴉已滿林。
粉牆猶竹色，虚閣自松聲。

❶「雲穿……魚船」原缺，據《詩人玉屑》卷四補。

意欲得圓

霄漢愁高鳥，泥沙困老龍。　草枯鷹眼疾，雪盡馬蹄輕。

格欲得高

花枝臨太液，燕語入披香。　無瑕勝玉美，至潔過冰清。

聲律爲竅

別來頭併白，相見眼終青。　花濃春寺静，竹細野池幽。

物象爲骨

雷霆驅號令，星斗焕文章。　露濃金掌重，天近玉繩低。

意格爲髓

勳業頻看鏡，行藏獨倚樓。　感時花濺淚，恨別鳥驚心。

諧會五音，清便宛轉，宫商迭奏，金石相宣，謂之聲律。摹寫景象，巧奪天真，探索幽微，妙與神會，謂之物象。苟無意與格以主之，才雖華藻，辭雖雄贍，皆無取也。要在意圓格高，纖穠俱備，句老而字不俗，理深而意不雜，才縱而氣不怒，言簡而事不晦。如此之作，方入風騷。

七言❶

百川歸海朝會

九天閶闔開宫殿，萬國衣冠拜冕旒。　香飄合殿春風轉，花覆千官淑景移。

❶「七言」原缺，據《詩人玉屑》卷四補。

雙龍輔日 掖庭

清洛曉光鋪碧簟，上陽霜葉剪紅綃。金爐香動螭頭暗，玉佩聲來雉尾高。

鴛鷺成行 侍從

鰲頭忽憶黃金闕，鳳背還吹碧玉簫。毫端蕙露滋仙草，琴上薰風入禁松。

錦繡相鮮 富貴

簾箔垂珠光不夜，林花剪綵景長新。紅珠斗帳櫻桃熟，金尾屏風孔雀閑。

鵬翼摩天 雄健

陳兵劍閣山將動，飲馬珠江水不流。汴水波濤喧鼓角，隋堤楊柳拂旌旗。

鶚翥秋碧 遒勁

擘開華嶽連天色，放出黃河到海聲。插天螮蝀玉腰闊，跨海鯨鯢金背高。

般輸運斤 精巧

樽當霞綺輕初散，棹拂荷珠碎却圓。林花著雨胭脂落，水荇牽風翠帶長。

逸少揮毫 物象

魚吹細浪搖歌扇，燕蹴飛花落舞筵。樹頭蜂抱花鬚落，池面魚吹柳絮行。

洛神淩波 映帶

烟開翠扇清風曉，水泛紅衣白露秋。靈胥引水清穿市，神禹分山翠入簾。

文君織錦 富艶

觸散柳絲迴玉勒，約開蓮葉上蘭舟。絲飄弱柳平橋晚，雪點寒梅小院香。

文虹垂天 精彩

細水浮花歸別澗，斷雲含雨入孤村。江月轉空爲白晝，嶺雲分瞑與黃昏。

紫電掃巖 炫轉

春入水光成嫩碧，日勻花色變鮮紅。殘入花間浮暖艷，❶斷雲樓外卷輕陰。

玉壺含冰 洞徹

千里好山雲乍斂，一樓明月雨初晴。野色更無山隔斷，天光直與水相通。

古鏡重磨 晦明

饑鳳羽毛寒不鎩，卧龍頭角老方高。驥雖老去壯心在，鶴縱病來仙骨清。

遼鶴思歸 感懷

殊方日落玄猿哭，舊國霜前白鴈來。疎燈自照孤帆宿，新月猶懸雙杵鳴。

晴鷗點岸 閑静

掛冠傲吏垂綸坐，絶粒高僧擁衲眠。老鶴巢邊松最古，毒龍潛處水偏清。

珷玞象玉 比并

草螢有耀終非火，荷露雖圓豈是珠。滿砌荊花鋪紫毯，隔牆榆莢散青錢。

玉葉飄空

黃蜂銜退海潮上，白蟻戰酣山雨來。鶯驚鳳輦穿花去，魚畏龍顏上釣遲。

❶「殘入」，《詩人玉屑》卷四作「殘日」。

篆香裊碧 著莫

流水帶花穿陌巷，夕陽和樹入簾櫳。拂石坐來衫袖冷，踏花歸去馬蹄香。

芳洲拾翠 引用

杯酒英雄君與操，文章微婉我知丘。詩成白也知無敵，花落虞兮可奈何。

行雲度月 隱見

嘉樹倚樓青瑣暗，晚雲藏雨碧山寒。風吹藥蔓迷樵徑，水暗蘆花失釣船。

貧女理粧 隨分

好鳥迎春歌後院，飛花送酒舞前簷。飛來白鷺即佳客，相對好花如美人。

晚霞成綺 相似

蜃散雲收破樓閣，虹殘水照斷橋梁。魚下碧潭當鏡躍，鳥還青嶂拂屏飛。

晴雲駐彩 容色

睡融春日揉金縷，狂發秋霞顫翠翹。皓齒乍分寒玉細，黛眉輕蹙遠山微。

唾成珠玉 辭藻

翰林風月三千首，吏部文章二百年。詩篇落處風雲動，筆力停時造化閑。

妙入丹青 模寫

水隔淡烟疎雨寺，❶路經微雨落花村。雲藏島外啼猿樹，竹鎖橋邊賣酒家。

❶「雨」，《詩人玉屑》卷四作「柳」。

穩步康壯 平易❶

睫在眼前長不見，道非身外更何求。　無可奈何花落去，似曾相識燕飛來。❷

長嘯雲烟 高致❸

青山有雪諳松性，碧落無雲稱鶴心。　共閑作伴無如鶴，與老相隨秪有琴。

霞襯赤城 神仙

來時一見蟠桃熟，別後三驚碧海乾。　六甲飛雷藏寶籙，一壺天地雜靈砂。

雲集金田 禪律

秋水静于僧眼碧，晚山濃似佛頭青。　瓶添澗水盛將月，衲掛松枝惹得雲。

藕折輕絲 飄蕩

閑聽鶯語移時立，思逐楊花觸處飛。　紅粉尚留香羃羃，碧雲初斷信沉沉。

梅損瓠犀 情味

花邊馬嚼金啣去，樓上人垂玉筯看。　窗殘花月人何處，簾捲春風燕復來。

女夷鼓歌 春景

柳絲嫋嫋風繅出，草縷茸茸雨剪齊。　梅無驛使飄零盡，草怨王孫取次生。

---

❶「壯」，《詩人玉屑》卷四作「莊」。

❷「飛」，《詩人玉屑》卷四作「歸」。

❸「高」原作「曲」，據《詩人玉屑》卷四改。

祝融御轡夏景

園林換葉梅初熟，池館無人燕學飛。綠香熨齒冰盤菓，清冷侵肌水殿風。

蓐收執矩秋景

林間煖酒燒紅葉，石上題詩掃綠苔。風荷老葉蕭疎綠，水蓼殘花寂寞紅。

玄冥乘坎冬景

雨被北風吹作雪，水愁東海亦成冰。冰堅九曲河聲斷，雪擁千峰嶽色低。

碧落吹簫上句有聲

風引漏聲來枕上，月移花影到窗前。睡輕可忍風敲竹，飲散那堪月在花。

清江鼓瑟下句有聲

蒼苔露熟僧歸寺，❶紅葉聲乾鹿在林。一溪晚綠浮鸂鶒，萬樹春紅叫杜鵑。

散耀垂文雙句可觀

千竿碧立依林竹，一點黄飛透樹鶯。粉蝶圍飛花轉影，彩鴛雙詠水生文。

鏘金戛玉

羌管一聲何處曲，流鶯百囀最高枝。深秋簾幕千家雨，落日樓臺一笛風。

---

❶「露」，《詩人玉屑》卷四作「路」。

歸雲入洞先動後静

野棠自發空臨水,❶江燕初歸不見人。

蟄蟲應雷先静後動

放魚池涸蛙爭聚,棲燕梁空雀自喧。

緑樹吟鶯景對物

巢燕養鶵渾去盡,江花結子已無多。

彩禽入鑑物對景

映堦碧草自春色,隔葉黄鸝空好音。

龍吟雲起比附對

夜棲少共鷄争樹,曉浴先饒鳳占池。鶴

虎嘯風生比類對

初分隆準山河秀,乍點重瞳日月明。畫

蘭艾同畦愛憎對

蛇蝎性靈生便毒,蕙蘭根異死猶香。

緑竹掛衣凉處歇,清風展簟困時眠。

簾幕懶垂嫌隔燕,釣竿慵把恐驚魚。

樂意相關禽對語,生香不斷樹交花。

寺隔江聲秋月上,樓依野色夕禽還。

若非琥珀休爲枕,不是琉璃莫作屏。簟

翼薄乍舒宫女鬢,蜕輕全解羽人尸。禪

風却有情偏動竹,雨渾無賴不饒花。

❶「棠」,《詩人玉屑》卷四作「蒿」。

鳥獸相知巢穴對❶

湘潭雲盡暮山出，巴蜀雪消春水來。　雷霆入地建溪險，星斗逼人梨嶺高。

葛藤相連疊韻對

解凍池塘風淅瀝，迎秋郊野月嬋娟。　鸂鶒刷毛花蕩漾，鷺絲拳足雪離披。

鄧艾稱名疊語對

雲頭灩灩開金餅，水面沉沉卧彩虹。　青春背我堂堂去，白髮欺人故故生。

❶「相」，《詩人玉屑》卷四作「先」。